U0919546

广州大学公共管理学科发展基金资助项目

中央财政支持地方高校发展创新团队“国家中心城市发展与管理”资助项目。

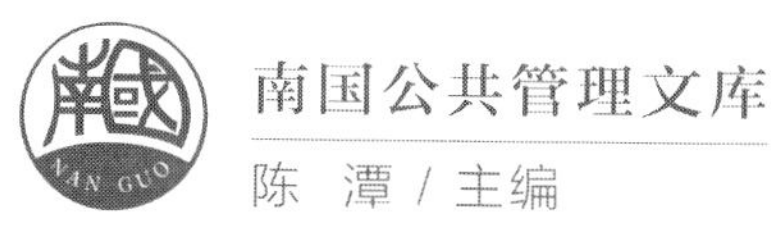

南国公共管理文库

陈　潭 / 主编

信任的度量：澳门居民政治信任的实证研究

Measurement of Trust: Empirical Study on Political Trust of Macau Residents

熊美娟 / 著

中国社会科学出版社

图书在版编目（CIP）数据

信任的度量：澳门居民政治信任的实证研究 / 熊美娟著. -- 北京：中国社会科学出版社，2016.12
ISBN 978-7-5161-7843-0

Ⅰ.①信… Ⅱ.①熊… Ⅲ.①市民－政治－研究－澳门 Ⅳ.①D676.59

中国版本图书馆CIP数据核字(2016)第057521号

出 版 人　赵剑英
责任编辑　侯苗苗
责任校对　周晓东
责任印制　王　超

出　　版　中国社会科学出版社
社　　址　北京鼓楼西大街甲 158 号
邮　　编　100720
网　　址　http://www.csspw.cn
发 行 部　010－84083685
门 市 部　010－84029450
经　　销　新华书店及其他书店

印　　刷　北京明恒达印务有限公司
装　　订　廊坊市广阳区广增装订厂
版　　次　2016 年 12 月第 1 版
印　　次　2016 年 12 月第 1 次印刷

开　　本　710×1000　1/16
印　　张　16.25
字　　数　246 千字
定　　价　59.00 元

《南国公共管理文库》

组编

广州大学公共管理学院

出品

中国社会科学出版社

学术委员会

编辑委员会

总 序

这是一个转型的时代，这是一个变革的时代，这是一个机遇与挑战并存的时代！随着新知识、新技术、新方法的创造和运用，时代的发展和社会的进步已经势不可当！

在这个碎片化的时代里，人类社会对于知识、技术、制度、文化的要求将会越来越高，而知识的积累、传播、生产、更新和创造也将会变得越来越重要。在这个流动性的时代里，时代赋予了每一个人同等的使命、机遇和挑战，而每一个人又是这个时代忠实的观察者、参与者和记录者。站在这个时代的横断面上，作为时代最好的记录者之一，当下学术人必须捍卫真理、秉持操守，必须海纳百川、兼容并包，必须淡泊名利、勇于担当，必须以科学的精神和专业的视角全部或部分地反映变革时代所涌现的人和事，总结已经变化了的社会实践活动经验，跟进正在发生或将要发生的时代变革行为。

1917 年，青年毛泽东在湖南第一师范求学时于《心之力》的作文中写道："故当世青年之责任，在承前启后继古圣百家之所长，开放胸怀融东西文明之精粹，精研奇巧技器胜列强之产业，与时俱进应当世时局之变幻，解放思想创一代精神之文明。破教派之桎梏，汇科学之精华，树强国之楷模。正本清源，布真理于天下！" 1919 年，他在《湘江评论》创刊宣言中指出："所以我们的见解，在学术方面，主张彻底研究，不受一切传说和迷信的束缚，要寻着什么是真理。"可见，学术人的学术研究只有"承前启后"、"与时俱进"、"解放思想"、"正本清源"和"彻底研究"，才能"布真理于天下"。

从一定程度上来说，问题意识、分析技能、批判精神是学术人从事学术活动和走上职业化道路必备的三个要素。倘若缺乏了分析技能，自然也就缺乏对这个时代良好的判断能力、辨析能力和推理能力；倘若没有了批判精神，也就无从谈起否定、反思和修正，就更无从说起创新和创造了。但是，如果没有了问题意识，那一切都将会无从谈起。问题意识是时代的主题，是从事学术活动最起码的思维和思考方式。意识到问题的存在是思维的起点，没有问题的思维显然是肤浅的、被动的。实际上，在既有的研究、思考和行文中，我们通常会不自觉地落入社会科学研究的“三段论”范式之中：到哪儿去发现问题和寻找问题？怎样诊断问题和分析问题？如何提出解决问题的方法和路径？

我们知道，学术人从事的学术研究永远都脱离不了这个时代、这个社会，永远都无法摆脱时代和社会存在的种种问题。至于如何去“发现问题”和“回答问题”，那就仁者见仁，智者见智了。无论是不同学科，还是不同学派；无论是自然科学工作者，还是社会科学工作者；也许同一个问题有不同的发现解释，同一个问题有不同的解决方法和解决方案。但几乎同一的问题意识始终是学术人无法绕过的学术“自留地”，而围绕问题所达成的目标始终又几乎都是统一的。不管是晚睡还是早起，学术人始终都是全天候地思考并想象着的“孤独的探索者”。

作为公共管理研究的从业者，必须具备宽广的知识基础和丰富的经验基础。公共管理研究离不开政治学、经济学、社会学、管理学的知识支撑，也离不开数学、哲学、法学、史学的思维支持。面对纷繁复杂的人类实践活动，面对层出不穷的社会公共问题，单一的学科知识已经无法圆满回答涉及面广、跨越度大、复杂性高、系统性强的公共政策、公共事务、公共治理问题。因此，学科边界和知识壁垒不得不被打破，科际整合成为现实，社会科学的知识统一无法避免。如今，各行各业、各式各样的跨界行动，让我们目不暇接，单一的、传统的思维、专业和学科迟早会被颠覆。如果没有广博知识的涉猎和多学科方法的介入，公共问题的研究毫无疑问将会变得没有宽度、深度和新度。

同时，作为社会科学事业的公共管理研究，如果没有生动的实践和丰富的经验作为基础，任何研究都将走向空泛和无力。实践既是客观世界的直接活动，也是主观世界的能动反映，可谓“实践出真知”。明代理学名宦林希元有云：“自古圣贤之言学也，咸以躬行实践为先，识见言论次之。”作为直面实践的学问，公共管理研究既不能“坐井观天”，又不能“闭门造车"，它必须以实践阅历与经验累积作为起码的思维铺垫和行动指南。它既需要"眼观六路"，又需要"耳听八方"，它既需要深入田间地头、街头巷尾，又需要深入政府、学校、医院、企业和其他社会组织当中。"没有调查，就没有发言权"，只有经过细致入微的观察、访谈和体验，开展案例、数据和其他有用信息的收集、鉴别与整理，才能采用"真方法"找到"真问题"。无法"顶天"，就得"立地"，唯有建立理论与经验的现实链接，学术研究才有洞察力、说服力和生命力！

众所周知，"推动国家治理体系和治理能力现代化"成了新时期全面深化改革的总目标。毫无疑问，良好的国家治理体系和治理能力是建立和完善现代国家制度的必然产物，是实现国强民富、国泰民安、民族复兴、大国崛起的不二选择。作为制度系统的组成部分，国家治理涵盖了经济治理、政治治理、社会治理、文化治理、生态治理、政党治理等多个领域以及基层、地方、全国乃至区域与全球治理中的国家参与等多个层次的制度体系。国家治理体系和治理能力的现代化建设和发展，凸显了政权管理者向政权所有者负责并被问责的重要性，强调了政权所有者、政权管理者和利益相关者多种力量协同共治的必要性，指向了国家实现可持续发展、普遍提高国民生活质量与建立和谐稳定社会秩序的可能性。

世界银行在《变革世界中的政府（1997年世界发展报告）》中指出，"善治"或"有效治理"是一个国家——特别是发展中国家——实现发展的关键。诚然，中国已经进入了从现代化的早期阶段向后期阶段迈进的新的历史时期，工业化、市场化、城镇化、信息化、全球化的浪潮有力地冲击着既有的国家治理体系并挑战着当下的国家治理能力。国家治理的转型和现代化建设将会促使经济、政治、文化、社会、生态等方面的制度建设更加科学、更加合理、更加完善，科学执政、民主执政、依法执政的能力和水平不断提高，公共事务管理不断走向制度化、规范化、程序化。因此，深入开展公共治理研究无疑将有助于国家治理现代化的建设与发展。

第一，科学有效的政府治理是实现国家治理现代化的前提。政府的职责和作用主要表现为保持宏观经济稳定，优化公共服务，保障公平竞争，加强市场监管，维护市场秩序，推动可持续发展，促进共同富裕，防止市场失灵。因此，实现良好的政府治理需要改革政府治理结构、完善现代政府制度，需要明晰科学合理的政府边界，适当调整政府与企业、政府与市场、政府与社会、政府与公民、政府与政党之间的关系，充分发挥市场在资源配置中的决定性作用，着力解决市场体系不完善、政府干预过多、监管不到位等“政府失灵”和“市场失灵”问题。同时，实现良好的政府治理必须转变政府职能，深化行政体制改革，创新行政管理方式，增强政府公信力和执行力，建设法治政府和服务型政府。

第二，创新有序的地方治理是实现国家治理现代化的核心。从纵向治理结构来看，作为一个巨型的治理共同体，不同的地方有着不同的复杂性，国家治理需要地方性知识的累积，国家治理的创新需要地方治理的制度试验和“先行先试”。从横向治理结构来看，城乡二元结构和“城乡分治”的现实成了国家治理现代化进程中无法回避的制度“瓶颈”，公共服务供给不充分、不均等、不便利仍然是割裂乡村治理和城市治理的主要因素。因此，建立“以工促农、以城带乡、工农互惠、城乡一体”的新型工农城乡关系，让农民平等参与现代化进程、共同分享现代化成果，是实现国家治理现代化的关键目标。

第三，多元共治的社会治理是实现国家治理现代化的关键。面对社会结构变化、社会矛盾凸显和利益格局调整，政府依靠自己的力量且沿用传统的社会管制方式已经过时，提高处理复杂问题的能力和创新社会治理的水平势所必然。因此，政府必须立足于维护最广大人民群众的根本利益，最大限度地增加和谐因素，建立顺畅的民意诉求通道，协同各级各类社会组织，运用法治思维和法治方式，坚持源头治理和综合治理，强化道德约束，规范社会行为，调节利益关系，协调社会关系，解决社会问题，增强社会发展活力，提高社会治理水平。同时，加快社会事业改革，完善政府服务购买方式，健全基层综合服务管理平台，解决好公众最关心、最直接、最现实的利益问题，努力为社会提供多样化服务，更好地满足公众需求。

第四，开放包容的文化治理是实现国家治理现代化的条件。基于宗教、信仰、风俗、道德、思想、文学、艺术、教育、科学、技术等范畴的意识形态和精神财富的文化治理是国家治理的上层建筑和“软实力”。通过进行公共文化决策、公共文化事务处理、公共文化资源配置、公共文化产品提供等形式和方式，文化治理可以平衡不同人群之间的社会需求，可以有效地建构公共符号、凝聚公众情感、陶冶公众情操、消解心理压力、疏导社会情绪。国家文化治理可以通过家庭教育、学校教育、社会教育等途径开展，也可以以文化产业、文化产品的方式实现政治、经济、社会和文化的价值性转换，进而创新和重塑国家治理模式。

第五，和谐共生的生态治理是实现国家治理现代化的保障。面对资源约束趋紧、环境污染严重、生态系统退化的严峻形势，生态治理必须树立尊重自然、顺应自然、保护自然的理念，坚持节约优先、保护优先、自然恢复为主的方针，建立系统完整的生态文明制度体系，实行最严格的源头保护制度、损害赔偿制度、责任追究制度，完善环境治理和生态修复制度，着力推进绿色发展、循环发展、低碳发展，形成资源节约和环境友好的空间格局、产业结构、生产方式、生活方式。开展生态治理，建设美丽中国，关系公众福祉，关乎民族未来。

毫无疑问，推进国家治理体系和治理能力现代化需要智慧而有策略的顶层设计。罗尔斯在《正义论》中提出了社会公正的两条基本原则：一是普惠的原则，每一个社会成员都应该享受同等的权利、义务和福利；二是差异的原则，每一个社会成员具有先天禀赋和后天能力的差异，社会应该为弱势者提供一定程度的照顾和补偿。通俗地说，“满足多数，保护少数”的国家治理能够达成社会最基本的“权”、“利”和“善”，能让公众幸福而有尊严地生活、让社会公正又和谐地运转。为此，新时期的国家治理改革必须从原先的“从下至上、先易后难、循序渐进、单项突破”转变为“从上到下、以难带易、平行推进、重点突破”，选准影响经济社会发展的“重点领域”和“关键环节”，以“刮骨疗毒”和“壮士断腕”的勇气冲破障碍和阻力，从而实现民族复兴的伟大“中国梦”！

与此同时，推进国家治理体系和治理能力现代化需要学术人的公共责任和学术作为。当下的社会是一个需要表达的社会，当今的时代是一个寻求逻辑建构的时代。社会需要知识，时代借力学术，具备学院水准、时代责任和人文关怀的学术人的学术修为、知识供给和理论贡献在今天变得尤为重要。为此，当下学术人必须提升学术研究的质量和水平，必须拓展学术开放度和学术自主性，必须具备国际化视野、专业化精神和本土化路线，从科学理论中寻找本土的现实注脚，从本土素材中提炼理论的科学养分，回归常识，累积个案，追寻真实，积极推动原创研究、微观研究、深度研究的开展。

书山有路，学海无涯！站在南海边上的中国，我们尽情地展示我们的热情、我们的呼吸、我们的稚嫩。我们深知，在学术的道路上，我们仅仅是蹒跚学步的孩子，只有站在前人和他人的肩膀上，才会看得更清、更高、更远！真心期待《南国公共管理文库》的编辑和出版能够为推动中国社会科学学术研究的繁荣和发展尽点绵薄之力！

是为序！

陈潭

2014 年 2 月 24 日

于广州大学城

目 录

CONTENTS

第一章 导论

第一节 研究背景和研究问题

政治学研究的一个重要主题是政治系统和公民之间的关系，包括政治家对公民的看法，公民对官员的想法，以及公民感到他的影响力是有成效的、能被官员所回应的程度等。而政治信任作为信任的一种形式，一般定义为公民对政治系统的信任程度，它探究了公民对政治系统的看法和想法。因此，政治信任不仅有助于政治稳定和发展，也可以降低公共管理的成本[①]，使政府运作更为顺利。同时，我们也可以将政治信任视为一个国家政治稳定的“晴雨表”、政治制度表现的“温度计”。为此，研究一个地区的政治信任具有较为重要的理论和实际意义。

本书以2010年对澳门居民的实证调查数据为基础，使用了两种方式来测量政治信任，描述并分析了澳门居民政治信任的现状，同时也探讨了影响政治信任的主要因素和理论解释路径，并对政治信任的这两种测量方式进行比较和分析，用定量研究方法厘清政治信任对不同类别政治参与的影响力，内容具有较为重要的理论和实践意义。

一 研究背景

对澳门这样一个地区进行政治信任的研究非常有意义。澳门作为“一国两制”政策的实施地，自20世纪90年代正式成为中华人民共和国两个特别行政区之一。1999年12月20日，葡萄牙结束对澳门的行政管理，政

① 周汝江、高钏翔：《话语的张力：政治信任流失——从“山寨文化”说起》，《徐州师范大学学报》（哲学社会科学版）2009年第4期。

权移交中华人民共和国。澳门位于中国东南沿海的珠江三角洲西侧，由澳门半岛、氹仔岛、路环岛和路氹城四部分组成，在总面积共32.8平方公里的土地上生活了50余万人，这使澳门成为全球人口密度较高的地区之一。在"一国两制"的政策下，澳门人享有"澳人治澳"、"高度自治"的权利。根据《中华人民共和国澳门特别行政区基本法》(以下简称《基本法》)，澳门特别行政区是一个享有高度自治权的地方行政区域，直辖于中央人民政府，除外交和国防事务外，享有当地的行政管理权、立法权、独立的司法权和终审权。此外，特别行政区还享有全国人民代表大会、人大常委会或中央人民政府授予的其他权力。

在澳门，《基本法》设计的政治模式是一种以行政（或行政长官）为主导的政治制度组织形式，是现代民主政治体制中总统制和半总统制的混合体，行政、立法、司法三权基本上分而立之，但行政长官的地位显得特别突出和超然，有点类似总统制中的总统。和1999年回归前相比，主权和治权统一，澳门居民享有更大的民主参与权利。

回顾澳门的历史，可以看到，葡萄牙人16世纪中叶抵澳后，最初是和当地华人共处分治，建立了内部的自治组织——议事会，直到18世纪末，开始推行殖民统治政策，并于19世纪中下叶全面控制了澳门的管治权。一百多年来，虽然葡萄牙当局对澳门的华人社会采取了若干特殊政策和措施，但绝大多数华人一直生活在建制之外。这种情况一直维持到20世纪80年代中期。[①]1974年葡萄牙"四二五革命"后，澳门政治生活发生了根本改变。1976年《澳门组织章程》和《葡萄牙共和国宪法》的颁布为澳门回归前的政治制度奠定了基础。

而在整个20世纪80年代，葡萄牙继续源源不断向澳门输入技术官僚，从而令本地化了的制度依然由葡萄牙人操作。此外，澳门居民，特别是华裔居民的参政议政意识和程度也不高，市民在各决议机关的代表性及其影响政策的能力都很有限，市民的意愿难以完全得到反映。当时的澳门，总督不是由选民推举也无须向立法会负责，而立法会也并非是一个百分之百

① 吴志良：《澳门政治制度史》，广东人民出版社2010年版，第271页。

的民意代表机构。因此，澳门政治制度，只有分权平衡，而非三权分立。[①]由此可见，澳门既非附属于他国的殖民地，亦非一个独立的城市国家，而是葡管中国领土。主权与治权的完全分离，决定了澳门的特殊法律地位及其政治制度的特色。

在澳门特区回归后，特区政府以“固本培元”作为经济发展的重点，全力改善治安问题，并且在2002年将博彩专营权引入国际竞争，成功重塑了澳门的国际形象。澳门经济在2002年后逐渐步入正轨，在2005年英国《金融时报》集团旗下《外国直接投资》首次推出的“2005—2006年度亚洲最佳展望城市”评选中，澳门获选为“最具经济发展潜力城市”。[②]

但是经济发展对其他方面也产生了一系列的影响，造成了澳门社会新的矛盾和问题。这主要表现在以下几方面：

一是人口构成日趋复杂。2009年第一季度统计数据显示，外劳人数维持在接近9万人的水平，与此同时，澳门居住人口也增加到54万余人，城市接近饱和状态。[③]

二是社会问题日趋复杂。虽然从经济数据分析来看，经济形势一片大好，但由于基层市民的收入未能跟上通货膨胀的速度，物价高涨、楼价高企等因素构成居民日常生活的主要压力。同时博彩业迅速发展也引起了资源和基础设施的“瓶颈”压力，这些压力也对现存制度产生很大影响。由于博彩、会展和休闲娱乐业的快速发展，这些相关产业的人力资源不足问题日益突出，各公司采取高薪挖人的办法吸引人才，不仅使澳门博彩业的成本加大，而且还引起了就业不均衡的问题。如博彩业的高收入使澳门年轻人的择业倾向和标准发生了变化，进一步对人们在接受教育时的专业选择产生影响，从而对教育制度的变革带来了压力。[④]

三是政治问题日趋复杂。回归后澳门居民的政治意识不断提升，原来单纯依靠“社团政治”来协调政府与社会的关系变得日益困难，社团的利

---

① 吴志良：《澳门政治制度史》，第272页。

② 黄平：《挑战博彩：澳门博彩业开放及其影响》，社会科学文献出版社2008年版，第13页。

③ 娄胜华、潘冠瑾、林媛：《新秩序：澳门社会治理研究》，社会科学文献出版社2009年版。

④ 黄平：《挑战博彩：澳门博彩业开放及其影响》，社会科学文献出版社2008年版，第55页。

益分化凸显，新的政治力量也不断出现，年轻人受西方民主意识与邻近地区民主发展步伐的影响，具有强烈的民主追求。同时，“欧文龙贪污案”对政治体系、民众和社会都造成了巨大的冲击，民众对政府及官员的信心出现大幅动摇。有学者指出，“‘欧文龙贪污案’所暴露出来的，不仅是骇人听闻的贪腐与行政违法问题，也反映出民众的整体权利与利益已受到行政权的严重侵害”。[①]而对于廉政公署随后的一系列变革，民众和媒体都持一定的怀疑态度。余荔在《讯报》2007年11月17日的评论中坦白说：“我们没有信心。”他认为：“特区政府连政治职位据位人的财产申报制度公开也长期拒绝，使公众无法监察，公共工程拨款要由立法会逐笔审议，又视为不可接受，任由制度漏洞继续存在，扩大廉署的法定权，又有何实际作用？”[②]

澳门作为一个中国的地方政体，拥有着独特的政治制度和治理历史。在这种独特的政治制度和治理历史下的民众如何看待政治系统呢？怎样理解现阶段澳门民众对政治体制的态度呢？带着这些问题，笔者尝试从政治信任这个视角出发，探究澳门民众和政治系统之间的关系。

二 研究问题及意义

本书试图回答以下问题：（1）澳门居民政治信任的现状如何？怎样理解澳门居民的政治信任现状？（2）哪些因素影响了澳门居民的政治信任程度？（3）政治信任的两种测量方式有什么本质区别吗？怎样解释这两种不同的测量方式？（4）这种政治信任现状对澳门居民的政治参与有什么影响？

为什么要研究政治信任呢？政治信任属于政治心理学的范畴，它本质上是指社会大众对政治系统的合理预期以及系统回应基础之上的一种互动、合作关系。[③]政治信任是一个政府合法性的重要指标之一。为此，政治信任可以被定义为公民对政治系统的一种评估取向，一种政治态度。

---

① 李莉娜：《基本法研究的理论和实践：如何突破现有的思考模式》，载余振、邝锦钧、余永逸编《双城记Ⅲ——港澳政治、经济及社会发展的回顾与前瞻》，澳门社会科学学会2009年版，第7页。

② 黄平：《挑战博彩：澳门博彩业开放及其影响》，社会科学文献出版社2008年版，第209页。

③ 程竹汝：《政治信任研究：三个基础性问题》，《中国浦东干部学院学报》2009年第4期，第51—53页。

政治信任之所以重要，是因为它评估的不是其他目标，而是政治系统。政治系统在当前人们的生活中占据着至关重要的地位，它的好坏、运转顺利与否在很大程度上决定了公民生活的质量。从政治学理论上说，政治信任是一种价值认同，也是一种责任期待。学者们将政治信任纳入政治学的视野，因为它本身就是一个严肃的学术话题。[①]而作为澳门市民共同体生存空间的管治主体的政府，获得市民的信任感是其首要责任。[②]为此，从政治信任这个视角出发，从澳门独特的政治制度和治理历史出发，探究澳门民众对待政治系统的态度，具有较为重要的理论和实践意义。

第一，澳门特区自成立以来，社会整体发展相对平稳，“博彩新政”带动了经济呈现跳跃式增长，澳门社会日益面对从半开放到全面开放、从低度竞争到高度竞争、从传统到现代的冲击，同时全球化和周边区域环境变动也给澳门带来了发展的契机和活力。澳门特区政府不断进行公共行政改革，各种社会政策不断出台，政绩斐然，同时政府也致力于提升政治透明度，践行“阳光政府”的政治战略，给澳门民众高度自治提供了一定的必要条件。那么，这些政府绩效会在多大程度上影响澳门居民的政治信任呢？是否政府绩效表现越好，则居民的政治信任度就会越高呢？中间是否会有其他一些因素影响澳门居民的政治信任呢？

第二，澳门没有政党，只有社团，被称为“社团社会”。澳门各行各业都有自己的社团，有同样兴趣爱好者也喜欢组成社团。各类社团增添了澳门的活力，也成为这座充满人情味的城市中的一道独特的风景。从澳门的现实情况看，社团不仅与特区政府合作提供公共物品以及参与社会管理，还广泛参与澳门社会政治事务，并形成了独特的法团主义治理体制。由此，澳门作为熟人社会和社团生活高度发达的社会，也拥有雄厚的社会资本。那么，澳门社会这种社团特色又会对澳门民众的政治信任带来什么影响呢？澳门居民的社会网络和社会信任是否和其政治信任有关系呢？

第三，随着社会大环境与政治生态的改变，澳门民众由原来的民风保

---

① 齐卫平：《社会转型期中国政治信任的动态建构及其路径》，《中国浦东干部学院学报》2009 年第 4 期，第 48—49 页。

② 聂安祥：《社会交往行为与认同——澳门社会结构探析》，广东人民出版社 2009 年版，第 45 页。

守、政治冷漠逐渐变为政治兴趣增长、政治参与热情增加；澳门的本土精英也从原来无机会到有很多机会参与政治，很多精英进而成为政治体制中的一员。澳门社会内部的利益分配格局也发生了变化，一些社会矛盾也有一定程度的激化，示威游行等体制外的政治参与行为时有发生。那么，政治冷漠和政治兴趣对民众的政治信任是否有影响呢？对政治的更多关注会导致民众对政府的信任还是不信任呢？民众对政治从不参与到开始参与，在此过程中，澳门居民对政治系统的信任程度如何呢？这种澳门民众的政治信任度对其政治上的参与或者不参与有何影响呢？即民众的政治信任度是会促进民众更多地参与政治，以期得到回应，还是完全认可该政权的能力与作为，较少地参与政治呢？当然，这中间涉及很多因素，包括该地区居民的素质、政治文化、政治习惯、价值观等，但这些问题都是非常有趣的，并值得我们认真思考。澳门的社会发展和社会转型为政治信任研究提供了这种契机。

本书以澳门作为研究对象，是因为澳门本身作为一个“高度自治”的城市，研究它的政治信任程度和以往对政治信任的国家研究层面不同。澳门作为人口密度最高的城市之一，在总面积共 32.8 平方公里生活了 50 余万人，人们更贴近于政府，更能深刻感受到政治系统、政治体制、政治当局对人们生活影响的重要意义。而以城市层次的政治信任为研究对象，在政治信任研究中还不多见。

同时，可以检验政治信任在澳门居民当中的分布状况，由于信任在社会不同社会团体的分布也对不同政府政策的相对成功程度有着重要的影响，而政治领导人对政治信任的认识也会使其采取更为成功的说服策略[①]，这对澳门的政治体制改革和行政改革也有着理论上的借鉴意义。澳门居民目前的政治参与热情逐渐高涨，澳门社会不断向民主制度迈进，立法会选举、行政长官选举使澳门民众逐渐意识到澳门政治的巨大影响力。

政治信任的水平在很大程度上影响了澳门民众对立法会、政府、政府

① Aberbach Joel D. and Walker Jack L., “Political Trust and Racial Ideology”, *The American Political Science Review*, 1970, 64(4), pp. 1199-1219.

官员的评价和满意度，因而也对特区公民的政治参与行为、特区政府的下一届立法会选举、行政长官选举以及澳门社会民生等各项政策制定有着较大的影响。

为此，本书将以定量研究方法为主，定性研究方法为辅，探讨和研究澳门的政治信任问题，一方面，有助于在理论上回应并对话国内外对于政治信任理论的研究，另一方面，也有助于我们理解澳门政治社会的发展，澳门居民的政治文化和政治情感，并据此提出一些相应的政策建议。

第二节　相关文献评述

自 20 世纪 70 年代美国兴起政治信任的研究以来，政治信任逐渐引起了很多学者的研究兴趣。利维和斯托克[①]概括了推动政治信任研究在美国兴起的三重因素：一是 1965 年伊斯顿[②]《政治生活的系统分析》和 1968 年盖森[③]《权力与断裂》的公开出版；二是 20 世纪 60 年代和 70 年代早期的社会和政治动荡，包括种族关系和公民权利运动，也包括越南战争；三是关于美国全国选举调查（National Election Survey）政府信任问题的调查中，美国公民的信任百分比长期急剧下滑，尤其是 1964—1972 年。这些因素都使得 20 世纪 70 年代早期出现了对政治信任的大量研究。政治信任的研究因此在西方政治学界发展起来，并逐步成为政治学和社会学关注的重要领域。

本书从政治信任的含义出发，分别探讨了以政治信任为因变量的现有研究中的三种解释路径，及以政治信任为自变量产生的影响与后果，并进一步阐述了当前内地和澳门政治信任研究的现状，最后对相关文献进行了评述。

---

① Levi Margaret, Stoker Laura, "Political Trust and Trustworthiness", *Annual Review Political Science*, 2000(3), pp. 475-507.

② ［美］戴维·伊斯顿：《政治生活的系统分析》，华夏出版社 1989 年版。

③ Gamson, William A., *Power and Disconnect*, Homewood, IL: Dorsey, 1968.

一 何为政治信任?

当代社会政治信任的学术研究呈不断增长趋势，然而首先必须要厘清的问题是，政治信任的含义到底是怎样的？应该如何看待公民对政府的这种政治信任？

（一）政治信任的含义

对政治信任进行研究，首先要明确政治信任的概念。1962 年斯托克[①]把政府信任 (trust-in-government) 问题引入后来众人皆知的国家选举研究（National Election Survey），他根据对象对政府进行赞成性评价或否定性评价，对数据进行分类，但并没有关注政府信任或政治信任 (political trust) 的概念。只是后来的情势发展推动了政治信任的研究。

政治信任首先是信任的一种。柯武刚、史漫飞认为："人类的相互交往，包括经济生活中的相互交往，都依赖于某种信任。信任以一种秩序为基础。而要维护这种秩序，就要依靠各种禁止不可预见行为和机会主义的规则。我们称这些规则为'制度'"。[②]制度使他人的行为变得更可预见，为社会交往提供了一种确定的结构。用制度降低复杂性的效果可以相当泛化，它能给人以心理上的舒适感和安全感，使人感到自己属于一个有序的、文明的共同体。[③]

信任作为人们后天社会交往活动中所习得的对他人行为表现的预期，不仅表现在对他人的德行和能力的认知上，而且还立基于社会的控制结构。一种行之有效的制度的建立，能够为人们之间的互动形成稳定的信任关系。[④]但是卢曼也指出，这种把对过去的熟悉置于现实和未来的关系之中并不总是稳定的，它还会发生变化。对熟悉的社会秩序和信任的需求也将随着社会系统自身以及系统与时间的关系而变更，随着社会秩序日趋复

---

① Stokes Donald E.,"Popular Evaluations of Government: An Empirical Assessment", in Harlan Cleveland and Harold D. Lasswell (eds.), *Ethics and Bigness: Scientific, Academic, Religious, Political and Military*, New York: Harper, 1962, pp.61-73.

② ［德］柯武刚、史漫飞：《制度经济学——社会秩序与公共政策》，商务印书馆 2002 年版，第 3 页。

③ 邱建新：《信任文化的断裂——对崇川镇民间"标会"的研究》，社会科学文献出版社 2005 年版，第 301 页。

④ 同上书，第 300 页。

杂而多变。因为当社会秩序越来越复杂而多变时，熟悉也容易导致完全忽视事实本质，而将熟悉的东西视为理所当然。他认为，信任和不信任是一个连续系统中对立的两极，或者它们彼此是功能上的等价物。信任和不信任也是互补的，因为两者都具有降低社会复杂性的功能。[①]

由此，关于信任的分类也包括多种，例如人际信任 (interpersonal trust) 与系统信任 (system trust)、普遍信任 (generalized trust) 与个别信任 (specialized trust)、基于过程的信任 (process-based trust)、基于个体特征的信任 (personality-based trust) 与基于制度的信任 (institution-based trust)、社会信任 (social trust) 和政治信任 (political trust) 等。

政治信任只是信任的一种，它和所谓的信任文化[②]及其引起的信任社会[③]、社会资本[④]等概念的含义截然不同。虽然也有学者认为，政治信任包括公民间的人际信任，即社会信任。[⑤]但是奥弗也认为，不能简单地对信任政府与信任他人进行类比。[⑥]

奥弗将大众—精英和水平—垂直的二分法结合在一起，得到信任四个维度的内涵：（1）公民彼此间的信任，这在社会资本研究的相关著作中有丰富的阐述；（2）公民对政治精英的信任，这是政府信任研究中经常出现的主题；（3）政治精英对其他社会精英的信任；（4）政治精英对公民的信任。[⑦]其中，第二个维度的信任即本书中所提到的政治信任的含义，即公民对政治精英的信任。但是政治精英只是政治系统中的一种。

伊斯顿[⑧]将政治系统分为三类：政治团体（political community），即共享政治分工的广义的政治群体人员；政治制度 (regime)，即政治权力共享

① ［德］尼克拉斯 · 卢曼：《信任：一个社会复杂性的简化机制》，上海人民出版社 2005 年版。

② 参见［美］弗朗西斯 · 福山：《信任：社会美德与创造经济繁荣》，海南出版社 2001 年版；［美］埃里克 · 尤斯拉纳：《信任的道德基础》，中国社会科学出版社 2006 年版。

③ ［法］阿兰 · 佩雷菲特：《信任社会：论发展之缘起》，商务印书馆 2005 年版。

④ ［英］罗伯特 · 帕特南：《使民主运转起来——现代意大利的公民传统》，江西人民出版社 2001 年版。

⑤ 宋少鹏、麻宝斌：《论政治信任的结构》，《行政与法》2008 年第 8 期，第 25—27 页。

⑥ ［美］马克 · E. 沃伦：《民主与信任》，华夏出版社 2004 年版。

⑦ YangKaifeng, “Public Administrators’ Trust in Citizens: A Missing Link in Citizen Involvement Efforts”, *Public Administration Review*, 2005, 65(3), pp.273-285.

⑧ ［美］戴维 · 伊斯顿：《政治生活的系统分析》，华夏出版社 1989 年版，第 199 页。

的游戏基本规则；当局 (authorities)，即对制定和执行政治决策负责的选举和任命的官员。很多学者也据此认为，政治信任从结构上来说主要包括三个层次，第一，对政治制度的信任；第二，对政府的信任；第三，对政府人员的信任。[①]

由此可见，几乎每种定义都明确或暗含了构成政治信任的下列要素：

第一，它是民众与政治系统之间的一种互动；

第二，它涉及民众、政治系统、社会环境之间的特定关系；

第三，它是一个历史的，不断调整、修复和发展的动态过程。

政治信任是“民众基于理性思考、实践感知、心理预期等对于政治制度、政府及政策、公职人员行为的信赖”[②]，而这其中作为一个动态、变化的政治态度，它又体现了民众基于历史记忆、心理预期和政治表现而显示出来的对于政治系统的认可程度。由此，本书对于政治信任的定义基于以上要素和理解，认为政治信任是民众基于历史记忆、心理预期和政治表现而体现出来的动态变化的政治态度，是民众对政治系统的认可程度。

（二）政治信任的解读

仍有一些学者质疑政治信任概念的存在。例如，奥弗认为，信任只能被赋予活生生的行为体，而诸如政府这样的抽象物不应当成为信任的对象。但总体而言，关于政治信任的大量文献证明了它的存在是有其特定意义的。并且，正如卢曼[③]所言，政治信任是在两个不同的普泛化层面上被要求和给出的。一方面，公民珍爱他们对将要决定下来的事情的期待；另一方面，公民留在该国家，希望能过上一种合理的生活，这就已经表明对政治系统的信任。

从现有的文献来看，绝大多数文献肯定了政治信任或是不信任这种态度的存在，并据此提出了一些理论假设。“信任被看成和不信任相反的，

---

① 参见宋少鹏、麻宝斌《论政治信任的结构》，《行政与法》2008 年第 8 期；刘昀献《当代中国的政治信任及其培育》，《中国浦东干部学院学报》2009 年第 4 期；西特林也认为需要区分一下各种政治态度：对当前政府政策立场的不满意，对现在发生的事件和政策结果的不满意，不信任在位的官员，拒绝整个政治体制，参见 Jack Citrin, “Comment: The Political Relevance of Trust in Government”, *The American Political Science Review*, 1974, 68(3), pp. 973-988。

② 刘昀献：《当代中国的政治信任及其培育》，《中国浦东干部学院学报》2009 年第 4 期，第 57—60 页。

③ ［德］尼克拉斯·卢曼：《信任：一个社会复杂性的简化机制》，上海人民出版社 2005 年版，第 73 页。

就像是一盏灯，或者是亮的，或者是不亮的一样。”[①] 由此导致了公民和政府机构之间的关系被纳入一种二元的分析框架中。

但有趣的是，哈丁直接指出了这个议题的荒谬性：“有关当代社会公民应该信任政府（如果公民不信任政府的话，那么要么公民要么政府中的一方就是有问题的）的看法的一个突出问题是，它同传统自由主义截然相反。”[②] 他认为，自由主义的核心含义是公民不应该信任政府，并且要提防政府。因为政府官员会有不为公民利益服务的动机，而且任何拥有权力的人至少部分地怀有为他们自身利益而滥用权力的动机。从认识论角度讲，如果公民要明智地信任政府的话，他们应当能知道他们信任政府所必须知道的事情。福山也认为人们时常说的美国具有“民主”或“自由”市场文化，其意思是美国人普遍不信任政府和权威，推崇个人主义，具有追求平等的倾向。[③]

通常来看，对于普通人来说，现代社会分层太过复杂。据此，沃伦强调：“原则上，公民对政府的立场可能有三种：信任、不信任，或者两者都不是。”[④] 所以他指出了这样一种假定，即在理论和实际上，由于我们通常缺乏较常识更深一步的知识，公民相应的反应常常是要么缺少信任，要么缺少不信任。

他进一步指出，如果“A 信任 B，那么信任 B 的最可能的理由是，有一种将使 B 在 X 方面作为 A 的代理人好好做事的组织结构或政治动机对 B 施加影响”。[⑤] 首先，如果 A 要信任 B，那么 B 不仅必须有做 X 的动机而且还要有做 X 的能力。其次，如果 A 的信任要得以实现，A 必须有能力判断 B。总的来说，这可能是公民同政府关系的最有说服力的解释。即“它不是一种信任或不信任的关系。多数时候它至多是一种归纳预期的关系”。

对这种归纳预期关系，学者塔克提出了一个“反思性信任”（reflexive

① Tucker Andrew, “The Role of Reflexive Trust in Modernizing Public Administrations”, *Public Performance & Management Review*, 2004, 28(1), p. 53.

② ［美］马克 · E. 沃伦：《民主与信任》，华夏出版社 2004 年版，第 21 页。

③ ［美］弗朗西斯 · 福山：《信任：社会美德与创造经济繁荣》，海南出版社 2001 年版，第 39 页。

④ ［美］马克 · E. 沃伦：《民主与信任》，华夏出版社 2004 年版，第 22 页。

⑤ 同上书，第 26 页。

trust）的概念。他从当前行政现代化理论出发，并通过一项对英国公民调查的数据进行了分析。他提出，“反思性信任”不应该被看作信任和不信任这个态度连续光谱上的一点；相反，它可以被看作一个单独的、可操作化的、可定义的假设，是行动者行为的一个描述，而不是作为行动者对其行为的态度。行为者在和公共行政机构相联系中，（1）有意不将他们自身嵌入对政府机构信任或不信任的态度中，直到某种标准的服务被感受到为止；（2）行动者通过信任那些影响现在结果的决策过程，而有意重新将他们自身嵌入。就此理解而言，信任是反思性的，因为它是自我改变的。因素（1）改变（2），（2）会不断改变（1）。这是因为“信任在政治领域就是这样一种不断流动的商品”。①

因此，按照哈丁的解释：“我们可能依赖政府。我们可能发现政府令人宽慰地可以预见。但我们不应该信任政府：因为我们不可能知道相关的利益和情况，我们根本没有能力去信任或者不信任。”②由此，政治信任出现了除信任、不信任以外的第三个维度——怀疑主义，这点也由后来的实证研究得以证实。③

而对信任的理解，也相应有几个维度：一是健康的信任，在于信任能伴随着环境的变化而具有灵活性和因应性；二是病态的信任或怀疑，则具有不顾情势的变化而表现出不可变更的、僵化的、刻板的特征，习惯使我们陷入“确定性的陷阱”（confirmation trap）；三是健康的不信任。④正如玛格丽特·利瓦伊（Margaret Levi）所言：“不信任也许是一个问题，但是信任就是解决的办法吗？”

政治信任作为政治态度的一种，的确在不断改变，因为态度会随着外界事物的改变而改变。就政治信任的稳定性而言，由于“信任政府更多地依赖于对当时领导人的拥护程度，而不是一种深层次的价值”，所以“信

① Tucker Andrew, “The Role of Reflexive Trust in Modernizing Public Administrations”, *Public Performance & Management Review*, 2004, 28(1), p.68.

② ［美］马克·E. 沃伦：《民主与信任》，华夏出版社 2004 年版，第 6 页。

③ Mishler William and Rose Richard, “Trust, Distrust and Skepticism: Popular Evaluations of Civil and Political Institutions in Post-Communist Societies”, *The Journal of Politics*, 1997,59(2), pp.418-451.

④ ［美］马克·E. 沃伦：《民主与信任》，华夏出版社 2004 年版。

任政府要比信任他人短暂”。[①]但是，对政治信任的研究并不因其稳定性的原因而丧失意义。在西方，对政治信任的研究也分别以政治信任为因变量和自变量阐述其起源和后果，从政治信任出发，探讨国家、社会之间的关系，深化对公民政治态度的理解。

（三）政治信任的测量

国内外研究显示，对政治信任的大量研究都是实证的定量研究，主要包括三类数据和相应的测量方式。

第一，美国全国选举调查研究数据，从1964年、1966年、1968年和1970年一直到1996年。很多学者都应用了这项研究的数据，而政治信任文献的兴起也是源自美国20世纪60年代开始对政治信任的关注。在测量政治信任时，这套数据将政治信任操作化为5个方面，分别用了5个问题来测量。[②]米勒（Miller）认为这5个问题测量了公民的政治犬儒主义（political cynicism）[③]，这是一套从20世纪60年代流行到20世纪90年代的测量政治信任的标准问题。

米什勒和罗斯发现政治信任这5个问题的测量有如下的缺陷[④]：其一，它们主要集中探讨“政府”，而忽略了信任在不同政治机构之间的变化。其二，它们忽视了已构成公民社会的众多社会和经济机构；其三，它们让回答者集中考虑“政府人员”，使回答者混淆了对制度和对在位政府官员的信任；其四，它们询问政府“能做什么”，由此判断信任的程度，而不是询问对机构本身的信任，这种标准化测量会更有利于对信任绩效方面的解释，而不是社会化的解释。而且，相比于从积极信任政府会做正确的

① ［美］埃里克·尤斯拉纳：《信任的道德基础》，中国社会科学出版社2006年版，第153页。

② 5个问题及答案分别是：1. 您认为，您是否总是信任华盛顿政府能够做正确的事？ A. 总是信任 B. 大多数时间都信任 C. 一些时候信任 D. 不知道；2. 您认为，政府是由代表少数利益集团的人运作的，还是由代表普通民众利益的人运作的？ A. 代表普通民众利益的人 B. 代表少数利益集团的人 C. 视情况而定，都有 D. 不知道；3. 您认为，政府官员是否浪费了民众的赋税？ A. 浪费很多 B. 有一些浪费 C. 浪费很少 D. 没有浪费 E. 不知道、不确定；4. 您认为，是否大部分政府人员都有能力做好自己的工作？还是相当多的人不具备能力做好自己的工作？ A. 大部分政府人员有能力做好自己的工作 B. 大部分政府人员没有能力做好自己的工作 C. 其他，视情况而定 D. 不知道，不确定；5. 您认为，大部分政府官员的诚信程度怎么样？ A. 不诚信 B. 一般 C. 比较诚信 D. 不知道、不确定

③ Miller Arthur H.,“Political Issues and Trust in Government: 1964-1970”, *The American Political Science Review*, 1974, 68(3), pp.951-972.

④ Mishler William and Rose Richard,“Trust, Distrust and Skepticism: Popular Evaluations of Civil and Political Institutions in Post-Communist Societies”, *The Journal of Politics*, 1997, 59(2), pp.418-451.

事到积极不信任政府会做错事的新型测量方式，国家选举调查 (National Election Studies,NES) 和一般社会调查（General Social Survey）中最常用的测量方式，倾向于扩大不满的水平。多变量分析揭示出统计上决定这些测量因素的显著区别。传统的 NES 测量尤其容易受短期对政治事件和领导人的评估的影响；而积极信任和积极不信任的新测量方式则反映出对政府更潜在深入的倾向。①

1978 年，密歇根大学政治研究中心对政治信任的测量又提出了 4 个新问题，而不再使用 20 多年来这 5 个测量信任的标准问题，并有了具体的所指：总统卡特、卡特当局、美国国会。这 4 个新问题，除了使用新的所指目标以外，也使用了和原来两个旧问题一样的措辞。但是由于在新选项和旧选项之间观察到的相关性，它也可能反映了不同政治目标之间的根本概念联系以及重叠方法方差所导致的联系。艾布莱姆森和菲尼福特发现，这种相似的问题措辞导致了问题的存在，并说明这些新问题的分析并不足以解决标准政治信任测量所带来的问题。②虽然原来这 5 个问题有着种种缺陷，但由于其测量的长期性、稳定性被很多美国学者所接受，并用这 5 个问题作为测量公民政治信任的标准化测量方式，也有一些学者选取其中 1、2、3、5 作为政治信任变量的测量，将 4 个项目的答案相加取平均值，作为政治信任的平均程度。③

第二，来自世界价值观调查 (World Value Survey) 和新民主“晴雨表”（New Democracies Barometer,NDB）中的测量。

在世界价值观调查中，对信任的测量是通过“信心”（confidence）来描述的：

> 以下我将提到一些组织，对每个组织，请您告诉我们您对它们的信心程度：是非常有信心、有些信心、不太有信心还是完全没信心呢？

---

① Cook Timonthy E. and Paul Gronke,“The Skeptical American: Revisiting the Meaning of Trust in Government and Confidence in Institutions”,*The Journal of Politics*, 2005,67(3), pp.784-803.

② Abramson Paul R. and Ada W. Finifter, “On the meaning of Political Trust: New Evidence from Items Introduced in 1978”, *American Journal of Political Science*, 1981, 25(2), pp.297-307.

③ Marc J.Hetherington, “The Effect of Political Trust on the Presidential Vote, 1968-96”,*The American Political Science Review*, 1999, 93(2), pp. 311-326.

这些组织包括教堂、军队、新闻出版界、电视、工会、警察、法院、政府、政党、议会、公务员、主要的大公司、环境组织、妇女组织、慈善或人道主义组织、欧盟、联合国。

世界价值观调查虽然有一定的纵向数据（迄今为止，已经有4次调查）和对许多国家横向比较的数据，但是它对“信任”研究的使用也存在一些问题。首先，该数据询问了公众是对机构有多少“信心”（confidence），而不是“信任”(trust)；其次，它只提供了4个选项（即非常有信心、有些信心、不太有信心还是完全没信心）。而最关键的局限在于它排除了中间类型或者说怀疑类型。因此，在做比较研究时，很多时候只能将该数据分成“信任”和“不信任”两类，而无法进行三类的比较研究。

而在新民主晴雨表调查中，对信任的测量则是直接用“信任”（trust）来描述的：

在这个国家中，有许多不同的机构，例如，政府、法院、警察、公务员等。请在这个7分量表中将您的意见表达出来，1分代表非常不信任，7分代表非常信任，您个人对下列机构或人员的信任程度是怎样的呢？

这些组织包括政党、法院、公务员、政府、工会、国家总统、爱国社团、私人企业、农民组织、充当政府顾问的外国组织和专家。

一般来讲，测量政治信任主要是针对其中几个组织的，例如军队、警察、法院、政府、政党、议会、行政部门。有的学者提取了4个组织对政治信任进行测量。例如，列奇依据调查问卷中回答者对不同机构的信任进行回答，并根据主要因素分析，选出了4个机构作为基本的国家层面上的机构，分别是议会、行政部门、军队和警察。将这4项的指数相加为一个相加指数，作为政治机构的信任变量。①还有的学者因为做的是国别比较分析，所以只抽取了议会作为对政治信任的测量。②

① Letki Natalia, “Investigating the Roots of Civic Morality: Trust, Social Capital, and Institutional Performance”, *Political Behavior*, 2006,28(4), pp. 305-325.

② Newton Kenneth, “Trust, Social Capital, Civil Society, and Democracy”, *International Political Science Review*, 2001, 22(2), pp. 201-214.

从这种测量引申出来的测量方式还包括直接提问对各级政府的信任程度。例如，李连江在测量农民的政治信任时，直接提问：你认为党中央在农村的威信怎样？你认为省委在农村的威信怎样？等等。①

第三，政治信任的结构分为公民对政治制度、政府人员及政府政策的信任。学者安和博野将政治信任定义为政府是基于个人利益还是公众利益做事的感觉，个人或公众是否参与政治输入过程的感觉。②所以他们在测量农民的政治信任时是用一些语句来测量的。③台湾地区学者陈陆辉在研究时也将政治信任进行了典章制度和权威当局两个层次的测量，并包含了对政府官员和机构信任的测量。④我国大陆学者陈尧建议将政治信任分为四类：民众对政治行为者的信任、对政策的信任、对政府的信任以及对政治制度的信任。⑤孙力也认为应该对政治信任的结构和来源做出区分和解释，即将根本制度和机制、制度功能和角色功能、整体政权、政府同具体的政府部门做适当的区分。⑥

有的学者试图在不同类型的数据间进行比较研究，如利用新民主晴雨表数据和世界价值观数据、美国选举调查研究数据比较。这种比较研究虽然有一定的依据，但是，他们也发现这种比较研究存在一定的局限性，例如“信任”的含义在不同国家的公民看法中可能是非常不同的；另外测量方式和回答选项的不同也导致了比较的困难；而且不同层次国家（如发达国家和发展中国家）公民不同的看法也进一步加剧了信任比较的困难。⑦

另外，对政治信任的研究也包括比较公民对政治系统和公民社会中各

---

① Li Lianjiang, “Political Trust in Rural China”, *Modern China*, 2004, 30(2), pp. 228-258.

② Ahn Byong Man and Boyer William W., “Political Efficacy and Trust in Rural South Korea”, *The Journal of Developing Areas*, 1986, 20(4), pp. 439-452.

③ 测量的问题具体为：政府制定和实施农村政策，而并不知道农村人到底是怎样生活的；政府官员更倾向于追求他们自身的利益，而不是公众利益；政府有能力给农村地区带来繁荣。

④ 陈陆辉：《政治信任的政治后果——以2004年立法委员选举为例》，《台湾民主季刊》2006年第2期，第39—62页。

⑤ 陈尧：《社会转型期政治信任结构的变化》，《中国浦东干部学院学报》2009年第4期。

⑥ 孙力：《三个维度解析的政治信任》，《中国浦东干部学院学报》2009年第4期。

⑦ Mishler William and Rose Richard, “Trust, Distrust and Skepticism: Popular Evaluations of Civil and Political Institutions in Post-Communist Societies”, *The Journal of Politics*, 1997, 59(2), pp.418-451.

机构的信任。因为“公民社会概念意味着一种一般化的对共同体的感觉（a generalized sense of community）。它假设对社会的感情是一体的，而不是只对某些部分的机构而言。”[①]但是，有很多学者也认为在社会、经济机构和政治机构之间存在着一定的差异。例如费什曾这样解释：“大多数理论家都将公民社会定义为……一个独立的、自我组织和自我管理的社会团体的领域（但是）……坚持在国家和社会概念中保持界限。”[②]米什勒和罗斯因此对后共产主义的欧洲国家的15个社会和政治机构的政治信任进行了主成分因子分析，发现这些国家的公民是将社会公共机构和政治机构放在一起来评价的，也即只有一个因子和数据吻合最好，公民因此对社会机构和政治机构是视为一体的，而不是有明显界限的。当然在因子分析时，还发现有另外两个不太显著的因子，总体来说，这3个因子分别对应政治机构、和市场及市场改革相联系的社会机构、和传统权威相联系的教会和军队。即尽管后共产主义国家的公民对一些机构比另外一些机构更为信任，但是他们倾向于沿着一个单一的维度去评价所有这些机构，即他们并没有区分国家和社会的不同，他们从整体上来判断它们，并以怀疑的眼光来评价它们。

简言之，以上三种形式的政治信任测量都有一定的理据，但是笔者认为新民主晴雨表调查的用词方式更为有效，测量的信度和效度能得到有效保证。而间接测量方式由于美国选举研究的数据从20世纪60年代开始就有，所以20世纪60年代到90年代中后期美国研究政治信任、政治犬儒主义的学者都使用了这套测量方式，具有一定的普遍性。在进行比较研究时，这套测量方式也非常有用，并且传统的美国国家选举调查测量经过改良后，增加了积极不信任的测量方式，去掉了以往的一些缺点，即尤其容易受短期对政治事件和领导人的评估的影响，而积极信任和积极不信任的新测量方式更是反映出公民对政府更为潜在深入的倾向。[③]

---

① Mishler William and Rose Richard, “Trust, Distrust and Skepticism: Popular Evaluations of Civil and Political Institutions in Post-Communist Societies”, *The Journal of Politics*, 1997, 59(2), p.430.

② Fish Steven M., *Democracy from Scratch*，Princeton: Princeton University Press, 1995, p.52.

③ Cook Timonthy E. and Gronke Paul, “The Skeptical American: Revisiting the Meaning of Trust in Government and Confidence in Institutions”, *The Journal of Politics*, 2005,67(3), pp.784-803.

二 以政治信任为因变量：三种理论解释路径

政治信任研究起源于美国，他们发现美国公民的政治信任大幅下滑，由此，以政治信任作为因变量，探讨政治信任的来源、起源或解释因素，成为早期美国学者在这个领域中最为热烈的话题。对政治信任的研究主要存在三种竞争性的理论解释路径：第一种是以理性选择理论为基础的经济学解释，即理性选择路径；第二种是以社会学和社会心理学为基础的文化理论解释，也即社会文化路径；第三种是结合以上两种解释的发展型模型，也被称为终生学习路径。

（一）政治领域中的政治信任：理性选择路径

从理性选择理论角度来看，政治信任可以被解释为公众对物质利益的计算，即对政府行为的关注，人们对政府的信任基于政府提供公共物品的能力。由此，政治信任的起源被限定于政治领域，这也是政治信任研究起步阶段中研究的重要特点。一般认为，政治信任取决于政府是否为人们提供好的政策和好的发展途径能力，以及人们对政府官员是否是“好人”的感觉。因此，政府绩效决定了政治信任的程度，它是政治信任的前提，一个表现拙劣的政府是不可能赢得公民的信任的。

政府绩效包括政治方面和经济方面的绩效。其中，政治绩效包括很多方面，例如一些重大的政治事件、政治制度、自由、公平、政治透明度。经济绩效主要包括两方面内容：一是国家的宏观经济绩效，二是个人的经济状况。宏观的经济绩效包括公民对国家当前经济绩效的评价和对未来经济状况的评价；个人的经济状况包括公民当前的家庭财政状况和对未来财政状况的评价。这也与社会交换理论的解释不谋而合：这一理论主张人类的一切行为都受到某种能够带来奖励和报酬的交换活动的支配，因此，人类一切社会活动都可以归结为一种交换，人们在社会交换中所结成的社会关系也是一种交换关系。为此，政府绩效好，人们满意，就会对政府有较高的信任度。

米勒强调指出，政治事件、政治态度和期望是对政府不信任的首要来源。[①]政治精英“生产出”政策；作为交换，他们得到了对这些政策满意公民的信任和对这些政策失望公民的怀疑。因此，也证实了如下的假设：人们感到和自己期望的差距越大，人们就会对政府越不信任，也即，一般来说，我们倾向于信任和喜欢那些和我们意见一致的人。西特林强调指出，政府官员和机构的绩效决定了他们的合法性。[②]金既勇也发现机构绩效是决定政治信任的一个关键变量。[③]因此，国家经济绩效和公民对经济的评价影响着政治信任，较差的经济表现会导致更大的不信任[④]；而个人的经济状况也在很大程度上影响公民对国家经济能力和政治能力的判断，从而对政府的绩效进行评价，形成对政府的信任程度。

用哈丁的话，信任是遵循经济学和算术学的逻辑，即信任起始于对被信任者的承诺所做的评估。理性选择理论和现代化理论指出，结构和制度因素在形成人们对权威的态度时也起着一定的作用。例如，在台湾地区，政治信任可能更多是和政府绩效相联系的。[⑤]正如伊斯顿对政治系统的论述所反映的，来自政治系统的“正”输出能够对政治任职者产生群众性支持。[⑥]在短期内，这种支持基于有关“最近你为我做了什么”的计算。而且，如果一个特定政体的输出被认为是在一个长时期内是“正”的，那么这个政体就可能会培养出“弥散性支持”，即政府合法性的由来，政治信任也伴随而来。

这种理性选择理论也表现在政治现实模式上。美国学者对不同种族的政治信任进行研究，发现自 1968 年以来，黑人的信任度显著低于白人。对此最常见的解释在于政治现实模型，即政治领导人对黑人没有对白人那

---

① Miller Arthur H.,“Political Issues and Trust in Government: 1964-1970”, *The American Political Science Review*, 1974,68(3), pp. 951-972.

② Citrin Jack,“Comment: The Political Relevance of Trust in Government”, *The American Political Science Review*, 1974, 68(3), pp. 973-988.

③ Kim Ji-Young,“‘Bowling Together’ Isn’ t a Cure-All: The Relationship between Social Capital and Political Trust in South Korea”, *International Political Science Review*, 2005, 26(2), pp. 193-213.

④ Nye J.S.Jr., P. D. Zelikow & D.C King, *Why People Don't Trust Government*，Cambridge,MA: Harvard University Press, 1997.

⑤ Shi Tianjian,“Cultural Values and Political Trust: A Comparison of the People’ s Republic of China and Taiwan”, *Comparative Politics*, 2001,.33(4), pp. 401-419.

⑥ ［美］戴维 · 伊斯顿：《政治生活的系统分析》，华夏出版社 1989 年版。

么友好。该研究通过比较种族在两个环境中的信任，直接检验了政治现实模型。一个是 1984 年的国家数据，另一个是黑人市长和黑人当局在位有 8 年的城市。如果政治现实模型是正确的，那么黑人对信任的关系在地方就应该是积极的，正好和国家层次上的消极方向是相反的。在这种直接比较下，该研究发现，政治现实模型是很成功的。正如其他学者所发现的，政治研究中的信任问题测量了人们对在位者的评估。这些对在位者的评估也是黑人对信任问题回答的回应，即这种政治现实的一部分。①

公民对在位者和政治机构的评价、不断增加的政治丑闻、媒体对政治腐败和丑闻曝光率的增加等重大事件的发生都会导致不信任的增加。②例如，学者达米科等人发现对于解释公民信任或不信任来说，更为显著的解释变量是，公民对于重大政治事件如越南战争或水门丑闻的反应。③这在其他学者的研究中也多有涉及。

社会财富的分配是否公平也被认为是影响社会信任与政治信任的重要因素之一。一个社会的财富分配越平等，其政治信任的水平也就越高。李和格拉速尔使用了 1995 年世界价值观调查的韩国数据，他们发现对财富的平等分配和公平对待，对于形成韩国的政治态度是显著的。如果韩国人认为他们没有被公平对待，他们就可能形成对政治体制否定的态度。④同时，尤斯拉纳也发现，在没有共产主义遗产的国家中，概化信任与基尼系数之间的相关度是 0.684。⑤在 33 个民主国家中，当收入不平等被拉大时，政治信任水平就会下降。财富的公平分配能够使公民变得更为乐观，也能够缩减不同群体之间的社会距离，对于信任者（公民）而言，制度及其规则为他们提供了规避信任风险的保障措施。

---

① Howell Susan E. and Fagan Deborah, "Race and Trust in Government: Testing the Political Reality Model", *The Public Opinion Quarterly*, 1988, 52(3), pp. 343-350.

② Nye J.S.Jr., Zelikow P. D. & King,D.C. *Why People Don't Trust Government*, Cambridge,MA: Harvard University Press, 1997.

③ Damico Alfonso J. , Conway, M. Margaret Sandra & Damico Bowman, "Patterns of Political Trust and Mistrust: Three Moments in the Lives of Democratic Citizens", *Polity*, 2000, 32(3), pp. 377-400.

④ Lee Aie-Rie , Yong U.,Glasure, "Political Cynicism in South Korea: Economics or Values?", *Asian Affairs*, 2002, 29(1), pp. 43-58.

⑤ ［美］埃里克·尤斯拉纳：《信任的道德基础》，中国社会科学出版社 2006 年版。

理性选择路径将政治信任解释为政治领域中重要事件的结果，包括公共政策、政府绩效、政府官员的表现、重大政治事件、政府制度的合理性、腐败、媒体对政治形象的描述、国际关系等。尤斯拉纳认为这种基于理性选择或认知的信任是一种“策略信任”，而“策略信任是脆弱的，因为新的经验能够改变人们对他人可信度的看法”。[①]因此，信任难以建设，易于破坏，这种政治信任的不稳定性和脆弱性似乎将政治信任的研究置于一种尴尬的境地，因为在这一意义上，“对政治制度信任的下降不是一个问题”，“它甚至可能是公民对于信任条件变得越来越老练的一个标志”[②]，英格尔哈特就根据其对世界价值观调查（World Value Survey）中 41 个国家的资料分析指出，“对特殊政治制度和精英的信任并不十分重要，至少对现行民主政体的长期稳定来说是如此。相反，稳定源于另外两个因素：主观幸福与人际信任”。[③]政治信任的研究意义由此而大幅下降，为此，随着社会文化路径研究的兴起，对政治信任起源的探索慢慢走出了政治领域，而进入社会领域，试图寻找其深层次的意义所在。

（二）跨入社会领域中的政治信任：社会文化路径

社会文化路径强调的是文化理论，包括社会学的和社会心理学的解释，认为基本的政治价值观和信念是政治社会化导致的形式。由此，对政治信任的解释慢慢走出政治领域，而进入宏大的社会领域，其因素包括社会化经历、文化与价值观、社会资本等。这种路径的分析始于 20 世纪 70 年代，到 20 世纪 90 年代和 2000 年以后，社会文化路径的政治信任研究日益蓬勃发展，成为政治信任研究的主流，学者们日益希望从广阔的社会领域中发现政治信任的源泉，以此为政治信任的研究寻找新的基石。

社会化理论有不同的形式，但基本上都认为政治价值观和信念是被学习的，一般是早期生活经验的结果，并且和个人在社会上的地位相联系，后者主要反映在教育、性别、年龄和社会经济地位上。个体价值观的确立很大程度上是在早期社会化过程中完成的。尤斯拉纳首先对个体价值观、

① ［美］埃里克·尤斯拉纳：《信任的道德基础》，中国社会科学出版社 2006 年版，第 29 页。

② ［美］马克·E. 沃伦：《民主与信任》，华夏出版社 2004 年版，第 6 页。

③ 同上书，第 7 页。

早期社会化过程以及政治信任之间的相互联系进行了探讨。他认为早期社会化过程对政治信任有着重要影响。但是也有学者持不同意见，如达米科等人使用了重访法，发现早期在学校的政治社会化经验，对于解释公民信任或不信任只起到非常微小的作用。①

文化主义者的观点则认为，短期对物质利益的计算只能说明部分问题。政治行动者对刺激的反应并不是直接的，中间还有一个赋予事件意义和价值的调节机制。调节取向的不同会使得政治行动者对刺激的反应也完全不同。文化主义者并不否认人们的取向是由制度以及最终引起取向改变的制度变革所形成的。但是，政治文化的改变通常落后于制度的变革，而不和制度变革同时。因此，人们的价值取向能够独立地影响他们的行为。因此，文化的影响也不能简单归结于制度的影响。例如，学者史天健对中国台湾地区和大陆的政治信任做了对比研究，发现它们价值取向的不同，解释了它们之间政治信任的不同。②学者马得勇则以亚洲 8 个国家和地区为研究对象，发现在东亚及东南亚国家，权威主义价值观作为一个文化的因素，对人们政治信任的形成产生了重要影响。③而在威权制度下的中国，政治信任更多取决于传统的价值观。个体的价值观也被认为是影响政治信任的基础性因素之一。由英格尔哈特教授主持的世界价值观调查表明，个体价值观在很大程度上决定了个体的信任倾向。

社会资本是通过人口中发生的互相依赖和社会互动的模式产生出来的。在帕特南对意大利的社团生活和治理研究中，他将社会资本定义为“普通公民的民间参与网络，以及体现在这种约定中的互惠和信任的规范”。④他的论证逻辑是这样的：社会信任有助于产生社会合作，这对于政府良好地运作，获得信任是必需的。布雷姆和拉恩也做出了这样的论证：民主政府能

① Damico, Alfonso J. & Conway, M. Margaret Sandra,& Damico, Bowman,“Patterns of Political Trust and Mistrust: Three Moments in the Lives of Democratic Citizens”, *Polity*, 2000, 32(3), pp. 377-400.

② Shi Tianjian,“Cultural Values and Political Trust: A Comparison of the People’s Republic of China and Taiwan”, *Comparative Politics*, 2001,33(4), pp. 401-419.

③ 马得勇：《政治信任及其起源——对亚洲 8 个国家和地区的比较研究》，《经济社会体制比较》2007 年第 5 期，第 79—86 页。

④［英］罗伯特·帕特南：《使民主运转起来——现代意大利的公民传统》，江西人民出版社 2001 年版，第 1 页。

够导致普遍的人际信任，而人际信任也反过来使人们更容易信任自己的政府。[①]由此，社会信任和政治信任是一种正相关关系。高度的社会信任推进了政府的良好运作，政府良好的治理结果又促进了人们对政府的信任。帕特南的理论奠定了人们对政治信任社会领域探源的基础，许多学者随之而开始了这种探讨。

社会信任也称普遍信任，是指对大多数陌生人的信任程度。社会信任被很多学者认为是预测政治信任的一个重要指标。一些学者认为，社会信任是政治信任的基础，一个缺乏社会信任的社会是不可能孕育出政治信任的。一般来说，人们不能信任其他人，那么他一般也不会信任那些政治职位上有权力诱惑的人。[②]对被选举官员的信任一般看作对人类信任的一个更为具体的例子。在法国，对人民的信任和对非政治机构的信任与政治信任是有一定相关关系的，但相关系数很低，以至于从其中一种信任去预测另一种信任是基本不可能的。[③]但是，从总体的国家水平来看，确实有证据支持这个理论，只是需要一些修改和限定条件。[④]通过对宏观层次的纵向数据进行分析，最新的研究结果证实了政府绩效和社会资本都是解释政治信任的因素，但是社会资本看起来更能够解释美国过去 40 多年政治信任下降的原因。[⑤]

很多针对个人的调研数据却对这派思想传统提出了质疑。没有证据显示出在社会信任和政治信任之间存在着重叠，信任和志愿组织成员身份之间也没有重合，在社会资本和政治信任之间似乎只存在微弱的联系。金既勇检验了韩国社会资本和政治信任之间的关系，研究发现，参与社团活

---

① Brehm, J. Rahn, W., “Individual Level Evidence for the Causes and Consequences of Social Capital”, *American Journal of Political Science*, 1997, 41, pp. 999-1023.

② Aberbach, Joel D. Jack L.Walker, “Political Trust and Racial Ideology”, *The American Political Science Review*, 1970, 64(4), pp. 1199-1219.

③ Ambler John, “Trust in Political and Nonpolitical Authorities in France”, *Comparative Politics*, 1975, 8(1), pp. 31-58.

④ Newton Kenneth, “Trust, Social Capital, Civil Society, and Democracy”, *International Political Science Review*, 2001, 22(2), pp. 201-214.

⑤ Keele Luke, “Social Capital and the Dynamics of Trust in Government”, *American Journal of Political Science*, 2007, 51(2), pp. 241-254.

动、社会信任都与政治信任和选举活动并不相关。① 而且，在志愿社团和政治信任之间的关系也是模糊的，并且令人困惑。政治信任现在更加依赖于政治本身。信任的政治因此也更依赖于政治领导者有意愿并有效地履行其作为人民受托者的角色。②

作为公民与政府间联系的中间领域，社会层次也有诸多因素对公民的信任倾向进而对社会信任和政治信任产生影响。塞利格曼指出，在等级文化盛行的社会中，社会信任以及政治信任不可能萌发，因为在这样的社会中，社会秩序本身就规定了不同阶层的人可以做什么，不可以做什么，因而不同阶层的公民不可能拥有相同的价值观念。③ 帕特南也认为，信任不可能在一个高度分化的社会中得以提升。④ 阿勒西亚（Alesina）和拉·费拉拉（La Ferrara）提出了信任的“相似 — 差异”解释模型。他们认为，在文化—种族同质性较高的社会中，社会信任与政治信任更易于萌发，而且，不信任也和不断上升的犯罪率、儿童贫困等社会文化现象相关。⑤

利特则发现在美国马萨诸塞州布鲁克林（Brookline），人民的信任是和政府信任相关的，那里的政府有一种诚实的传统，公民不信任的主导因素是性格变量；而在波士顿，那里的政客一般被认为是不诚实的，人民信任在那里也被发现是和政府信任不相关的，政治环境 (political milieu) 成为公民不信任的主要因素。⑥ 由此，社会信任和政治信任相关关系的背景地区一般是一个相对和平、有共识的社会，在那里，不信任一般只是个人性格的一种表示，而不是文化环境的反映。

基于以上讨论也可以看到，社会化经历、文化、价值观、社会资本和

---

① Kim Ji-Young, “‘Bowling Together’ Isn’t a Cure-All: The Relationship between Social Capital and Political Trust in South Korea”, *International Political Science Review*, 2005, 26(2), pp. 193-213.

② Damico, Alfonso J. & Conway, M. Margaret Sandra,& Damico, Bowman, “Patterns of Political Trust and Mistrust: Three Moments in the Lives of Democratic Citizens”, *Polity*, 2000, 32(3), pp. 377-400.

③ 转引自闫健《居于社会与政治之间的信任——兼论当代中国的政治信任》，《南昌大学学报》（人文社会科学版）2008 年第 1 期。

④ ［英］罗伯特 · 帕特南：《使民主运转起来——现代意大利的公民传统》，江西人民出版社 2001 年版。

⑤ Nye J.S.Jr., P. D. Zelikow, D.C. King，*Why People Don’t Trust Government*, Cambridge,MA: Harvard University Press, 1997.

⑥ Litt Edgar, “Political Cynicism and Political Futility”，*Journal of Politics*, 1963, 25, pp. 312-323.

政治信任之间，都存在着一定的相关关系，但这种关系不是直接或简单的，而是有条件变量在起作用。具体来说，这些因素之间本身也存在着互相影响，而政治领域的各种因素更是会对它们和政治信任之间的关系起到一定的作用。这些因素中如果哪一方面特别令人不满意，就会造成它们和政治信任相关关系的割裂。例如，如果政治腐败现象严重，经济绩效较差，则民众的政治信任肯定下降，而无关其社会资本存量是否良好。

社会文化路径的政治信任研究仍然在继续，可以判断的是，社会文化路径的确是政治信任的来源之一，但它的影响更为间接，因此造成的后果也似乎更不明显。然而社会文化路径的解释仍须加以重视，以上种种因素都是政治生活中的重要背景，明确一个地区或国家民众的政治信任由来，确实不能忽视以上因素。例如，社会资本存量就是能否短期内重建政治资本的重要因素。社会资本需要长期积累，较好的社会资本是一个有效的政治体制的先决条件，并有助于创建政治资本。

（三）纯理论解释的政治信任：终生学习路径

以上两种路径虽然有一定的区别，但是它们之间的界限则被明显夸大了。这两种视角都将政治信任看成一种经验的产品，它们之间主要的不同在于时间范围。社会文化路径强调个人在早期生活或形成的体验，而理性选择的政治模型则更为强调最近和当前的经验："社会最近为我做了什么？"就信任的具体来源而论，这两种模型可以被整合为一个发展型的或是终生学习路径，信任从个人早期生活就开始形成，早期的态度和信念被接下来的经验所强化或挑战。[①]因此，政治信任可能在短期内是相对稳定的，但是从长期来看，随着最近的经验和绩效评价的不同，政治信任也可能会有巨大的改变。

从这个角度来看，社会文化路径和理性选择路径两者并不是互相对立的，而是相互补充的。问题在于民众的社会化经验和政府评价对政治信任的相对影响是多少，即哪种因素在一个单一的回归方程中相关系数更大，从而对信任有更大的影响。米什勒和罗斯对这种模型进行了实证研究，他

① Rose Richard , McAllister, Ian, *The Loyalties of Voters: A Lifetime Learning Model*, London: Sage, 1990.

们发现政治绩效和经济绩效对政治信任起到了最重要的影响作用，而社会化的影响则只是间接影响，而非直接影响。[①]正如科诺弗和西尔灵所认为："政治信任这种信念会随时间而改变……发展型模型的困难之处在于建立长期的因果联系。从短期来看，模型似乎很有道理：我们今天所相信的明显是由我们昨天所相信的形成的。但是当一个信念改变了很多时，再次假设我们今天所相信的是由我们 8 年、16 年、24 年或 32 年前所'形成'的，还会是合理的吗？"[②]

这种终生学习路径的政治信任研究当然较为全面，因为它综合了以上两种路径的理论优势，但它也只能昙花一现，毕竟我们对政治信任的研究不是为了全面解释，而是力图从中发现我们可以改变的因素，创造一个更适宜施政的政治环境。由此，对政治信任的研究在探源的同时，也需探索其产生的影响与后果。

三　以政治信任为自变量：产生的影响与后果

以政治信任为自变量，发现其可能产生的影响与后果，也是许多学者研究的重点和方向。正在下降的政治信任到底会对美国的政治体制产生什么影响？是否会危及其政治体制的合法性？还是只涉及该届领导人？它对民主体制是否有重要意义？它对于政府行使何种战略和政策有影响吗？它如何调节或潜移默化人们的政治行为？凡此种种问题，使学者们从研究不断下降的信任的原因，开始关注这种政治信任（或政治犬儒主义）的影响与后果。

（一）政治信任是政治系统合法性和政治稳定的重要来源

对政治信任的关注可以追溯到启蒙时代。洛克指出，社会将权力交给统治者是出于对统治者的潜在信任，他们相信后者将为其利益服务，即公民与政府之间本质上是一种信任关系，而非契约关系。[③]政治信任是政治系

① Mishler William and Rose Richard, "Trust, Distrust and Skepticism: Popular Evaluations of Civil and Political Institutions in Post-Communist Societies", *The Journal of Politics*, 1997, 59(2), p.430.

② Conover Pamela Johnson, Donald D. Searing, "Democracy, Citizenship and the Study of Political Socialization", In *Democracy and Citizenship*, ed. Ian Budge and David McKay. London: Sage, 1994, pp. 30-31.

③ ［英］洛克：《政府论》（下卷），商务印书馆 1983 年版。

统合法性基础的重要来源。韦伯指出：没有任何一个统治自愿地满足于仅仅以物质的动机或仅仅以情绪的动机，或者仅仅以价值合乎理性的动机作为其继续存在的机会。毋宁说任何统治都企图唤起并维持对它的合法性的信仰。①

信任是把“双刃剑”。民主要求信任，但是也希望积极的、充满活力的公民对政府有健康的怀疑态度和愿望，因此一旦必须，就会停止信任，并对政府实施控制，至少可以替换现时的政府。不足够的信任预示着公民社会的瓦解，而过度的信任则会导致政治冷漠，并使公民丧失活力去控制政府，因此这也会削弱民主。②

更为重要的是，政府为了赢得公民对法律的遵从，而需要求助于强制，明确这一点是极为重要的。③但是，我们对政治信任与民主、稳定之间的关系并没有一个足够清晰的概念。正如很多学者所指出的，对政府信任下降的形式可能表明公民们对于判断政府官员更加老练，并且常常发现他们不可信任。④学者们也同时认识到“政治不信任”是一种积极的现象和思想，制度化的不信任并不意味着培养对制度的不信任，它意味着运用合理的设计原则使制度具有监督其他机构的权力。曹沛霖指出：“首先，从制度的角度看，任何制度都以不信任为起点，如果人人都是天使，则人类不需要政府。其次，从权利的角度看，‘政治不信任’是公民权利的表现，人们有权对政府的行为提出质疑，并通过各种方式表达自己的利益和愿望，这是现代民主政治的一个重要表现。最后，政治不信任是政策调整与制度改革的显示器，如果政治不信任度上升，则表明现行公共政策已经出现问题，应该作出调整，政府制度需要改革和完善。”⑤

那么，政治不信任到底是对整个政府体制的威胁还是对在位者的威胁

---

① ［德］马克斯·韦伯：《经济与社会》（上、下卷），商务印书馆 1997 年版。

② Gamson, William A.，*Power and Disconnect*. Homewood, IL: Dorsey, 1968, pp. 46-48.

③ Levi Margaret, *Consent,Dissent and Patriotism*，NewYork: Cambridge University Press, 1997.

④ ［美］马克·E. 沃伦：《民主与信任》，华夏出版社 2004 年版，第 323 页。

⑤ 曹沛霖：《社会转型中的政治信任与政治不信任——政治学分析视角》，《中国浦东干部学院学报》2009 年第 4 期。

呢？对此，最著名的是米勒[①]和西特林[②]、西特林和格林[③]的辩论。米勒认为公众的犬儒主义导致了公众对政府机构的拒绝，并对整个政府体制带来了威胁；而西特林则较为乐观，他认为民众对在位者政策制定的绩效及政治领导能力不满是不信任的主要原因。西特林认为，犬儒主义只是对在位的被选举官员的再选举方面提出了威胁，但是它并不能危及治理的体制。而为了重塑政府信任，在位官员也必须要改变他们的行为，去反映民众的愿望。合法性危机经常被概念化，危机也并不会一出现就突然消失。在美国这种长期确立的政治体制下，基本的政治忠诚并不容易动摇。西特林的观点得到了后来许多学者的支持，他们看到美国人仍然以他们国家的体制为骄傲，而且对政府体制的评价明显比对在位官员的评价要持久。[④]

政治信任也是政治改变的一个重要决定因素。随着时间变化，不信任公民数量的升降是社会冲突和社会紧张的敏感的温度计。[⑤]下降的政治信任影响了选票的选择，但是选举的受益人根据选举的环境不同而不同。在两个候选人竞赛中，政治上不信任的投票者会支持不是在位的主要政党的候选人。在三个候选人的竞赛中，第三方候选人由于政治不信任，会胜出。这种结果说明，信任程度比以前所认定的在更大程度上反映了严重的不满。[⑥]台湾地区学者陈陆辉也在研究中发现，政治信任的确对台湾地区选民的投票行为有影响。[⑦]

这也在另外一个层面上说明，政治信任对于一个政体的稳定来说是重

---

① Miller, Arthur H.，“Political Issues and Trust in Government: 1964-1970”，*The American Political Science Review*, 1974,68(3), pp. 951-972.

② Citrin Jack,“Comment: The Political Relevance of Trust in Government”，*The American Political Science Review*, 1974, 68(3), pp. 973-988.

③ Citrin Jack , Green Donald Philp,“Presidential Leadership and the Resurgence of Trust in Government”，*British Journal of Political Science*, 1986, 16, pp. 431-453.

④ Norris P. Eds., *Critical Citizens: Global Support for Democratic Government*，Oxford University Press，1999.

⑤ Aberbach Joel D. , Walker, Jack L.，“Political Trust and Racial Ideology”，*The American Political Science Review*, 1970, 64(4), pp. 1199-1219.

⑥ Hetherington, Marc J.，“The Effect of Political Trust on the Presidential Vote, 1968-96”，*The American Political Science Review*, 1999,93(2),pp.311-326.

⑦ 陈陆辉：《政治信任感与台湾地区选民投票行为》，《选举研究》2002 年第 2 期；陈陆辉：《政治信任的政治后果——以 2004 年立法委员选举为例》，《台湾民主季刊》2006 年第 2 期。

要的决定因素。政治信任重要，因为它也是政治支持的一个要素，使得政治领导在执行紧急的政治任务过程中，有余地去面对挑战。[①]具体来说，下降的信任可能不只是对政治领导不满意的反映，它更是这种不满意的一个有力的原因。低度信任产生的政治环境使领导更难以成功。[②]信任一旦失去，对政府来说，就很难挽回。信任的产生日益成为一个更加高度政治化的过程。[③]

（二）政治信任对于政府政策和策略有重要影响

大多数学者都同意政治信任是民主正常运转的根本。民主理论的一个独特之处在于它永远强调的都是人们自愿的同意，并以之作为政治义务的基础和公民身份的核心特征。因此，可以认为，政治信任也对政府可以采用的政策种类和策略有着重要的影响。

胡荣指出，政治信任流失的直接后果是政府在决策方面的回旋空间变小了。“对于信任度高的政府来说，一方面，正确的决策可以获得民众的广泛支持；另一方面，决策的事务也可以得到民众的谅解，可以避免由于决策失误直接导致的合法性危机。”[④]赫瑟林顿[⑤]指出，政治信任是同时和具体以及普遍支持[⑥]的测量相联系的，从而指出了政治信任的重要意义，那些不信任联邦政府的人也很可能不信任它的政策。赫瑟林顿和格罗贝蒂[⑦]认为，当个人被要求支持一些对他们没有什么益处并很可能还会有害处的政策时，这时就会对信任有很大影响。例如，当审视许多以种族为对象的

---

① Shi Tianjian,“Cultural Values and Political Trust: A Comparison of the People’s Republic of China and Taiwan”,*Comparative Politics*，2001, 33(4),pp.401-419.

② Marc J. Hetherington,“ The Political Relevance of Political Trust”, *The American Political Science Review*, 1998,92(4),pp.791-808.

③ Alfonso J. Damico, Conway, M. Margaret Sandra,& Damico, Bowman,“ Patterns of Political Trust and Mistrust: Three Moments in the Lives of Democratic Citizens”, *Polity*, 2000,32(3),pp.377-400.

④ 胡荣：《社会资本与地方治理》，社会科学文献出版社 2009 年版。

⑤ Marc J. Hetherington,“ The Political Relevance of Political Trust”, *The American Political Science Review*, 1998,92(4),pp.791-808.

⑥ 伊斯顿（1989 年）将支持区分为具体支持和普遍支持。具体支持是指对政府输出和政治当局绩效的满意程度，而普遍支持是指公众对政体层面上的政治对象的政治态度，而不管其具体绩效。

⑦ Marc J. Hetherington, Suzanne Globetti，“Political Trust and Racial Policy Preferences”, *American Journal of Political Science*, 2002,46(2),pp.253-275.

政策偏好时，研究发现，政治信任影响白人的支持程度，但是对黑人的偏好没有什么影响。正如进一步的证据指出，当个人感到政策成本很高时，信任就会起作用，信任影响了白人父母对教育配额制的支持，但是对还未成为父母的白人则没有影响。钱磊等学者[①]也发现，对政府不断下降的信任会导致对国会更不友善的评价，并且更不支持政府在国内政策方面的行动。因此，政府信任不断下降可能会影响选举和国内的政策制定。不断下降的政治信任也可能意味着一种合法性危机，或是对公共政策整体方向的不断增长的不满。[②]

下降的信任也是公民更支持政府分权的一个重要因素[③]，低信任也和公民更不支持联邦政府的一些支出政策相联系，例如教育、环境和城市资助等。[④]鲁道夫和埃文斯[⑤]分析了政治信任、意识形态和公众对政府支出的支持之间的关系。他们认为，当个人被要求牺牲意识形态及物质利益时，政治信任就会被激活。集合层次和个人层次上的分析都指出，政治信任对政府支出支持的影响被意识形态所缓和了。与要求增加政府支出所导致的不一样的意识形态上的成本相一致的是，政治信任的影响对于保守派而言，比对自由派在统计上更为显著。分析还进一步指出，意识形态限制了政治信任对分配和再分配政策支出的态度的影响力。因此，政治信任会对很多政策议题产生政策影响。

另外，不信任也有可能催生制度的创新，从而在一个相当长的时期内降低交易成本，使人们从交易中获益。当然，这种“健康的不信任”需要借助组织化和制度化的良好防范措施，其创立、监督、实施、维护等的费

---

① Chanley, Virginia A. Rudolph, Thomas J. Rahn, Wendy M.，“The Origins and Consequences of Public Trust in Government：A Time Series Analysis”，*Public Opinion Quarterly*, 2000,64,pp. 239-256.

② Brooks Clem , Cheng Simon, “Declining Government Confidence and Policy Preferences in the U.S.: Devolution, Regime Effects, or Symbolic Change? ”，*Social Forces*, 2001,79(4),pp.1343-1375.

③ Hetherington,M.J.Nugent,J.D.，“Explaining Public Support for Devolution: The Role of Political Trust”, In Hibbing,J.R. Theiss-Morse,E. Eds “*What Is It about Government That Americans Dislike*” ,New York: Cambridge University Press，2001,pp.134-156.

④ Chanley, Virginia A. Rudolph, Thomas J.,Rahn, Wendy M.，“The Origins and Consequences of Public Trust in Government：A Time Series Analysis”，*Public Opinion Quarterly*，2000,64,pp. 239-256.

⑤ Rudolph, Thomas J. , Evans Jillian, “Political Trust, Ideology, and Public Support for Government Spending”, *American Journal of Political Science*, 2005,49(3),pp. 660-671.

用很高，但是，它们却有助于整个社会合作关系的建立。[①]

（三）政治信任对公民政治行为的影响

政治信任作为公民对政治系统态度的表示，它在宏观上和微观上都对公民的政治行为有一定的影响。

从宏观的社会层次来说，政治信任实际上是公民对政治系统政治绩效、经济绩效评价的一个重要标志，也即公民对政治治理质量的一种评价。政治信任度很高，意味着公民对政治系统满意度较高，对社会经济发展、政治清明都有很高评价，因此，公民个人在这种治理良好的社会，一般来说会有较好的价值观，即具有较高程度的公民道德。列奇[②]根据1999—2002年的38个国家的世界价值观调查数据分析发现，机构因素是最能预测公民道德的变量，这里机构因素主要是指个人对治理的感觉以及治理的客观质量，由此，对政治机构的信任和治理的客观质量这两个变量最能解释公民道德，即这两个变量在统计检验上是显著的，良好的治理使公民的政治信任度增加，并为公民道德奠定了良好的基础。

从微观的个人层次来说，政治信任对社会信任也起到一定的影响。政府制度可以作为高水平的普遍化社会信任和合作的发动机。因为政府组织的行为对于不论是阻碍信任还是促进信任均有着潜在的重要性。西方的一些学者认为："社会信任同样受到政府可信赖性的影响。人际关系不仅受到其所处网络的密度的影响，而且还表现在对政府的信任。对源于政府的支撑和政府在制度的功能方面不断的满意，在创造和维持信任中扮演着重要的角色。"[③]

政治信任同样也对政治参与有一定影响。孙昕等[④]学者通过对中国村民选举参与的主客观影响因素进行定量分析，发现村民是否参与村委会选举

① 邱建新：《信任文化的断裂——对崇川镇民间"标会"的研究》，社会科学文献出版社2005年版。

② Letki Natalia, " Investigating the Roots of Civic Morality: Trust, Social Capital, and Institutional Performance" , *Political Behavior*,2006, 28(4),pp.305-325.

③ 邱建新：《信任文化的断裂——对崇川镇民间"标会"的研究》，社会科学文献出版社2005年版。

④ 孙昕、徐志刚、陶然、苏福兵：《政治信任、社会资本和村民选举参与——基于全国代表性样本调查的实证分析》，《社会学研究》2007年第4期。

的一个决定因素是其对乡镇基层党委、政府的政治信任程度；对乡镇基层党委、政府的信任能影响村民参与更低一级（村委会）选举的行为，是由我国特定的政治体制及其所带来的“压力型”地方治理机制所决定的。村民对基层政府“政治信任”越高，其参与选举的倾向就可能会更高。但是过高的政治信任也意味着公民社会期望值的大幅增高，而社会期望值同社会满足能力并非同步增长，社会满足能力总是落后于人们期望值的提高，两者之间存在一定的差距。在一定限度内，这种差距可以成为社会进步的动力，但是过高的信任会提高人民的期望值，而满足能力的有限性又会引发人民的不满和怨恨，造成政治不稳定。

四 国内政治信任研究的现状

中国学者对政治信任的研究目前还处于起步阶段，笔者对研究现状进行描述，同时由于本书研究的主题是澳门居民的政治信任，由此，下文也侧重阐述了当前澳门居民政治信任研究的现状。

（一）中国政治信任研究的现状

中国的政治信任研究起步较晚，发展也不太成熟，对此议题关注的文章也不多见。从当前的研究内容来看，以中国为对象的政治信任研究，目前主要有四类：第一，比较政治学中的国别政治信任研究。例如杜克大学史天健[①]从文化价值和政治信任的角度对中国大陆和台湾地区进行了比较研究，马得勇[②]对亚洲8国及世界76国的比较研究。第二，研究中国乡村的政治信任，它往往以群众上访、基层选举等政治行为为研究对象。[③]第三，以青年学生的政治信任为研究对象，考察学生的政治信任程度，或是其他

① Shi Tianjian, “Cultural Values and Political Trust: A Comparison of the People’s Republic of China and Taiwan”, *Comparative Politics*，2001, 33(4),pp.401-419.

② 马得勇：《政治信任及其起源——对亚洲8个国家和地区的比较研究》，《经济社会体制比较》2007年第5期。

③ 胡荣：《农民上访与政治信任的流失》，《社会学研究》2007年第3期，第39—55页；裘斌：《对当前农村基层政治信任构建滞后的思考》，《理论探讨》2007年第3期，第31—34页；孙昕、徐志刚、陶然、苏福兵：《政治信任、社会资本和村民选举参与——基于全国代表性样本调查的实证分析》，《社会学研究》2007年第4期；邱国良：《政治信任与村级民主的路径——以C县和T县四十个村为例》，《理论与改革》2009年第1期；Li Lianjiang, “Political Trust in Rural China”, *Modern China*, 2004,30(2),pp. 228-258.

因素例如媒体等对学生政治信任的影响程度。[①]第四，以中国转型期的政治信任为研究对象，但以较抽象的理论探讨为主。[②]

从研究方法上来说，大部分研究是定性层次的讨论，主要源于对中国社会转型以来民众政治信任弱化的忧虑，并从理论层次上探讨了重塑政治信任的一些路径，如坚持社会基本价值，制定公正的社会政策，维护公平正义；推进制度创新，规范政府行政行为，努力提升公共服务的质量和水平；加强公职人员队伍建设，进一步密切干群关系[③]；建立现代民主制度，建立起负责任、法治化、服务型的政府[④]；等等。这些理论判断当然有一定的价值，但是针对当前中国政治信任的具体状况，提出更具体的措施，仍然是现有研究中较为缺乏的内容。

小部分研究属于定量研究，从不同角度对当前中国政治信任做了分析和探讨：（1）认为当前中国政治信任在一定程度上仍然受文化价值观的影响。[⑤]（2）对农民的政治信任状况进行深描，认为当前农民对中央的政治信任感较强，而对地方的政治信任感较弱，具体来说，农民相信中央的政策意图，但对中央的政策执行力抱有一定程度的怀疑。[⑥]（3）对学生的政治信任加以分析和推导，认为当前中国国民的政治信任处于“U”形结构：在抽象的国家和政府方面，青年学生表现出极高的政治信任，而在具体的制度运行、官员行为和政策制定方面，青年学生的信任度却并不太高，然而，在政策绩效尤其是经济绩效方

---

① 王向民：《“U”形分布：当前中国政治信任的结构性分布》，《中国浦东干部学院学报》2009 年第 4 期；王正祥：《传媒对大学生政治信任和社会信任的影响研究》，《青年研究》2009 年第 2 期。

② 2009 年 6 月，上海举行了“中国转型中的政治信任”理论研讨会，50 多位专家学者出席了会议，探讨了中国社会转型期中国政治信任与社会发展、政治信任弱化、重塑等问题。文章主要发表在《中国浦东干部学院学报》2009 年第 4 期。

③ 刘昀献：《当代中国的政治信任及其培育》，《中国浦东干部学院学报》2009 年第 4 期。

④ 陈明明：《为什么政治信任成为一个问题》，《中国浦东干部学院学报》2009 年第 4 期。

⑤ Shi, Tianjian, “Cultural Values and Political Trust: A Comparison of the People’s Republic of China and Taiwan”, *Comparative Politics*, 2001, 33(4), pp.401-419；马得勇：《政治信任及其起源——对亚洲 8 个国家和地区的比较研究》，《经济社会体制比较》2007 年第 5 期。

⑥ 胡荣：《农民上访与政治信任的流失》，《社会学研究》2007 年第 3 期；裘斌：《对当前农村基层政治信任构建滞后的思考》，《理论探讨》2007 年第 3 期。

面，青年学生的信任度也表现出极高的峰值。[①]

总体来看，中国的政治信任研究领域还不太成熟[②]，研究内容还较为有限，研究的成果也有待探讨和应用，为此，笔者认为，我们可以从西方政治信任研究的进路中借鉴，取其精华，并将政治信任作为政治学实证调查和理论探讨中的重要问题和重要领域，发挥其应有的功能。

（二）澳门的政治信任研究

目前，还没有专门的文章和著作探讨澳门居民的政治信任问题，但从数据角度来看，香港大学民意研究计划有专门针对澳门的民意调查计划。该计划坚持在每年 12 月底进行“澳门地区定期民意调查”，持续探讨澳门市民对社会状况、政策制度及民生等问题的民意。该民意调查采用随机抽样方式，抽样方法科学可靠。[③]该数据中包含对澳门政治信任的测量，该数据从 2005 年开始到 2009 年为止，其中对澳门特区政府信任的测量只有 1 个问题：“整体来讲，你信不信任澳门特区政府呢？”该变量是分类变量，共有 6 类，本书为更清楚展示澳门居民政治信任随时间变化的趋势，将“非常信任”和“几信任”合为“信任”，“几不信任”和“非常不信任”合为“不信任”，保留“一般般”，不考虑“唔知 / 难讲”，澳门居民政治信任从 2005 年到 2009 年的具体趋势可见图 1–1。从图 1–1 中可以看出，澳门居民政治信任度在 2005 年处于高峰期，在 2007 年处于低谷，2008 年、2009 年又有所回升。总体来说，澳门居民的政治信任度一直处于较高水平，比较信任和非常信任的人数基本都在 60% 左右，加上一般信任的人数，其政治信任比例高达 80% 左右，且处于较为稳定的状态。这在当前世界各国和地区都处于名列前茅的位置，在当前低水平政治信任较为普遍的情况下，这种高度的政治信任并不常见。

---

① 王向民：《“U”形分布：当前中国政治信任的结构性分布》，《中国浦东干部学院学报》2009 年第 4 期。

② 在中国，虽然政治信任研究还不太发达，但有关的实证调查数据已经开始搜集并成形（沈明明等，2009），相信不久的将来，中国政治信任的实证研究也将有较大发展。

③ 以 2009 年香港大学民意研究计划对澳门的研究为例，2009 年 12 月 29 日至 30 日，由访问员直接进行电话访问，访问对象为 18 岁或以上澳门市民，从澳门住宅电话簿中随机抽出部分号码。当成功接触目标住户后，再以“即将生日”方法抽取其中一名成员接受访问。成功样本为 506 个，回应比率为 77.6%，抽样误差在小于正负 4.4%（95% 置信水平）。资料来源：香港大学民意网站，澳门研究专页，http://hkupop.hku.hk/。

总体来看，澳门居民对特区政府的信任程度较高，这也是澳门社会政治、经济发展良好势头的一个体现，并反映了澳门政治体制的有效性和稳定性。上述民意调查虽然显示澳门特区居民现在对政府的信任程度处于较高水平，但是从社会发展来看，随着澳门经济的急速增长，社会日益显现出贫富分化较为严重的态势，房屋、外劳等政策问题不断出现，居民游行示威事件不断涌现，这些都在某种程度上展示了澳门居民对政府的不信任态度处于上升趋势。

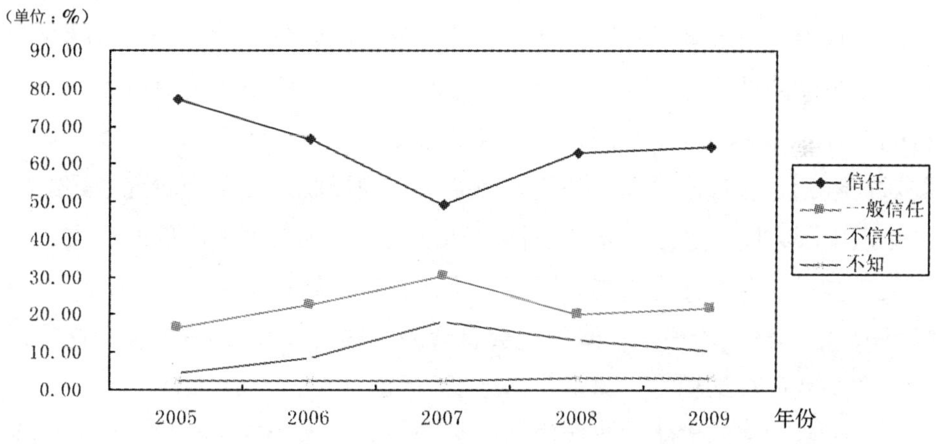

图 1-1　澳门居民 2005 年至 2009 年政治信任度的变化趋势

从政治信任的影响因素社会资本来看，澳门学者对澳门地区的社会资本也有较为深入的研究：(1) 郑宏泰等学者对港澳的社会资本进行了描述与比较，他们从社会活动的参与、社会网络和社会信任三个角度对澳门的社会资本进行了实证研究。他们认为，澳门基本上仍保留了较为浓厚的传统中国文化，对社会参与并不热衷，但澳门受访者更认同“参与社团组织有助于提升个人社会地位”。同时澳门人可以动员的社会网络与社会资源也较为匮乏，对社会大众的信任程度也不太高，澳门人认为社会上的陌生人并非“大多数都是值得信任的”，所以在与人相处时必须“小心谨慎”，但他们也明白社会大众并非“一有机会便讨人便宜”，并相信大家会“尽量保持公平”。他们也发现，澳门社会的凝聚力比香港强，社会问题主要是通过“协商”解决。（2）对于澳门社团的研究就更为深入。例如娄胜华在其博士学位论文的基础上形成的专著《转型时期澳门社团研究》，全面而系统地对澳门社团的起源、形成和发展，以及各阶段发展的动力、特征和机制做了深刻而细致的分析，他的多篇学术论文也阐述了他对澳门社团的种种独到见解；潘冠瑾在其博士学位论文基础上形成的专著《澳门社团体制变迁：自治、代表与参政》一书考察了不同历史时期社团与政府的关系样式、该样式与社团体制变迁的关联性及其得以实现的机制，指出了澳门社团体制发展的三个阶段：“强社团”体制、“类法团”体制、“强法团”体制，认为现阶段澳门社团的社会自治功能有所弱化，代表功能也随之变异，参政功能亦日趋形式化，无法在不断变化的环境下实现自身多功能并行的较好平衡，不利于社团自身延续的维系，更进一步影响到整体社团体制对社会稳定和政治平衡的作用。还有一系列以澳门社团为研究主题的成果是以中国人民大学政治学专业博士和硕士学位论文形式出现的论文，包括聂安祥《社会交往行为与认同——澳门社会结构探析》（2006）、姜姗姗《社团政治与澳门治理——澳门工会总会的个案研究》（2007）等，这些论文主要是从社会结构方面讨论澳门社团与国家和社会的关系。

从政治信任的影响因素政府绩效来看，澳门本地学者和内地的一些学者也有较为深入的研究。（1）澳门的娄胜华等学者对回归后澳门社会治理的现状进行了深入的描述和评价，他指出，澳门特区政府在回归后拟定了“以民为本”的服务型政府改革方向，是一种本质上的改变，将澳葡殖民统治下政治权力无须对人民负责的政治状况，从根本上转变为以谋求澳门人的利益为施政目标；同时通过政府机构调整和跨部门合作等形式进行了服务流程再造，推进了效率型政府建设；增加了政策制定和施政透明度，推进公共行政民主化建设，重视行政自身监督机制的建立，强化公务员的绩效评估和问责制度。[①]（2）澳门国际研究所所长黎祖智也对澳门的公共行政做了评价。他指出，澳门回归后，人们对公共行政的“期待是如此之高，并且也存在着实行广泛行政改革的条件，但是无论是在重新确定宏观

① 娄胜华、潘冠瑾、林媛：《新秩序：澳门社会治理研究》，社会科学文献出版社2009年版，第34—44页。

的行政架构方面，还是在修订职业规则和人力资源管理方面，政府所采取的措施力度太小、迟缓拖拉、零散细碎，脱离了大背景，且缺乏全局意识”。[①]（3）内地学者陈瑞莲教授也对澳门的公共行政改革进行了评价，她认为，澳门回归11年来，特区政府公共行政改革历经了主动求变型改革、被动应变型改革和危机驱动型改革三个发展阶段。相较于澳葡政府时代，特区政府的公共行政系统得到了整体的发展，取得了长足的进步。但比较于澳门社会的期待和先进地区的经验而言，特区政府的公共行政尚有不少亟待改革的问题。澳门未来公共行政改革的基本路向是，实现发展型政府向服务型政府执政理念的转变，构建有限政府、有效政府、责任政府、阳光政府和法治政府的制度体系。[②]

五　小结

政治信任为我们提供了观察治理实践和国家与社会间关系的洞察力，对政治信任的研究日益成为学界重要的理论话题。笔者从当前我国和澳门政治信任研究的现状出发，借鉴西方政治信任研究的丰硕成果，认为当前的政治信任研究主要有如下特点和局限。

首先，政治信任的研究内容和研究方法较为单一，不够细致。从研究内容来看，政治信任研究主体还不够细致。现有研究一般是以一个国家或多个国家、地区的民众为对象，少数研究也以一个国家或地区的部分民众为对象，如农民、大学生等。在研究方法方面，西方政治信任研究中，定量的实证研究占据了该领域的重要地位，对政治信任的规范研究虽然也有[③]，但总体来说较少。而我国的研究则以定性或规范研究为主，定量研究方法采用的较少。国外政治信任研究的实证调查数据来源较广，并且时限较长，所以国外学者都能根据已有的实证调查数据进行深入分析。而当前我国这方面的实证调查数据还较为缺乏，已有数据一般也没有公开，长时期的追

① 黄平：《挑战博彩：澳门博彩业开放及其影响》，社会科学文献出版社2008年版。

② 陈瑞莲、林瑞光：《澳门回归十年公共行政的改革与展望》，《中山大学学报》2009年第5期。

③ ［德］尼克拉斯·卢曼：《信任：一个社会复杂性的简化机制》，上海人民出版社2005年版；［美］马克·E.沃伦：《民主与信任》，华夏出版社2004年版。

踪调查就更为少见。

其次，政治信任的含义有待明确，测量方式有待检验。政治信任的含义在现有研究中还不太明确，为此对政治信任的测量也分成不同的类别，并据此得出了不同的结论。在研究中，笔者还需要针对不同形式的政治信任的测量，来了解居民对政治信任不同测量的反应，并据此采用更适当的方式来测量我们想要了解的内容，更好地了解政治信任。细致分类的政治信任测量，一方面有助于了解居民对不同层次、不同机构、人员的信任程度，另一方面也有助于对政治信任的不同层次做深入分析。

最后，以政治信任为因变量和自变量，对政治信任的影响因素和效应论述过于片面和单一。目前现有的实证研究主要是从数据出发，又回到数据，但是对于数据的具体含义和阐释就较为欠缺。即研究方法虽然较为规范，研究流程也比较正确，但却缺失了对一个国家或地区民众历史记忆的解读、社会心理的阐释，由此而带来的研究给人以“研究结论清楚却无大意义”的看法。为此，只有加入历史维度和深入的现状阐释维度，才能更好地了解政治信任，才能更多地了解为什么会造成这种信任或不信任，据此改变政治系统或民众的行为。当然，对这种信任状态会造成什么影响，我们只能做有限的判断。正如西特林所言，“公民政治信任的程度更多是对政府做了什么反应，而对它能做什么的限制则较为有限”①。

由此，本书以澳门地区民众的政治信任作为研究对象，这种单案例的研究对于深入了解政治信任的历史发展，把握政治信任的动态脉络是有一定帮助的。同时，本书将设计两种针对政治信任的测量方式，探讨这两种测量的结果。

根据以上文献评估，笔者认为，从城市或地区居民的个人层次定量数据出发，探讨澳门居民政治信任的解释路径，比较和分析政治信任的两种不同测量方式，并深入解读其政治信任的含义，判定其政治信任的影响因素，并以政治信任为自变量，分析政治信任对居民政治参与的具体影响力

---

① Citrin Jack, Green Donald Philp, “Presidential Leadership and the Resurgence of Trust in Government”, *British Journal of Political Science*, 1986,16,pp.431-453.

大小。一方面，这将有助于丰富理论上对政治信任的解读，深入了解政治信任实证研究中的测量方式及政治信任的理论解释路径，另一方面，也为学者和实践者更好地探讨一个国家或地区的治理实践对该地区民众的影响，为深入探讨政治态度与政治行为之间的关系奠定了良好的基石。

第二章　研究设计与研究方法

第一节　资料来源与概念界定

一　数据资料介绍

（一）澳门居民参与政策制定机制调查问卷数据

本书的数据来自2010年3月至5月笔者在澳门进行的问卷发放，该问卷为结构性问卷，采取了电话随机抽样发放、学生街头随机发放、通过社团成员代为随机发放的方式，调查对象为澳门特区中常住人口中年满18岁或以上的各界人士。该问卷数据录入和处理使用的是SPSS 16.0和Stata 9.0。本书主要应用该数据进行澳门居民政治信任影响因素的分析，该数据是本书主要的数据来源。

1. 调查形式

这次调查以被抽中澳门居民自行填答方式和电话访问形式进行。问卷的设计既参照国际通用惯例，又从澳门社会现实出发，主要包括多选题、单选题。选项以封闭式选项为主，问卷包括30个封闭式问题。

2. 调查对象

调查对象是澳门特区中常住人口中年满18岁或以上的各界人士，强调居民成分的代表性与取样的随机性。

3. 抽样方法

由于资源和时间等条件限制，抽样方法主要包括三种：（1）从《澳门住宅2009电话用户名录》中随机抽取了183个电话号码，组成问卷调查的电话访问清单。然后由4位来自澳门大学、澳门科技大学并经认真培训的访问员进行电话访问。（2）从澳门社团组织中随机抽取了8个有代表性的社团，分别为妇女联合总会、街坊会联合总会、工联、明爱、澳门中华教育会、澳门公民力量、澳门公职人员协会、新澳门学社，然后由该社团负责人协助项目组成员进行问卷的随机发放和收回。（3）由澳门大学、澳门科技大学等 10 名经认真培训的高年级学生做访问员，街头随机发放给居民做答。

4. 资料收集

该调查于 2010 年 3 月 9 日至 5 月 3 日期间进行，全程由笔者统筹，上述 8 个社团组织给予了大力协助，澳门大学、澳门科技大学等 10 名经认真培训的高年级学生做访问员，笔者担任技术指导。调查过程中，合计发放问卷 1033 份，收回 800 份，回收率为 77.44%（见表 2–1）。统计结果处于 95% 的置信水平，(−3%，+3%) 的误差范围内。

表 2–1　　澳门居民问卷发放情况明细　　单位：份

序号	方式	发放	收回
1	学生街头随机发放	200	181
2	电话随机访问	183	98
3	明爱发放	50	46
4	妇女联合总会发放	100	89
5	街坊会联合总会发放	200	144
6	新澳门学社发放	20	8
7	澳门中华教育会发放	50	43
8	澳门公民力量发放	30	7
9	澳门工会联合总会发放	100	86
10	澳门公职人员协会发放	100	98
总计		1033	800

（二）澳门民意调查计划数据

香港大学民意研究计划有专门针对澳门的民意调查计划。在该计划中，研究与建设澳门联盟及澳门新一代协进会于 2003 年至 2006 年合作进行澳门地区定期民意研究合作计划，旨在建立一套科学化的民意调查机制、加强收集民意的渠道，促进民调在澳门的发展，并提供科学民意数据作为两地比较研究之用。2007 年开始，有关合作计划结束，香港大学民意研究计划仍然坚持在每年 12 月底独自进行澳门地区定期民意调查，目的为持续探讨澳门市民对社会状况、政策制度及民生等问题的民意，起码每年进行一次。该数据中包含对澳门政治信任的测量，本书也将使用该数据进行比较分析。

（三）澳门可持续发展策略研究中心的数据

澳门特区可持续发展策略研究中心于 2006 年 5 月 16 日成立，取代原综合生活素质研究中心①，该中心主要职能为：向政府提供重要数据，制订一系列供每年准备施政报告时可资参考的中长期可持续发展目标和策略方针；构思、统筹及开展居民如何评定生活素质的问卷调查，并分析调查结果；建议制订可持续发展中长期计划模式，研究并选定一系列包括生活素质的可持续发展的指标，并将其纳入可持续发展计划。此外，通过对指标的系统分析，在必要时完善现有指标等。本书在进行一些阐述分析时使用了该中心网站上提供的数据，数据具有一定的科学性和代表性。

二 基本概念的界定

（一）政治信任

政治信任是指居民对政治系统的认可程度。本书的创新之处在于笔者应用了对政治信任的两种测量方式。直接测量方式是将政治系统划分为四类：澳门特区立法会，澳门特区政府，澳门特区行政长官、司长、局长等

---

① 澳门可持续发展策略研究中心的前身是 2005 年成立的综合生活素质研究中心，当时的目的是对居民综合生活素质的各方面进行集中和深入的研究，并在此基础上制定借鉴国际先进经验、适合澳门实际情况和获得充分科学理据支持的策略，通过相关的施政安排逐渐付诸实施，并借此优化和加快政府现有的工作，使居民和社会的期望，尤其是其中迫切的期望，能得以尽快实现。但是随着泛珠三角和亚太区的区域合作和整合日益深化，澳门特区政府需要针对不同的社会经济问题，尤其是人口发展趋势及其对教育、卫生和社会治安所产生的影响、经济和城市发展对生活和环境素质造成的压力、教育和人力资源培训在发展知识型社会时面对的挑战，以及经济结构适度多元化的相关问题，开展现况分析和未来发展的研究工作，以便政府就澳门的未来发展，制定前瞻性的全盘施政策略。因此，澳门行政长官通过第 128/2006 号批示，扩大原“综合生活素质研究中心”的职能范围，并更名为“可持续发展策略研究中心”，通过中心所开展的研究工作成果，为正确制定和协调相关策略、目标和公共政策提供理据，确保可持续发展和逐步提高居民的生活素质。参见该网站：http://www.ceeds.gov.mo。

政府官员，澳门特区政府一般公务员。由此，政治信任的直接测量在本研究中的含义确定为澳门居民对澳门特区政府、立法会、官员和公务员的信任程度。间接测量方式则是借鉴美国选举调查对政治信任测量的 5 个问题，并稍作修改。

（二）社会资本

对于社会资本概念，尚没有为人们普遍认同的定义。根据世界银行社会资本协会 (the World Bank's Social Capital Initiative) 的界定，广义的社会资本是指政府和市民社会为了一个组织的相互利益而采取的集体行动，该组织小至一个家庭，大至一个国家。而狭义的社会资本是指个体或团体之间的关联——社会网络、互惠性规范和由此产生的信任，是人们在社会结构中所处的位置给他们带来的资源。

从其基本内涵看，社会资本是相对于经济资本和人力资本的概念，它是指社会主体（包括个人、群体、社会甚至国家）间紧密联系的状态及其特征，其表现形式有社会网络、规范、信任、权威、行动的共识以及社会道德等方面。社会资本存在于社会结构之中，是无形的，它通过人与人之间的合作进而提高社会的效率和社会整合度。而且，社会交往（即社会网络）的范围和频率也对社会信任有一定影响。有学者证实，无论是熟人间的社会交往还是社团性的社会交往对社会信任都有显著的影响，且影响较大，这表明社会信任是在社会互动中生产出来的。人际交往的范围扩大和频率增加，有望提高整体社会的信任度。[①]

本书中，社会资本是在个人层次上而言，因而是狭义上的概念，特指个人的社会网络和个人的社会信任度，两者结合起来表明个人社会资本的程度。

（三）政府绩效

政府绩效是指对居民个人而言，他们感受到的政府绩效程度。在本书中，政府绩效主要用两个指标来测量，一是居民对政府政策的满意程度，

---

① 唐有财、符平：《转型期社会信任的影响机制——市场化、个人资本与社会交往因素探讨》，《浙江社会科学》2008 年第 11 期。

二是居民感受到的政治透明程度。

1. 政策满意度

政策满意度在本研究中特指澳门居民对澳门特区政府制定出的政策的满意程度。其中政策主要是指七类，分别是社会保障政策、医疗卫生政策、教育政策、住房政策、就业政策、社会福利服务政策和外劳政策。

2. 政治透明度

政治透明度又称为政务公开的程度，是指一个国家或地区政治系统对民众开放政务信息的程度，也是权力机构政治活动公开的程度。在本研究中，它主要是指澳门居民感受到澳门特区政治系统政治活动公开的程度。

（四）人口特征

人口特征在人口学中一般是指人口总数、性别、年龄、健康状况、职业、婚姻、文化水平、收入等。本书主要是针对个人层次的研究，人口特征是作为控制变量出现的，人口特征包括性别、年龄、教育程度、月收入。

（五）政治卷入

政治卷入（political involvement）是指公民对政治事务卷入的程度，表示有关政治问题的知识和介入的一个补充概念，它常被学者认为是社会经济地位和政治参与之间的重要中介变量。有时它也被认为是一种消极的政治参与。在本书中，它主要包括政治讨论、政治关注度、政治效能三个层面的含义。

1. 政治讨论

政治讨论是指公民对社会和政治事务的谈论。本书中，它主要是指澳门居民对澳门政治、时事的谈论频率。

2. 政治关注度

政治关注度是指一个国家或地区的居民对政治关注的程度，也称为政治关注度。在本书中，它主要是指澳门居民对政治、时事问题的关注程度。

3. 政治效能

政治效能是指公民个体对自己或公民群体能否影响政治活动能力的信

念或信心，包括内部政治效能和外部政治效能，其中内部政治效能是指公民个体对自己了解、影响政治活动能力信心的判定；而外部政治效能是指公民对公民群体了解、影响政治活动能力信心的判定。[①]政治效能会影响个体的政治选择过程；影响个体对政治活动的思维过程；影响个体执行政治活动的动机过程；影响个体对政治环境的情绪唤醒过程。[②]

（六）政治参与

政治参与有多种不同的概念。在本书中，政治参与是指除了选举之外的常规意义上对政治活动的参与，亦即居民影响政治体系的种种活动，包括参加社会政治团体表达政治意见、参与社会运动、接触公职人员、接触传媒、参与政府咨询活动等。

第二节 研究框架、研究方法与实证假设

一 研究框架

（一）以澳门居民的政治信任为因变量的解释路径

政治信任是公民和政治系统之间互动的一种表现，从其理论解释路径来说，又有理性选择、社会文化和终生学习三种路径。本书采用了两种方式来测量政治信任，并试图探讨理性选择路径中的政府绩效因素和社会文化路径中的社会资本因素对政治信任的影响。另外，就个人层次的数据来看，可以从政治信任的这种公民和政治系统之间的互动来具体解释，即政治信任受两方面因素的影响，一是信任者（即公民）的信任倾向，二是被信任者（即政治系统）自身的可信度（trustworthiness），从以上解释路径来看，信任者自身的信任倾向也可以被视为由社会资本决定，澳门政治系

① 政治效能感最早是指个人的政治行动确实并且能够对政治过程有影响力的感觉（Campbell Gurin, Miller, 1954, p.187）。Crgig 等学者（1990）将政治效能具体分为内部和外部效能。其中，内部效能是指个人对自己能够理解和有效参与政治的能力的信念；外部效能是指政府当局和机构对公民需求回应的信念。本书对“外部政治效能”的定义则和 Crgig 等学者的含义不同，是指公民对公民群体了解、影响政治活动能力信心的判定。

② 张平、李国青：《论政治效能感的作用机制及其培养》，《东北大学学报》2004 年第 1 期。

统的可信度也可视为由政府绩效因素决定。同时，为了更好地解读澳门居民的政治信任，本书也将人口特征和政治卷入作为控制变量，以此探讨社会资本和政府绩效对政治信任的影响力大小（见图 2-1）。

（二）以澳门居民的政治信任为自变量：对政治参与的影响

政治信任作为公民的一种政治态度，从宏观层次来说，它标志着公民对政治治理质量的一种评价；从微观的个人层次来说，政治信任对政治参与也有一定影响。本书囿于数据资料的限制，将从微观即个人层次的数据出发，也将人口特征和政治效能作为控制变量，试图探讨澳门居民的政治信任是否会对其政治参与产生影响，如果有影响的话又会是怎样的影响。

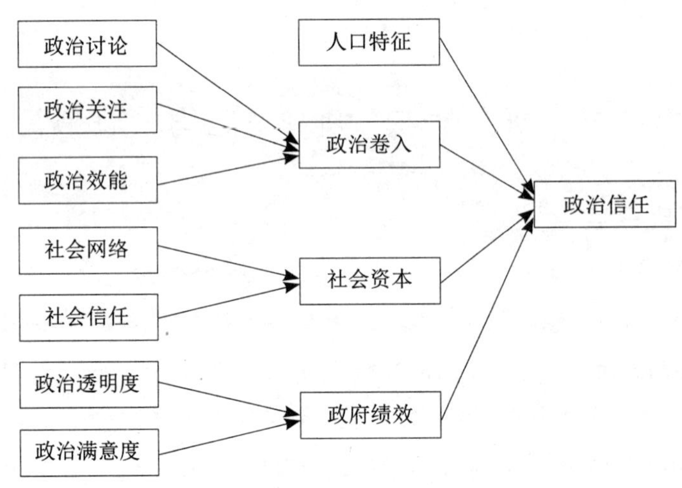

图 2-1　澳门居民政治信任的因果路径

二　研究方法

社会科学的研究方法及资料收集技术很多，各有其优越性和局限性。研究方法的选择，要根据研究目的和研究性质而定。本书主要应用定量研究方法来研究澳门民众的政治信任，并辅之以定性研究方法，通过文献分析、问卷调查和深度访谈等研究技术，从历史维度和比较维度来探讨和解读澳门民众的政治信任现状，分析政治信任两种测量的不同结论和影响因素，探究政治信任对政治参与的具体影响力。

首先，本书主要采用的是定量研究方法。分析对象是 18 岁及以上的澳门居民，分析层次主要集中在澳门居民的个人层次上。在定量研究方法中，除了基本的数据处理外，还将进行描述统计和推断统计分析，具体的统计方法主要包括相关分析、方差分析、因子分析、多元线性回归分析、二项 Logit 模型分析和多分类对数线性模型分析等方法。本书的数据处理和分析主要使用 SPSS 16.0 和 Stata 9.0 统计软件。描述统计和相关分析在以往的研究中都比较多见，这里就不再赘述，以下主要阐述因子分析、多元线性回归分析。

因子分析是指研究从变量群中提取共性因子的统计技术，最早由英国心理学家 C.E. 斯皮尔曼提出。因子分析可在许多变量中找出隐藏的具有代表性的因子。将相同本质的变量归入一个因子，可减少变量的数目，还可检验变量间关系的假设。其主要目的是用来描述隐藏在一组测量到的变量中的一些更基本的，但又无法直接测量到的隐性变量 (latent variable, latent factor)。那么如何从显性的变量中得到因子呢？因子分析的方法有两类：一类是探索性因子分析，另一类是验证性因子分析。其中，探索性因子分析不事先假定因子与测度项之间的关系，而让数据自己说话。主成分分析是其中的常用方法。本书的因子分析方法就属这类。

多元线性回归是分析一个随机变量与多个变量之间线性关系的最常用的统计方法。它用变量的观察数据拟合所关注的变量，并以线性关系式表达所关注的变量，并回答这种表达的解释程度有多高；它还可以检验影响变量的显著程度和比较它们的作用大小，进而用两个或多个变量的变化解释和预测另一个变量的变化。本书主要应用这种方法探讨不同因素对政治信任解释力的大小。

其次，本书也辅以定性研究方法。定性研究是关于社会现象是什么、怎么样、何时发生以及在哪里发生等相关问题的研究。之所以在定量研究方法之外还要辅以定性研究方法，主要基于以下理由：从研究目的来看，定性研究更加注重研究问题和背景之间的关系，更加注重现实问题的实际发生、发展过程以及现象对主体所具有的意义。定性研究的主要目标是对被研究对象进行“解释性理解”的建构。本书是基于澳门一个地区的观察与数据进行分析、解释的，所以需要对澳门这个地区的历史背景和现实发展有一定了解，才能对数据进行更好的分析。定性研究比定量研究的优势在于：定性研究适合在微观层面对个别事物进行深入的、多侧面的分析研究，从而找到个案的典型内涵，并形成对社会现象和社会事件更加深入、完整的理解。定性研究也注重在时间的流动中追踪时间的变化过程，因此和定量研究方法能互补长短。本书对澳门的政治信任解释从而也可在纵向历史维度和横向比较维度进行，这有利于研究者和读者对澳门政治信任的数据更进一步地解读。

在纵向历史维度上，本书对澳门的历史发展进行了一定的阐述和解释。这是因为如果历史地看待一个地区的现状，会更容易深入把握该地区的人文、社会心理、社会发展动态。历史维度对于理解一个地区民众的社会心理、态度和行为具有不可分割的意义。笔者一方面通过文献的收集来了解澳门的历史发展，另一方面，也通过访谈法对澳门政府官员、社团领袖和成员、一般民众开展了与研究主题相关的讨论。2010 年 3—5 月，笔者通过参加澳门地区“探讨澳门特区政策制定机制”项目，对澳门特区政府官员、社团领袖和成员、一般民众进行了访谈，试图了解他们对特区政府回归后的成就与问题的评价。

在横向比较维度上，本书对香港的政治信任进行了一些简要分析。这是因为从历史与社会角度看，港澳两地基本上均具备了融会东西文化、经历殖民统治、依赖转口贸易、人民交往频繁及经济优势互补等特征。发展过程中的时东时西及左摇右摆，更让两地社会渗入了华洋种族各具特色的宗教及文化元素。[①]两地的学者、民众也在长期历史发展中形成了互相的社会心理和氛围，两地社会互相影响、借鉴的过程和行为因此也是长期的和自觉的。由此，对香港和澳门进行一定的比较，将有利于对研究问题的深入分析。

① 郑宏泰、黄绍伦、孔宝华：《港澳社会资本初探与比较》，见余振、邝锦钧、余永逸编《双城记Ⅲ——港澳政治、经济及社会发展的回顾与前瞻》，澳门社会科学学会 2009 年版，第 399—428 页。

三　实证假设

本书为描述性与解释性相结合的定量研究，并辅以定性研究，主要包括两个研究问题。一是政治信任的解释问题，即对于澳门居民的政治信任程度，一方面进行描述统计，另一方面也对澳门居民政治信任度采用社会资本和政府绩效两个因素来进行解释性分析，同时控制人口特征和政治卷入两个因素，采用统计模型来进行假设检验。由于对政治信任采用了两种测量方式，本书也分别对两种不同的政治信任进行解释和分析，从而对政治信任这两种测量方式有了更为深入的了解，为以后进行政治信任的实证研究奠定坚实的基础。研究问题二是以政治信任作为解释变量，探讨政治信任对政治参与行为的具体影响力，从而探讨政治信任对一个国家或地区政治稳定的影响。

（一）澳门居民政治信任的解释路径假设

1. 社会资本对澳门居民的政治信任有显著影响

社会资本在本书中主要是指社会网络和社会信任。对于社会网络而言，虽然现有研究认为社团和政治信任之间的关系是模糊并令人困惑的，但澳门作为一个社团生活非常丰富、社团组织非常之多的熟人社会，本书仍然假定这种社团体验和社会网络会对政治信任有一定影响。本书中的社会网络包括居民参加社团、居民参加社会文化活动和亲戚朋友聚会三类，笔者将分别检验这些网络和政治信任的关系，并假定居民是否参加社团、参加社会文化活动和亲戚朋友聚会的频度与澳门居民的政治信任变量之间有显著关系，并假定居民参加社团的相比不参加社团的而言，政治信任度会越高，参加社会文化活动和亲戚朋友聚会的频度越高，政治信任度也会越高。

社会信任即普遍信任，是指对大多数陌生人的信任程度，也被很多学者认为是预测政治信任的一个重要指标。一般来说，人们不能信任他人，那么他一般也不会信任那些政治职位上有权力诱惑的人。[1]因此，本书假定

① Aberbach, Joel D. Walker, Jack L., “Political Trust and Racial Ideology”, *The American Political Science Review*, 1970, 64(4), pp. 1199-1219.

社会信任对澳门居民的政治信任变量有显著影响，社会信任度越高，政治信任度也相应越高。

2. 政府绩效对澳门居民的政治信任有显著影响

政府绩效在本书中主要包括政策满意度和政治透明度两方面。政策满意度是居民对政府绩效较为重要的衡量指标之一，政策满意度越高，说明居民对政府的执政能力、决策能力有较高的认定，相对而言，居民也对政治系统的信任程度越高。本书假定政策满意度和澳门居民的政治信任变量之间有正相关关系，政策满意度越高，则政治信任度也会越高。

而政治透明度对澳门居民的政治信任也有显著影响。因为一般来说，只有建立在获得信息的基础上，施信者才能对受信者做出一定的判断，如果没有任何关于受信者的信息，那么信任几乎不可能存在。北京大学的张维迎教授 也指出，只有建立了通畅的信息交流机制才能促进信任的成长。① 由此，本书假定，政治透明度和澳门居民的政治信任变量之间有正相关关系，政治透明度越高，政治信任度也相应越高。

3. 人口特征对澳门居民的政治信任有显著影响

在人口特征因素中，重点考察性别、年龄、教育程度、月收入情况四个变量的作用。

人口统计特征中，一般认为性别和婚姻状况对政治信任的影响不大。当然也有学者发现，男性一般来说更为忠实，更为信任政府。②奥兰多·帕特森也发现，同男子相比，妇女对他人的信任略微少一些，有时候还更明显。③ 这种信任是社会信任，就社会信任和政治信任之间的这种联系而言，或许男性比女性而言，政治信任感也会稍强。为此，本书假定性别对澳门居民的政治信任有显著影响，男性的政治信任度较高。

对截面数据的年龄来说，不同年龄层意味着不同的同期群或队列人口，他们所经历的历史事件、政治事件、生活体验有所不同，因此，不同

---

① 张维迎：《信息、信任与法律》，生活 · 读书 · 新知三联书店 2003 年版。

② Kabashima, Ikuo Marshall, Jonathan Uekami, Takayoshi Hyun Dae-Song, “ Casual Cynics or Disillusioned Democrats? Political Alienation in Japan” , *Political Psychology,* 2000,21(4),pp.779-804.

③ ［美］马克 · E. 沃伦：《民主与信任》，华夏出版社 2004 年版。

年龄层的居民的政治信任度也可能不同。研究显示，年龄对政治信任有一定影响，年龄越大，其政治不信任程度越高。①具体来说，假设年龄对澳门居民的政治信任变量有显著影响，年龄越大，政治信任度越低。

部分学者发现受教育程度是和政治信任相关的。教育程度高的人比教育程度低的人政治信任度更高②；但很多实证研究也显示，教育对政治信任程度只有微不足道的影响。③一般而言，教育程度低则收入一般较低，由此处于较差的社会经济状况，从而滋生出对政治系统的不满，逐渐演变为较低的政治信任度。因此，假设受教育程度对澳门居民的政治信任变量有显著影响，教育程度越高，政治信任度则越高。

月收入是一个人社会经济状况的最好体现。一般而言，一个人月收入越高，显示其社会经济地位越高，安全感和主观幸福感指数也会较高，由此，其政治信任度也较高。假设月收入对澳门居民的政治信任变量有显著影响，月收入越高，政治信任度越高。

4. 政治卷入对澳门居民的政治信任有显著影响

一般来说，居民对政治的讨论越多，则越倾向于不信任政治。因为讨论常常是对一些错误决定的不满和牢骚，由此引发的讨论内容常常是负向的。因此，本书假定，政治讨论越多，则政治信任度越低。

但是政治关注度和政治讨论有本质区别。政治关注是指居民对政治事务的关注程度，而关注的媒介经常是电视、报纸、网站等媒体。这些媒体对政治事务进行报道和评价，一般来说还是较为正面的，尤其在澳门。所以假定，政治关注度越高，则政治信任度也随之增高。

政治效能对澳门居民的政治信任一般也有显著影响。高政治效能感的个体经常会对其国家、国家的象征、国家制度等产生强烈的归属感；积极

---

① Agger, Robert E. Goldstein, Marshall N. and Pearl, Stanley A.，“ Political Cynicism: Measurement and Meaning” ,*Journal of Politics*, 1961,23,pp. 447-506；Litt Edgar, “Political Cynicism and Political Futility” ,*Journal of Politics*, 1963,25, PP.312-323.

② Agger, Robert E. Goldstein, Marshall N. and Pearl, Stanley A., “ Political Cynicism: Measurement and Meaning” ,*Journal of Politics*, 1961,23,pp. 447-506

③ Ambler John, “ Trust in Political and Nonpolitical Authorities in France” ,*Comparative Politics*, 1975,8(1),pp.31-58.

参与各种政治活动；对国家的路线、方针、政策等有极高的认同性。而低政治效能感的个体经常会低估国家的合法性，对政党和政治制度持否认态度，将自己置于政治过程之外，并使国家失去对领导阶层实施监督、制约的重要途径。[①]由此，本书假定政治效能对澳门居民的政治信任变量之间有显著影响，政治效能感越强，政治信任度也会相应越高。

（二）澳门居民的政治信任对政治参与影响的研究假设

政治信任对政治参与有一定的影响。由于政治参与被定义为不同于选举投票这种常规的参与，而是定义为对政策意见的参与或表达，因此，本书中主要强调了 5 种不同的参与形式。这些形式包括激进型参与，即对社会运动的参与，也包括正常的参与（体制内参与），即参加社会政治团体表达政治意见、接触公职人员、接触传媒、参与政府咨询活动等。为了更清楚地研究政治信任对政治参与的具体影响，本书还引用了和政治参与相关度较高的另一个政治卷入的变量，即政治效能，将其作为控制变量。研究假设如下：

1. 政治信任对政治参与有一定影响

政治信任对政治参与有一定影响，但是针对不同的政治参与形式，政治信任的影响力大小和方向应该是不同的。具体来说，如针对激进的政治参与形式，例如参与社会运动，应该是政治信任较低的人，其参与社会运动的可能性也越大。而针对正常的政治参与形式，如参与政府咨询活动等，应该是一般信任或是较高信任的人的可能性较大。

2. 政治效能对政治参与有一定影响

政治效能感大小不同，其对政治参与的影响也不同。具体来说，政治效能感越高，则其参与政治活动的可能性也应该比低效能感的人群更高；政治效能感越低，其参与政治的可能性也应该较低。

---

① 张平、李国青：《论政治效能感的作用机制及其培养》，《东北大学学报》2004 年第 1 期。

第三节 研究变量的测量

由于笔者的研究问题和研究假设主要是上述两个大问题。因此，在研究变量的测量方面，笔者也根据相应概念，进行了概念的操作化和测量，进行了具体变量的说明。

一　政治信任的测量

国外实证调查数据中，对政治信任的含义和测量主要是三类：第一，美国全国选举调查研究数据，很多学者都应用了这项研究的数据。在测量政治信任时，这套数据将政治信任操作化为 5 个方面，分别用了 5 个问题来测量。[①]第二，来自世界价值观调查[②]和新民主晴雨表[③]中的测量，主要是用“信心”（confidence）或“信任”（trust）来问及对一些组织和个人的信任程度，如军队、法院、政府、政党、议会、公务员、欧盟、联合国等。第三，根据政治信任的结构分为政治制度、政府人员及政府政策的信任。就目前的政治信任测量而言，政治信任更多是反映了民众对该国当时行政管理的感觉，而不是对政治体制的感觉。

本书也对之进行适应澳门情况的适当变形，用来测量澳门的政治信任情况。所以本书对澳门居民政治信任的操作化在借鉴以上测量后，使用了两种测量方式：一是使用了新民主晴雨表中的调查方式，对澳门政治系统

---

① 五个问题分别是：1. 您认为，您是否总是信任华盛顿政府能够做正确的事？ 2. 您认为，政府是由代表少数利益集团的人运作的，还是由代表普通民众利益的人运作的？ 3. 您认为，政府官员是否浪费了民众的赋税？ 4. 您认为，是否大部分政府人员都有能力做好自己的工作？还是相当多的人不具备能力做好自己的工作？ 5. 您认为，大部分政府官员的诚信程度怎么样？

Miller, Arthur H., “ Political Issues and Trust in Government: 1964-1970” , *The American Political Science Review*, 1974,68(3),pp.951-972.

② Lee, Aie-Rie Glasure, Yong U., “Political Cynicism in South Korea: Economics or Values?” *Asian Affairs*, 2002,29(1),pp.43-58.

③ Mishler. William and Rose Richard, “ Trust, Distrust and Skepticism: Popular Evaluations of Civil and Political Institutions in Post-Communist Societies” ,*The Journal of Politics*,1997, 59(2),pp.418-451.

的四个机构进行了信任评价的测量[①]；二是将美国选举研究中的测量方式进行适应澳门情况的变形应用。[②]

第一种测量可以称为政治信任的直接测量，它是对政治态度的直接回答，是人们在潜意识下对一个问题的直接回应，它考量了人们对政治系统最快捷的反应。这种反应是一种经过社会学习而形成的相对稳定的人格特征，一个人的生活经历和对人性的看法都会使他形成对政治系统的可信性的判定。它也是分析社会关系的一个重要维度，因此，这种政治信任的直接测量更多地将信任理解为个人的心理现象，而容易忽视信任形成的环境因素、制度因素。

第二种测量可以称为政治信任的间接测量，它是从评价政治系统出发而合成的态度量表，因此它和直接测量截然不同，是人们对这些有关政治系统问题做出的理性判定，是一种更为具体的评价判断，并由此具体判断推导出人们实际的政治信任程度。这种间接测量的理解更强调政治信任的理性基础和制度基础，认为人们之所以信任政治系统，是因为人们更满意这些政治系统的表现，以对政治系统的认同作为信任的基础。

两种测量方式对政治信任的测量将更为精确，并可以互补说明，同时，通过这两种测量方式的比较，也有利于提高对政治信任测量的信度和效度，并可以深入探讨政治信任的影响因素和解释路径。

---

① 以下是一些组织、制度、人员，请您就对每一个组织、制度或人员的信任程度予以评价？
A. 非常信任 B. 比较信任 C. 一般信任 D. 比较不信任 E. 完全不信任 F. 不清楚
澳门特区立法会、澳门特区政府组织、澳门特区行政长官、司长、局长等政务官员，澳门特区一般公务员
为了统计分析的方便，笔者对各答案进行了赋值，具体方法为："非常信任"为6分，"比较信任"为4分，"一般信任"为2分，"比较不信任"为1分，"完全不信任"为0分，"不清楚"省略。

② 您是否信任澳门特区政府的办事能力、决策能力？
A. 非常信任 B. 比较信任 C. 一般信任 D. 比较不信任 E. 完全不信任 F. 不清楚
您认为，澳门特区政府是代表少数集团的利益，还是代表普通民众的利益？
A. 代表普通民众的利益 B. 代表少数集团的利益 C. 视情况而定，都有 D. 不清楚
您认为，澳门特区政府官员是否浪费了民众的赋税？
A. 浪费很多 B. 有一些浪费 C. 较少浪费 D. 没有浪费 E. 不清楚
您认为，大部分澳门特区政府人员是否都有能力做好自己的工作？
A. 大部分政府人员有能力做好自己的工作 B. 大部分政府人员没有能力做好自己的工作
C. 其他，视情况而定 D. 不清楚

二 社会资本的测量

社会资本被操作化两方面的概念，即社会网络和社会信任。

社会网络是指社会个体成员之间因为互动而形成的相对稳定的关系体系，社会网络关注的是人们之间的互动和联系，社会互动会影响人们的社会行为。由此本书设定了 3 个问题来测量社会网络的广度和频率。[①]

为了统计分析的方便，第二个和第三个问题的答案进行了变量转换，从定类变量转换为定距变量，具体赋值方法为："经常" 为 4 分，"有时" 为 2 分，"很少" 为 1 分，"从不" 为 0 分。

社会信任或人际信任也不是一个容易定义的概念，正如许多著作和文章所言。但是，这个概念在跨国研究中已经有一个标准问题用来测量它，即来自一般社会调查（General Social Survey）的问题[②]，因此可以进行相应的分析。笔者在问卷中应用了这个标准问题，并进行了相应的简单变形，即将"大多数人"改为"澳门的大多数人"，因为笔者主要讨论的议题是澳门的社会信任，而不是澳门居民对其他国家和地区人的信任程度，所以问题为：

> 一般来说，您认为澳门的大多数人是可以信任的吗？（也就是说，您在和别人打交道时不用太小心）

本书将"社会信任"的定序测量转换为"社会信任得分"的定距测量，具体赋值方法为："非常信任" 为 6 分，"比较信任" 为 4 分，"一般信任" 为 2 分，"比较不信任" 为 1 分，"完全不信任" 为 0 分，"不清楚" 的个案很少，将之设为系统缺失值。

---

① 问题分别为：您有没有参加澳门的社团组织？您是否经常参加一些社会或文化活动？比如志愿活动、小区组织的活动、政府组织的文化活动等公共活动。您是否经常和亲戚朋友聚会呢？

② Newton Kenneth, " Trust, Social Capital, Civil Society, and Democracy" ,*International Political Science Review*, 2001,22(2),pp.201-214.

三 政府绩效的测量

政府绩效有很多因素构成，包括政府政策的表现、政务公开的程度等。一个国家或地区的政府绩效当然应该有客观的测量方式，例如美国就有政府绩效项目（Government Performance Project，GPP），它是学术和新闻机构联手进行的评价州政府管理实践能力的项目，迄今为止运作也较为成熟。但在本研究中，为简化对政府绩效的测量，同时也囿于数据的限制，政府绩效在这里主要是关注和测量了它的两个主要因素：政策满意度和政治透明度。这两个因素从客观上来说也是政府的政治和经济绩效，而不包括个人的经济绩效。

1. 政策满意度

本书的目的在于测量澳门居民对政府政策绩效的认可程度，为此，问卷中由澳门居民对澳门各项社会、民生政策予以满意度评价，更为适合。问卷列出了 7 项基本的社会、民生政策，分别是社会保障政策、医疗卫生政策、教育政策、住房政策、就业政策、社会福利服务政策和外劳政策。该变量由定序变量转换为定距变量，具体赋值方法为："非常满意"赋值为 6 分，"比较满意"赋值为 4 分，"一般满意"赋值为 2 分，"比较不满意"赋值为 1 分，"非常不满意"赋值为 0 分，"不清楚"个案较少，设为系统缺失值。将澳门居民对这 7 项社会政策的打分进行加总，该指数表示澳门居民政策满意度的得分，该分值越高，表示澳门居民对政策的满意度越高；反之则越低。

2. 政治透明度

政治透明度的高低，已构成当代政治学评价一个政治体系的重要变量。所谓政治透明度，就是权力机构政治活动的公开程度，也是当前学界和政府最为热门的话题和实践活动之一，即政务公开。而从澳门居民角度来看，如何评价澳门特区政治系统的透明程度，也是政府可信性的一个重要因素。测量问题为：您认为现在澳门政务是公开的吗？为统计分析的方便，笔者将该变量转换为定距变量，具体赋值方法为："完全公开"为 4 分，"部分公开"为 2 分，"公开一点"为 1 分，"完全不公开"为 0 分，

"不清楚"为系统缺失值。

四　人口特征的测量

人口特征变量包括性别、年龄、受教育程度和月收入。

性别变量中主要以女性为参照类。年龄变量在原来问卷调查中分成了 18—25 岁、26—35 岁、36—50 岁、51—65 岁、65 岁以上五个年龄组，后在描述分析中为了简化，将 51—65 岁和 65 岁以上两组进行合并，所以年龄变量现共有四组。在统计分析中，年龄作为分类变量，进一步处理为虚拟变量，其参照类为 18—25 岁。

受教育程度多指制度化的教育形式，即以学校教育为主，并有较为形式化的教育等级序列（如小学、初中、高中、大专等序列），它经常被看作解释变量或先决因素。根据澳门特别行政区的区情，笔者还增加了"高等课程"选项，澳门的"高等课程"一般为 3 年，相当于国内的大专水平。在统计模型中，本书将"受教育程度"的定序测量转换为"受教育年限"的定距测量，这主要是因为在澳门，各种级别教育的年限基本是固定的，为在统计模型中更好地简化数据，笔者将受教育年限赋值的具体方法为："小学"赋值为 6 年，"初中"赋值为 9 年，"高中"赋值为 12 年，"高等课程"赋值为 15 年，"学士"赋值为 16 年，"硕士"赋值为 18 年，"博士"赋值为 21 年，"其他"因数量较少，设为系统缺失值。

月收入变量则由原来的 7 分类简化为 4 分类，即后四类（15000—20000 澳门元、20000—30000 澳门元、30000—50000 澳门元和 50000 澳门元以上）合并为一类——15000 澳门元以上，因为后四类人数较少，所以进行了这种处理，有助于以后的统计分析。同时，笔者也将月收入这个分类变量设为虚拟变量，参照类为 5000 澳门元以下，其他三类相应为：5000—10000 澳门元、10000—15000 澳门元、15000 澳门元以上。

五　政治卷入的测量

政治卷入中主要包括三个维度：政治讨论、政治关注度和政治效能感。

1. 政治讨论和政治关注度

政治讨论主要是指居民对政治、时事的讨论程度。由此对澳门居民问卷中的测量问题是：您和亲戚朋友聚会谈论的话题是否经常是政治、时事呢？

政治关注度通常是指居民对世界或该国家、地区的政治问题的关注程度。问卷中的测量问题是：您平时关注政策性新闻吗？

这两个问题的选项都是："经常"、"有时"、"很少"和"从不"。在后面统计分析中，为了方便将此变量纳入模型，同时也简化数据的处理，本书将这两个问题的答案进行赋值，赋值的具体方法也相同："经常"为 4 分，"有时"为 2 分，"很少"为 1 分，"从不"为 0 分。因为"经常"和"有时"的频度有较大的质的差异，为此赋值为 4 分。

2. 政治效能

政治效能是指一个人认为他自己或是公民整体的参与行为影响政治体系和政府决策的能力。① 一般来说，政治效能感强的人比政治效能感弱的人会更多地参与政治。对于个人来说，政治效能感是影响其政治参与的重要因素之一。由此本书将政治效能变量分为 7 个问题进行测量（见表 2-2、表 2-3），并对有关政治效能的 7 个变量进行了主成分因子分析，结果显示，因子分析的确反映了政治效能有两种模式，即内部政治效能和外部政治效能。内部政治效能具体是指居民对其个人了解、参与政治活动能力信心的判定程度；而外部政治效能是指居民对居民群体了解、参与政治活动能力信心的判定程度。

---

① 以前的学者在对政治效能进行概念操作化时，一般是对几句话进行评价。例如，小罗杰斯（Harreel R. Rodgers, Jr.，1974）在研究中提出了测量政治效能的 5 个项目：（1）政府里有一些有权力的大人物管理所有的事情，他们不需要关注我们这些普通人；（2）我对政府所做的事情并没有什么话语权；（3）我不认为政府里的人关心像我们这样的人的看法；（4）公民没有机会说出他们对政府运作的看法；（5）不管人们做什么，政府该怎样还怎样。就像天气一样——人们无法改变什么。并进行了因子分析以检验这 5 个项目是否是测量同一维度，研究发现只有前三个问题有相同的因子，因此后两个项目没有包含在政治效能指数中；比安·曼·安（Byong Man Ahn）和威廉·包耶（William W. Boyer）（1986）在研究中设计了三个项目来测量政治效能：（1）有时候政治和政府看起来太复杂了，以至于像我这样的人并不能真正理解它们到底是怎么回事；（2）像我这样的人对政府做什么并没有话语权；（3）不管人们做什么，政府该怎样还怎样。就像天气一样——人们无法改变什么。因子分析证实这三个项目都只有一个因子，并定义为"政治效能"。本书对政治效能的测量则稍有不同，但仍是根据定义而进行的测量。

在处理这些数据时，这些问题答案的赋值情况具体如下："完全了解"、"非常方便"、"有很大作用"、"很大程度的改善"、"得到高度重视"都赋值为6分，"大部分了解"、"比较方便"、"有必要"、"有一些作用"、"一定程度的改善"、"得到一定重视"赋值为4分，"有一定了解"、"一般方便"、"无所谓"、"没有太大作用"、"改善很微小"、"只是流程，不很重视"赋值为2分，"不了解"、"非常不方便"、"没必要"、"完全没有作用"、"完全没有得到改善"、"非常不重视"赋值为0分，"了解一点"、"比较不方便"、"不清楚"和"其他"赋值为1分。这样变量就从定序变量转化为定距变量，并可以进行因子分析，并根据因子分析生成了"内部政治效能"和"外部政治效能"两个数量型的新变量，便于以后纳入模型进行统计分析。

表 2-2　　政治效能的测量

模式	测量
内部政治效能	a. 您了解居民参与政策制定的相关制度吗？ 完全了解　2.29%　大部分了解　6.35%　有一定了解　21.09% 了解一点　36.47%　不了解　33.80% b. 您觉得获取您需要的政策信息是否方便？ 非常方便　4.04%　比较方便　18.03%　一般方便　49.94% 比较不方便　21.56%　非常不方便　6.43% c. 假如您亲身参与政府政策制定过程中，您觉得会得到什么样的反馈？ 得到高度重视　8.13%　得到一定重视　30.24% 只是流程，不很重视　52.60%　非常不重视　6.61%　其他　2.41%
外部政治效能	a. 您觉得居民有必要参与政策制定吗？ 有必要　66.88%　无所谓　17.13%　没必要　6.05%　不清楚　9.95% b. 您觉得居民参与对政策的制定工作有作用吗？ 有很大作用　20.63%　有一些作用　45.41% 没有太大作用　16.35%　完全没有作用　15.22%　不清楚　2.39% c. 您觉得居民参与是否改善了政策制定的公开程度？ 很大程度的改善　8.96%　一定程度的改善　41.92% 改善很微小　40.91%　完全没有得到改善　4.42%　不清楚　3.79% d. 您觉得居民参与是否改善了政策制定的公平程度？ 很大程度的改善　9.10%　一定程度的改善　38.31% 改善很微小　29.84%　完全没有得到改善　17.70%　不清楚　5.06%

表 2-3　效能变量的最大方差旋转因子矩阵

变量	内部政治效能	外部政治效能
了解政策制定制度	**0.81**	-0.05
获取政策信息方便	**0.77**	0.08
参与政策的反馈	**0.55**	0.13
参与政策制定的必要性	-0.03	**0.88**
参与政策制定的作用	0.15	**0.81**
参与改善的公开程度	0.03	**0.89**
参与改善的公平程度	-0.06	**0.70**
特征值	1.57	2.74
解释的方差	22.37%	39.09%

注：样本量为762。

六　政治参与的测量

政治参与是近代的政治概念，是政治文明进程的一个重要变量。政治参与，亦称参与政治，顾名思义就是一定的政治主体从事政治的活动。政治参与的一般意义就是普通的公民通过一定的方式去直接或间接地影响政府的决定，并参加和政府活动相关的公共政治生活的政治行为。

对于政治参与或者说公民参与，大部分学者在研究时，没有刻意区分公民参与和政治参与的界限，西方学者在使用这两个概念时，也使用了很多近似的词汇：Civic Participation，Citizen Participation, Civic Engagement, Public Participation，Political Participation。在使用这些概念时，他们往往没有特别严格地阐述概念，而是依据不同的研究背景，在不同的数据、案例中使用这些概念。大体而言，从参与对象角度来看，这些词汇的含义可以从两个角度来界定：第一类是将公民参与看成公民对政治活动、政府治理、政府政策制定过程等的参与，主要强调的是公民对政治、政府活动的参与，这也是绝大部分学者在应用这些概念时的界定。第二类是将公民参与的对象限定为除了政治、政府活动外对社会共同活动的参与，这种社会共同活动可以包括对社团活动、志愿活动、与亲戚朋友相聚的社会化活动，即在社会网络、社会资本意义上的社会活动。可以说，将公民参与的对象划分为政治活动和狭义的社会活动（广义的社会活动必然包含政治活动）。[①]

本书是在第一类意义上来使用这个概念的。所以相对而言，政治参与在本书中指涉的是公民对政治、政府活动的参与，而不包括公民对社会活动的参与。政治参与力图影响政府的政策结果，尽管以什么形式、对政策结果有多大影响还是不明确的。西方学者对“政治参与”的实证研究很多，而政治参与在概念操作化时一般分为两种：一种是正式的投票选举，另一种是个人参与其他形式的政治活动，包括志愿和非志愿的参与党派活动，例如集会、游行、抗议和会议等，向候选人或政治事业捐款，与政治领导人的书面或口头沟通并得到他们的注意，参与一些政治或政策讨论，等等。

亨廷顿将政治参与分为以下方式：选举活动、游说、组织活动、接触、暴力。[②]黄湛利[③]据此将港澳两地的政治参与方式进行了归类，并指出游说和暴力活动在港澳地区是没有的，选举活动具体可以分为投票和助选，组织活动具体分为：政府咨询活动的参与、社团或政治团体参与、社会运动，接触具体分为接触公职人员、接触传媒、政府咨询活动的参与。

政治参与的传统形式选举已有较深入的研究，因此在本书中，笔者根据黄湛利的分类，将除了选举活动外的政治参与活动纳入问卷调查中，从而用另外一种方式将政治参与概念化，即政治参与具体是指居民如何参与或表达对澳门政策制定方面的意见。这其实也是政治参与更为常见和普通的一种方式，比选举在实质和内容上更能表达居民对政治领域的关注和参

---

① 例如乌达亚·维格（Udaya R.Wagle，2006）在其对加德满都政治参与和公民参与的一项实证分析中将“civic engagement”和“political participation”定义为两个有一定关系的概念。他认为公民参与（civic engagement）的概念在更广阔意义上来说，就是社会资本，主要被广泛用于强调互信、互利从而有利于加入的个人的志愿网络的特征。他将公民参与（civic engagement）的操作指标定义为如下几个指标：18 岁以上成人拥有社团资格的数量、参与社会活动、参与共同活动。他认为这些指标抓住了公民参与的重要维度，包括社团资格、社会网络和联系、互信与互利、社会归属感。Udaya R. Wagle.,“Political Participation and Civic Engagement in Kathmandu: An Empirical Analysis with Structural Equations”, *International Political Science Review*, Vol. 27, No. 3(Jul., 2006), pp.301-322.

② ［美］塞缪尔·亨廷顿：《变化社会中的政治秩序》，三联书店 1989 年版，第 30—54 页。

③ 黄湛利：《港澳政府咨询委员会制度》，广东人民出版社 2009 年版。

与。因此，只要居民参与或表达过对澳门政策制定方面的意见，就将其认定是一种政治参与的表现。

本书主要是通过如下问题测量了政治参与：您有没有通过以下方式参与或表达过对澳门政策方面的意见？如果您要参与或表达对澳门政策方面的意见，您一般最可能选择哪种途径？

答案选项为：参加社团、政治团体；参与社会运动（和平示威、游行、居民集会、请愿、开记者会、静坐、绝食、收集签名）；接触公职人员（议员、政府官员、咨询中心、市民服务中心人员等）；接触传媒（写信或打电话给媒体表达意见、反映情况等）；参与政府咨询活动[①]；其他（请注明）；都没有。

以上种种方式都可以看成澳门居民参与政治的方式。

① 电邮、邮寄、传真或亲递意见、建议；参加政府举办的咨询文件引介会、解释会、工作坊、座谈会、简报会、市民论坛、咨询会等。

第三章　澳门居民政治信任的现状及解读

第一节　澳门居民政治信任的现状

就澳门居民的政治信任测量，笔者采取了两种测量方式，直接测量是新民主晴雨表的测量方式，间接测量是借鉴美国选举调查研究的 5 个问题的测量并稍作变形。以下笔者将分别就这两种测量方式，简述澳门居民政治信任的现状。

一　澳门居民政治信任的直接测量

直接测量方式是借鉴了新民主晴雨表调查的测量方式，就澳门地区来说，由于澳门采用的是行政主导体制，所以笔者测量的政治信任的客体主要是政府组织、政府成员和立法会，而没有对司法组织单独测量，即最后选取了 4 个对象进行测量，分别是澳门特区立法会，澳门特区政府组织，澳门特区行政长官、司长、局长等政务官员和澳门特区一般公务员（见表 3–1）。

表 3–1　　澳门居民对四类政治组织、人员的信任程度　　单位：%

对……的信任程度	非常信任	比较信任	一般信任	比较不信任	完全不信任	不清楚	样本量
澳门特区立法会	3.26	22.92	49.61	13.02	6.38	4.82	(768)
澳门特区政府组织	2.46	17.90	48.25	17.12	8.69	5.58	(771)
澳门特区政务官员	2.99	18.86	42.65	16.78	13.00	5.72	(769)
澳门特区一般公务员	1.57	15.54	52.61	15.14	7.70	7.44	(766)

可以看出，澳门居民对四类政治组织、人员的信任程度总体来说是

较高的，都在 70% 左右，具体而言，对澳门特区立法会的信任程度[①]更高（75.8%），而对政府组织（68.6%）、政府官员（64.5%）和一般公务员（69.7%）的信任程度稍微低一些，但它们之间的差别不大，总体来说信任度都处于较高的水平。政治信任的这种直接测量反映的是一种较好的政治态度，澳门居民对政治系统比较信任，政治系统较有权威，政治体制运作较为顺畅，澳门居民总体来说对政治系统较为满意，人民生活也较为舒畅。

政治信任作为一个从信任到不信任的连续体，解读政治信任的现状也可以从较信任、一般信任到较不信任三个维度来看（见图 3–1）。

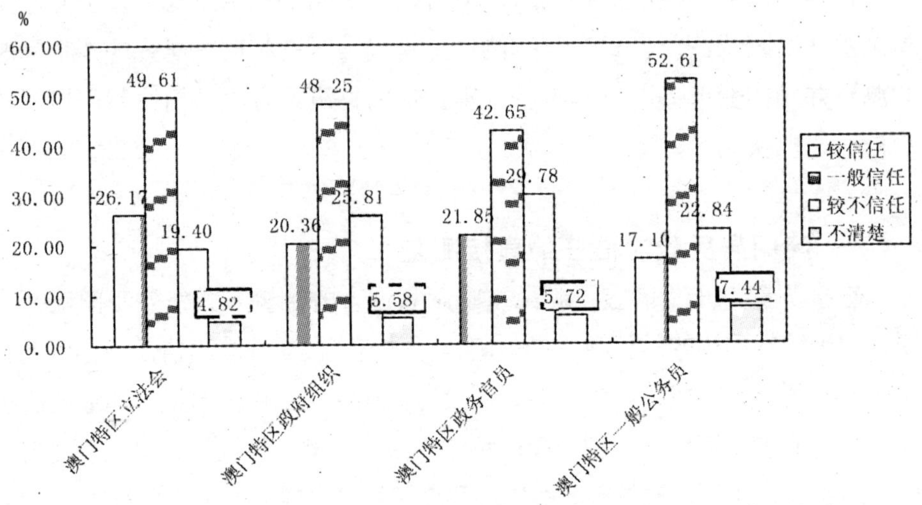

图 3–1 澳门居民对四类政治组织、人员的信任程度

具体来说，将非常信任和比较信任合计为较信任，则澳门居民对特区立法会的较信任为 26.2%，而对政府组织、政府官员和一般公务员的较信任则分别为 20.4%、21.9% 和 17.1%。显示澳门居民对澳门特区立法会最有信任感。可以这样理解，澳门特区立法会在政治系统中有较高权威，合法性也较强，更得澳门居民的民心。

对一般信任按高低排序，澳门居民对特区一般公务员的一般信任比例

① 这里对信任的测量，包括回答非常信任、比较信任和一般信任三类的百分比之和。

最高，为 52.6%，其次分别是立法会（49.6%）、政府组织（48.2%）和政府官员（42.7%）。这显示出澳门居民对特区的一般公务员没有强烈的信任或不信任态度，而是较为中间的倾向，即澳门居民认为一般公务员没有特别值得肯定的地方，也没有特别值得否定的地方，持这种中间态度的居民更多。如哈丁所说，一般信任其实很难说是信任还是不信任，或者说是怀疑。

将比较不信任和非常不信任合计为不太信任，则由高到低分别是政府官员（29.8%）、政府组织（25.8%）、一般公务员（22.8%）和立法会（19.4%）。这个结果显示出，澳门居民对政府官员最为不信任，持有较为强烈的否定倾向。即政府官员是澳门政治体制中表现较不得民心的，政府官员肯定发生了较差的或较大影响的事件，使得澳门居民对政府官员持这种否定态度。

总体而言，为了更好地测量澳门居民的政治信任问题，并且由于澳门居民对这四类组织或人员的信任程度高度相关，所以笔者首先将四类政治信任得分加总，其总分为该居民的政治信任程度。该指数最低值为 0，最高值为 24，均值为 8.6459，标准差为 4.27198，中位数和众值都为 8，其中 50% 的居民打分在 6—10 之间，该编码值越高代表澳门居民的政治信任程度越高；反之，值越低则代表居民的政治信任程度越低（n=675）。

二　澳门居民政治信任的间接测量

笔者也根据美国选举调查研究对政治信任的测量，并进行了适当变形，通过 5 个问题来进一步测量澳门居民和政府之间的信任关系，这种政治信任的测量方式是间接测量（见表 3–2）。

对澳门居民是否信任澳门特区政府的办事能力、决策能力的回答显示，回答一般信任及以上的居民占 64.0%（n=784），和上面对政府组织的测量结果基本类似。但是在对政府人员的能力进行进一步评价时，仅有 21.7%（n=785）的被访澳门居民正面认可大部分澳门特区政府人员有能力做好自己的工作，高达 34.1% 的被访澳门居民认为大部分政府人员并没有能力做好自己的工作，亦有 1/3 以上的澳门居民回答是视情况而定，这些数据显示出澳门居民对政府人员的工作能力保持着一定的怀疑态度。

而当就澳门特区政府人员的诚信进行评价时，澳门居民对此也不很满意。仅有不到 1/3 的（29.4%，n=786）居民认为大部分澳门特区政府人员较有诚信或很有诚信（仅 2.3%），认为不太诚信甚至是完全不诚信的居民比例高达 50%，还有 18.3% 的居民表示不太清楚，不确定。接近八成的（79.7%，n=779）被访居民认为澳门特区政府官员对民众的赋税有一些浪费，其中认为浪费很多的居民比例高达 32.7%，而认为较少浪费和没有浪费的只占 13.2%。

表 3-2　　政治信任的间接测量情况　　单位：%

政治信任的间接测量	测量情况	
1. 你是否信任澳门特区政府的办事能力、决策能力？（n=784）	非常信任	1.91
	比较信任	14.92
	一般信任	48.21
	比较不信任	19.01
	完全不信任	13.65
	不清楚	2.30
2. 您认为，澳门特区政府是代表少数集团的利益，还是代表普通民众的利益？（n=781）	代表普通民众的利益	8.32
	代表少数集团的利益	46.09
	视情况而定，都有	39.95
	不清楚	5.63
3. 您认为，澳门特区政府官员是否浪费了民众的赋税？（n=779）	浪费很多	32.73
	有一些浪费	46.98
	较少浪费	10.14
	没有浪费	3.08
	不清楚	7.06
4. 您认为，大部分澳门特区政府人员是否都有能力做好自己的工作？（n=785）	大部分政府人员有能力做好自己的工作	21.66
	大部分政府人员没有能力做好自己的工作	34.14
	其他，视情况而定	37.20
	不清楚	7.01
5. 您认为，大部分澳门特区政府官员的诚信程度怎样？（n=786）	很有诚信	2.29
	较有诚信	29.39
	不太诚信	39.82
	完全不诚信	10.18
	不知道、不确定	18.32

接近五成的（46.1%，n=781）被访澳门居民认为澳门特区政府是代表少数集团的利益，仅有 8.3% 的澳门居民认可澳门特区政府是代表普通民众的利益，接近四成的居民则回答视情况而定，认为以上两种情况都有。这种回答显示了澳门居民对特区政府代表谁的利益的一种怀疑态度，在某种程度上也说明了澳门居民对利益集团在澳门存在的一种确认。可以看出，澳门居民认为利益集团在澳门有着较为强大的力量，对澳门的政治有较大影响力，并能在某种程度上左右政局、左右澳门的政策。

数据结果显示，这五个问题之间有显著的相关关系，并且它们也和直接测量方式之间有显著的相关关系。笔者将政治信任的直接测量和间接测量两者进行皮尔逊积距相关分析，发现两者之间的相关系数高达 0.59（$p<0.01$），可见两者之间确实存在相关关系。

笔者将这 5 个问题结合成政治信任度的量表，并作为一个新的变量。内在一致性的信度检定（Cronbach's x 值）的结果是 0.713。笔者对这 5 个问题的选项分别赋值，然后加总。对于这种信任指数最小值为 −20，最大值为 20，平均值为 −5.05，总体来说因为 0 分设为中性、“一般”的情况，所以平均值为 −5.05，代表澳门居民的信任程度总体来说有些微不信任，但趋向“一般”信任。

从上文可以看出，政治信任的间接测量情况总体来说不太乐观。除了第 1 个问题和第 5 个问题，澳门居民的回答有七成左右是较为肯定的答案，中间的 3 个问题，四成澳门居民的回答都是持较为否定的态度，另外也有近四成的澳门居民回答是持中间态度的，持肯定态度的仅有一成左右。从政治信任间接测量的调查结果出发，可以认为，澳门居民对政治体制的态度是位于一般信任和不信任的区间，趋于一般信任的态度，即虽然没有太否定的态度，但已经是中间靠右，趋于不信任的态度了。

第二节 解读澳门居民政治信任直接测量的结果

政治信任的这两种测量看来结果不太一致，直接测量反映了澳门居民对政治体制较为认可的态度，而间接测量则反映了澳门居民对政治体制的很多作为并不认可的态度，这种差异有待下文笔者作进一步的解释。本节首先来解读一下这种政治信任的直接测量结果，即从明示的态度型测量来看，澳门居民是较为认可政治体制，对政治体制的合法性也非常赞同。要了解一个地区居民的政治信任，首先要对该地区居民的历史记忆、理性思考、心理预期等做一一考察。

一 历史记忆：回归前澳门居民的政治信任

澳门从来都不是一个独立的国家，无论是回归前还是回归后。回归前，它是一个主权属于中国，行政管理权暂时属于葡国的特殊地区。澳门在葡萄牙人到达以前，不过是个只有数百居民的小渔村。在16世纪，葡萄牙人将澳门发展成为一个重要的海港，成为当时东西方贸易的主要中转站和远东最重要的商港。但是由于葡萄牙人在远东的影响力日渐式微，澳门作为远东重要商港的地位也日渐衰落。在16世纪到19世纪之间，葡萄牙人只有在中国政权同意下，才能在澳门居住和经商。鸦片战争后，葡萄牙人仰仗英国和美国的势力，强迫中国接受葡人管治澳门的事实。1887年，葡萄牙和当时的清政府签署了《中葡友好通商条约》，中国政府同意将澳门管治权交给葡人。①

葡国政府在登陆澳门开始时，并没有直接派官员来澳门管理；但是澳门是由一班本地葡商管理。直到1623年，葡萄牙才正式委任总督，管治澳门。总督对澳门有绝对权力，他代表葡萄牙殖民地政府管治澳门，不用向当地人员负责。但是，澳门华人也并不是完全没有影响力，遇到有纷争时，他们可向当地中国官员诉讼。即事实上，从16世纪到19世纪中叶的一段时期内，澳门是由葡方官员和中方官员共同管治的。直到1846年亚马留任澳门总督，将当时的中国官员赶出澳门，对澳门开始实行全面的统治。一百多年来，虽然葡萄牙当局对澳门的华人社会采取了若干特殊政策

---

① 余振、刘伯龙、吴德荣：《澳门华人政治文化》，澳门基金会1993年版，第26页。

和措施，以方便管理，但绝大多数华人一直生活在建制之外。这种情况一直维持到 20 世纪 80 年代中期。[①]1976 年《澳门组织章程》和《葡萄牙共和国宪法》的颁布为澳门现行政治制度铸定了基本模式。

葡萄牙通过《澳门组织章程》增强澳门自治能力，既想全面顾及澳门整体社会的利益，又想强化葡萄牙主权机构对澳门的宏观调控能力。由此，1976 年至 1999 年，虽然澳门开始有了立法会，并在一定程度上代表了一些民意，但就本质而言，澳葡政府推行的只不过是一种新殖民政策。在整个 20 世纪 80 年代，葡萄牙继续源源不断向澳门输入技术官僚，从而令本地化了的制度依然由葡萄牙人操作。澳门居民，特别是华裔居民的参政议政意识和程度也不高，市民在各决议机关的代表性及其影响政策的能力都很有限，市民的意愿难以完全得到反映。

澳葡政府作为一个进入者的外来政权，面对一个已经建立起社会文化模式和交往方式的异质民族，政权的政治权威交往只能是在唯上的层面获得，却难以得到社会的承认；而由于历史原因造就的“二元政治”的社会管治模式，更加使得澳葡政府的政治秩序必须依靠社会权威的合作才能够得以维持。[②]政府的服务精神严重缺乏，而且政府机构的权责交错重叠，往往出现政出多门的情况，使得需要服务的市民往往无所适从，被迫来往于不同的机关之间，不仅令市民对于政府机构的直接态度不满，长此以往，市民便丧失了对政府服务的信心，转而寻求民间的解决手段。[③]由此看来，澳葡政府在治理社会方面付出的成本很小，相对来看，得到的信任也较低。

在回归前澳门所做的一次社会调查中，澳门市民对澳葡政府的满意程度仅为 22%，而 36% 的市民表示不满。这个数据比香港低了 46 个百分点。而对澳门和葡国政府的不信任度更是高达三成左右，明确说信任的也只有三成左右（见表 3–3）。

---

① 吴志良：《澳门政治制度史》，广东人民出版社 2010 年版。

② 聂安祥：《社会交往行为与认同——澳门社会结构探析》，广东人民出版社 2009 年版，第 126 页。

③ 同上书，第 124 页。

表 3-3　　关于澳葡政府信任程度的调查

问题：整体地讲，你信不信任政府呢				
项目	信任	一半一半	不信任	不知 / 难讲
葡国政府	26.6	21.2	34.5	17.7
澳门政府	34.9	27.8	23.4	14.0

资料来源：钟庭耀、马嘉利 、李博仪：《港澳两地回归前民情比较》，见吴志良、杨允中编《澳门 2000》，澳门基金会，2005 年。

余振在其 1991 年的调查中也发现同样的事实，超过 1/3 至一半的澳门市民不满意澳门当时的政治制度、司法制度和社会福利制度，认为政府在社会民生方面表现尤差。这由以下的事实也可以看出，在 1989 年和 1990 年，政府在社会福利的开支占年总政府支出的 4.37% 和 6.35%，相比之下，葡萄牙政府 1989 年的社会福利总开支占年度政府总开支的 29%。①

他的调查也显示，对澳门的政治制度，只有 21.1% 的被访者感到自豪或骄傲，41.2% 的被访者明确表示不会感到自豪或骄傲。大多数对澳门政治体系不感到自豪的人，对下列现象不满：（1）有关社会福利、治安和垃圾处理的问题；（2）葡人官员的才能和效率；（3）公务员的士气和服务态度；（4）澳门行政机关的贪污问题。他们一般将澳门的贪污问题归咎于不完善的司法制度。②

余振等学者也设计了两个问题去探讨澳门人对其政府的信任程度。“你相信澳门政府有诚意搞好澳门吗？”68.2% 的被访者表示“相信”或“非常相信”，只有 16.7% 不相信政府的诚意及 15.1% 表示“无意见”。当被问及“澳门政府官员是否都尽忠职守”，只有 28.2% 表示同意或十分同意，48.9% 表示不同意或十分不同意，22.9% 则没有意见。③

他们认为澳门人对政府的信任程度主要基于下列原因。首先，他们倾向于将澳门政府的表现等同于澳门的经济表现。他们举出各项大型建设、新建成的高层商住大厦，澳门经济的高速发展等，认为这都是澳门政府的

① World Bank,“World Development Report”, London: Oxford University Press, 1991.

② 余振、刘伯龙、吴德荣：《澳门华人政治文化》，澳门基金会 1993 年版，第 33 页。

③ 同上书，第 40 页。

功劳。即传统中国文化中期望政府负责照顾人民生活的思想趋向，仍然深深影响澳门华人的政治取向。其次，一些被访者指出，近年来澳门政府的办事作风已日趋民主化，愿意听取民意。例如，澳门政府自 1976 年以来，在立法会设有民选议员，并于 1991 年顺从民意，成立反贪污专员公署。最后，相当一部分被访者是来自内地的新居民，他们习惯将澳门政府和内地政府比较。他们对内地地方政府的贪污、低效率等记忆犹新，所以相比之下对澳门政府印象不错。这种“移民心态”使得澳门被访者对政府有一定信任，但这种信任主要是基于和内地政府的比较而得来，即新居民普遍对社会福利制度较有满足感，但本地长期居住者则对政府更不满意。由此，一方面，将澳门与内地相比较，澳门华人觉得葡人政权不算太差，但与香港相比，就觉得澳葡政府太差了。①

而当时的学生则对政治体制的反感态度更强烈。不足 1/3 的大学生“相信”或“非常相信”澳门政府有诚意搞好澳门；相比之下，2/3 的澳门市民相信或非常相信政府的诚意。事实上，接近半数的大学生对政府完全没有信心。中学生比大学生对政府有信心，但仍然远远跟不上澳门一般市民的信心。大多数学生都认为澳葡政府只会施行对他们自己有利的政策，“葡萄牙人只有兴趣赚钱”，是最典型的回答。②

总体来说，回归前的澳葡政府由于在治理基本上是不得民心的。当社会中的政治意识尚未觉醒时，政府的信任度也就无从获得。澳门的政治制度一开始就是从外部移植，其内部官员也几乎全从葡萄牙引进。澳门的重大政策并不来自民众、民意，澳门居民也不在政府中占据一席之地，更缺乏向政府表达意志的政府通道，因此，澳门华人社会的政治意识和参与程度一直偏低，对政治体制的组织运作关心和认识不足，由此所导致的是对政府的不信任感和疏离感。③

---

① 余振、刘伯龙、吴德荣著：《澳门华人政治文化》，澳门基金会 1993 年版，第 61 页。
② 同上书，第 106 页。
③ 聂安祥：《社会交往行为与认同——澳门社会结构探析》，广东人民出版社 2009 年版，第 44—45 页。

二 比较香港：澳门居民回归前后的政治信任

澳门居民在各个方面都倾向于和香港进行比较。长久以来，香港与澳门均被视作“兄弟城市”，不但同文同种，风土习俗相似，地理上亦只有一水之隔，气候相同，连命运遭遇亦十分相似，走过的道路与成长的历程，更是亦步亦趋，既有各自发展、相互竞争的一面，亦有互补长短、彼此扶持的一面。[①]由此比照香港的历史，也对笔者阐述澳门居民政治信任的现状有一定帮助。

对于回归前的香港，香港学者刘兆佳认为它是一个“低度整合的社会政治体系”（minimally integrated social-political system）。该社会政治体系的主要特征是：（1）同时存在着一个官僚体制政体和一个华人社会，两者之间很少直接联系和沟通；（2）一个不大受社会和经济环境影响的官僚体制政体；（3）华人社会基本上是由无数的，与政治互不干涉的家庭群体组成；（4）官僚政体和华人社会双方都有意识到彼此之间的界限，并刻意维持彼此之间的距离。[②]

香港战后的政治稳定就是靠官僚政体和华人社会彼此之间的相互适应。刘兆佳还认为香港的华人并不一定对政治冷漠，当政治环境或气候改变，适合或不妨碍政治活动，香港人是会积极参与政治的。刘兆佳还列出1956—1966年和1967年香港的社会行动事件来支持他的观点。[③]

刘所描绘的香港社会政治体系与澳门很相似。好像香港一样，虽然没有民选的政府，但澳门长期以来政局稳定。澳门华人社会，并不一定对政治冷漠。在特定的政治氛围下，澳门华人同样会积极参与政治活动，如1966年的“一二·三”反抗澳葡政府的高压政策事件。[④]

根据他们对1985年和1986年调查访问结果，刘兆佳和关信基认为香

---

① 郑宏泰、黄绍伦、孔宝华：《港澳社会资本初探与比较》，见余振、邝锦钧、余永逸编《双城记Ⅲ——港澳政治、经济及社会发展的回顾与前瞻》，澳门社会科学学会2009年版，第400页。

② Lau Siu-kai,*Society and Politics in Hong Kong*, Hong Kong: The Chinese University Press，1982,pp.18-19.

③ I bid.,p.14.

④ 余振、刘伯龙、吴德荣：《澳门华人政治文化》，澳门基金会1993年版，第14—15页。

港的政府文化含“参与型”文化的要素。接近一半的被访者同意或十分同意人民的选举权不应随意被剥夺，相信政治家大多是可靠和可以信任的，并同意“由人民选出来的政府领导人会比现殖民地政府的官员有较好表现”。[①]事实上，很多香港人会选择与政治保持一段距离。不足1/3的被访者经常与他们家人、亲戚、朋友谈论公共事务。[②]

1990年、1991年的调查访问结果也显示，香港选民的政治文化属于一种“臣属型”和“参与型”文化的混合体。香港选民对于他们的政府、主要政府政策、竞选活动和政治权利有一定的认识。香港选民已开始对政治制度表示关心，并拥有“参与型”政治文化的要素。例如，香港人普遍认为一个公民应该积极参与公共事务；并相信公民有政治权利去选举和监督政府。不过，大多数香港选民对政治参与采取观望的态度。[③]

香港也是一个行政主导的政府，在英国的管制下，香港政府在人事管理上注重功绩表现，是一个腐败少而享有高荣誉的政府。香港于1946年就开始实行公务员本地化，其行政体系具有高度法治精神，公务员也有专业水准。1992年，香港就开始采用了近似英国公民宪章的行政改革，创立了“服务承诺”制度。由此可见，香港在回归前就已经拥有现代化的公务员体制和现代化的管理。

和澳门人对澳葡政府的糟糕印象相比，香港华人对香港政府有较好的印象。于1985年在香港进行的调查结果显示，61.2%的被访者同意或非常同意香港政府是一个好政府[④]；在1986年进行的调查结果显示，43.6%的被访者认为香港政府的表现不错或相当好；46.6%的被访者认为香港政府

---

① Lau, Siu-kai Kuan Hsin-chi,*The Ethos of the Hong Kong Chinese*, Hong Kong: The Chinese University Press, 1988,pp.71-74.

② I bid., p.94.

③ Lam, Jermain T.M.Jane C.Y. Lee, *Research Report on the Political Culture of the Voters in Hong Kong Part* Ⅱ-*A Study of the Geographical Constituencies of the Legislative Council,* “Department of Public and Social Administration, City Polytechnic of Hong Kong”,1992.

④ Lau, Siu-kai Kuan Hsin-chi,*The Ethos of the Hong Kong Chinese*, Hong Kong: The Chinese University Press, 1988, p.83.

的表现中上。[①]香港人对他们的政府表现较为满意。在1986年的问卷调查中，71.7%的被访者同意和2.6%的被访者十分同意："虽然香港的政治制度并非十全十美，在现时情况下已是我们所能得到的最好的政治制度。"[②]在1990年的一次问卷调查中，78.2%的被访者对香港现政权表示可以接受。[③]同时期来看，香港政府有72.1%的香港华人对香港政府也投了信任票。[④]

虽然香港和澳门同样是殖民地，澳门华人对澳葡政府的反感，明显地强烈于香港华人对港英当局的不满。澳门的亲中报纸《澳门日报》，不时批评澳门政府的贪污、无能和缺乏效率。同时，澳门华人倾向于比较港澳两地的政府，觉得无论在能力、廉政和效率各方面，澳门政府都远远不如香港。[⑤]由此，澳门人不大满意他们的政府表现也似乎是可以理解的。

甚至于当时的澳门人对香港人普遍存有一种自卑感。在澳门人眼中，香港在各方面都比澳门优胜，如人口、经济规模、生活水平、政府效率和文化等。只有1/5的澳门华人对澳门的政治和司法制度感到满意；相对地，超过2/3的香港华人对香港政府感到满意。只有一半左右的澳门人以身为澳门居民为荣，但却有3/5的香港人以身为香港人为傲。这种自卑感在澳门年轻人中更加严重。[⑥]

从回归前的这段历史来看，澳门居民和香港居民对政治体制的期待是完全不同的。澳门在回归前夕，经济已跌至谷底，回归后的特区政府是很难能够把情况弄得更坏。由此，澳门居民对政治体制的期望虽然也有，但并不太高。而且事实上，澳门特区政府在回归后成功地解决了治安问题。2002年，赌权开放后，经济也开始复苏，澳门政府的认受性

---

① Lau, Siu-kai and Kuan Hsin-chi,*The Ethos of the Hong Kong Chinese*, Hong Kong: The Chinese University Press, 1988, p.84.

② I bid., p.74.

③ Lam, Jermain T.M. Jane C.Y. Lee, *Research Report on the Political Culture of the Voters in Hong Kong* Part Ⅱ—*A Study of the Geographical Constituencies of the Legislative Council,* "Department of Public and Social Administration, City Polytechnic of Hong Kong",1992, p.71.

④ Lau, Siu-kai Kuan Hsin-chi,*The Ethos of the Hong Kong Chinese*, Hong Kong: The Chinese University Press，1988, p.84.

⑤ 余振、刘伯龙、吴德荣：《澳门华人政治文化》，澳门基金会1993年版，第34页。

⑥ 同上书，第44页。

也因此提高。[①]根据2002年的民意调查显示，何厚铧在该年的支持度是78.7分，而董建华在同年12月的支持度只有48.5分。

而香港居民对回归则有着完全不同的期待，回归前的香港政府已经表现出较好的治理能力，香港在回归前也加快了民主进度，政治上的改革增加了直选议员，回归过程令民主与亲中两派对立，而民主派于1991年立法会选举获得大胜，改变了政治势力的分配。这些都使香港人对政府的问责程度增加。董建华时期，香港基本法第廿三条立法难缠，被无限期搁置。而基本法第廿三条在澳门则顺利通过。[②]因此，香港政府虽然在表现上比澳门好，但其认受性危机却远比澳门要高。[③]

在政府改革方面，两地的改革步伐和抗争情况也大不相同。香港公民社会力量极为强大，民主派尝试力求特首直选及立法会全面直选。部分香港激进民主派计划严密，如五个直选选区民主派议员总辞而迫使补选，甚至以基本法第五十条尝试迫使特首将来在政改方案不通过后解散立法会，显示了对抗式政治的严重性。香港政治改革停滞不前主要是对抗性政治过于严重。[④]而澳门政治改革非常缓慢。由于民主派势力薄弱，何厚铧政府也没有在政改上提出创新方案，整个何治时期的政治改革毫无进步。但是何厚铧时期的廉政总署及审计署工作积极进取，在政治发展的角度中扮演推动“好”或“良治”政府的角色。[⑤]

在危机处理方面，2003年香港特区政府处理SARS危机不当受到批评，而澳门政府受到的冲击影响则少得多。同时，董建华政府的房屋政策也被亚洲金融风暴打乱部署，而澳门则没有受到亚洲金融风暴的严重冲击。虽然澳门特区政府成立初期受到经济萧条困扰，但随着开放赌权，澳门经济

---

① 林明基：《港澳公共行政改革比较研究》，见余振、邝锦钧、余永逸编《双城记Ⅲ——港澳政治、经济及社会发展的回顾与前瞻》，澳门社会科学学会2009年版，第109—125页。

② 卢兆兴：《港澳两地回归后之政治发展比较》，见余振、邝锦钧、余永逸编《双城记Ⅲ——港澳政治、经济及社会发展的回顾与前瞻》，澳门社会科学学会2009年版，第65页。

③ 林明基：《港澳公共行政改革比较研究》，见余振、邝锦钧、余永逸编《双城记Ⅲ——港澳政治、经济及社会发展的回顾与前瞻》，澳门社会科学学会2009年版，第109—125页。

④ 卢兆兴：《港澳两地回归后之政治发展比较》，见余振、邝锦钧、余永逸编《双城记Ⅲ——港澳政治、经济及社会发展的回顾与前瞻》，澳门社会科学学会2009年版，第66页。

⑤ 同上书，第66页。

于2003年至2008年高速发展，不仅没有削弱政府的认受性，而且加强了政府在市民心中之支持度，舒缓了“欧文龙案”爆发后带来的政治和社会冲击。[①]也有学者认为香港是成功的，因为它不仅有稳健的财政经济体系，有开放的社会与民众对生活水准、生活环境的认同，还有廉洁的政府、监督体系发达的舆论机构，此外，它的立法机构在监督行政权方面也相对尽责。[②]但总体来说，香港特区政府在董建华时代（1997—2005年）的认受性问题严重，原因很多，包括领导能力未成熟，改革计划过于急促，与高级公务员合作有疏离，和市民期望颇大有关。[③]

而回归后，澳门特区政府在何厚铧领导下，其认受性整体较香港董建华时期高。虽然“欧文龙案”给何厚铧政府认受性蒙上阴影，但整体来说澳门在何治理时期所受的政治冲击没有香港董建华那么严重。

对于这种回归前后的港澳民众心理的比较，潘冠瑾也指出，澳门人比香港人更不满殖民政府，同时由于澳葡政府政治民主的起点低，虽然澳门特区政治发展并未完全满足澳门人的期望，但是澳门人比香港人更容易满意澳门特区政治发展的进程。[④]和港英政府相比，澳葡政府在社会民生和经济发展方面的起点很低，促使更多澳门人将特区发展的重点和关注的重心放在这两方面。回归后的澳门特区政府在社会民生和经济发展方面也的确迈出了很大的步伐，从而澳门人的政治信任度也会相应提高很多。

三 现实发展：澳门居民回归后的政治信任

回归后，澳门特别行政区是中国“单一制”体制下的享有高度自治权的地方政府，其行政管理权是由中央人民政府授予的，作为地方行政的主

① 卢兆兴：《港澳两地回归后之政治发展比较》，见余振、邝锦钧、余永逸编《双城记Ⅲ——港澳政治、经济及社会发展的回顾与前瞻》，澳门社会科学学会2009年版，第67页。

② 李莉娜：《基本法研究的理论和实践：如何突破现有的思考模式》，见余振、邝锦钧、余永逸编《双城记Ⅲ——港澳政治、经济及社会发展的回顾与前瞻》，澳门社会科学学会2009年版，第14页。

③ 卢兆兴：《港澳两地回归后之政治发展比较》，见余振、邝锦钧、余永逸编《双城记Ⅲ——港澳政治、经济及社会发展的回顾与前瞻》，澳门社会科学学会2009年版，第65页。

④ 潘冠瑾：《转型中的自主性——对回归后澳门特区政治发展的分析和展望（四）》，《澳门月刊》2008年第6期，第30—32页。

体存在。[①]总体来说，特区政府在回归后做出的大量成绩，包括经济、政治、社会、文化等领域都取得了一定的进步，社会在这一点上有非常确切的共识存在。2010 年笔者在对澳门学者 YYZ 进行访谈过程中，就听到他对澳门前十年这样的判定：

那么我就给前十年做出几个认定，经济上两大，总量上大，民生大改善。政策领域中“两新”，即全新的政治体制，全新的施政领导。文化领域上两有，供给数字有所提升，和平价值观有所调整。文化领域两高，社会高稳定性，高和谐度。在胡主席的五个基础上，概括一下。回归后是行政长官制，这个体制不能说做得很好，但总的来说，比回归前实现了历史性的变革，进入了新时代，这一点一定要给予充分的肯定。

但是，澳门在回归前长期被葡萄牙占领，在寄人篱下的心态下，民众对政府的期望和要求都会比较低。在回归后，受到“澳人治澳”的思想影响，人民必然会提升对政府的要求和期望。[②]一位澳门公务专业人员协会的成员 GH 就在访谈中说：

澳门现在回归十年了，人十岁还是小孩子，政府十年就不小了。市民对政府的期望是很高的，一国两制，澳人治澳是很成功，但怎样管理好，这就是大家都很期望的。

他还在访谈中提到，他们作为公务员中的一员，其属下的公务员事务部对施政报告（2010 年）做了满意度调查，结果是不及格。在这之中，最满意的主题是和谐共进，只是 56% 的人接受。另外，作为公务员执行施政理念落实的人，他们都觉得施政报告有问题。因此他们提出希望“建立诚信政府，兑现施政承诺”。可见政府施政报告承诺的可信性值得质疑，

① 聂安祥：《社会交往行为与认同——澳门社会结构探析》，广东人民出版社 2009 年版，第 134 页。

② 林明基：《港澳公共行政改革比较研究》，见余振、邝锦钧、余永逸编《双城记Ⅲ——港澳政治、经济及社会发展的回顾与前瞻》，澳门社会科学学会 2009 年版，第 109—125 页。

连体制内的公务员都觉得其承诺兑现有限，民众就更觉得有问题了。

另外，根据香港大学民意调查计划对澳门居民的调查来看，澳门居民政治信任度在2005年处于高峰期，在2007年处于低谷，2008—2009年又有所回升。总体来说，澳门居民的政治信任度一直处于较高水平，“比较信任”和“非常信任”的人数基本都在60%左右，加上“一般信任”的人数，其政治信任比例高达80%左右，且处于较为稳定的状态。那么，如何解释2007年的信任低谷呢？

2006年，“欧文龙案”①发生，给澳门社会带来了巨大冲击。2009年6月，澳门理工学院一国两制研究中心发表《澳门特区十年发展大型民意调查报告》，其中对于澳门特区政府最不满意的地方，超过71%受访者认为是发生了前运输工务司司长“欧文龙案”，调查机构也认为该事件是特区政府十年施政历程中的最大污点。“欧文龙案”也直接影响他管辖范畴的评分，居民对运输工务的评价甚低。调查机构认为，由于欧文龙犯罪手法之猖狂及涉及款项巨大，使特区政府蒙受重大损失，更严重损害澳门特区声誉，称得上是特区十年施政历程中的最大污点。这种特殊事件的发生是否会导致民众政治信任的大规模下降呢？从该数据来看，腐败事件的发生，尤其是发生在澳门这种小社会中，它的辐射力和影响强度极大，对民众造成了不可挽回的冲击，的确对澳门民众的信心造成了巨大伤害。笔者在2010年和澳门市民、学者、学生的访谈也都证实了该观点，他们普遍认为“欧文龙案”发生后对政府、政治系统的信心下降很多，觉得很受伤害。而民众在此后的示威游行，及其对政府咨询体制的不满，无不反映了这点。

同时期，在经济方面，博彩业一业独大，对其他行业造成了挤压效应，高通货膨胀使基层百姓生活更加困苦。博彩业也造成了对人力资源的

① 欧文龙2006年12月被揭发涉嫌受贿8亿元并且被捕。案件于2007年11月5日在澳门终审法院开审，控方在法庭上宣读起诉书，欧文龙共被控76项罪名，包括41项受贿、30项清洗黑钱及2项滥权罪等。另外3项，分别是在法律行为中分享经济利益、发表虚假声明和财产来历不明。其中一项控罪指出，欧文龙任运输工务司司长期间，涉运用职权，将造价10亿元的“澳门蛋”东亚运动馆，批给商人何明辉的建筑公司，收取3%造价的贿款。欧文龙亦被指控，指示部门加快审批及验收酒店工程项目，涉及威尼斯人度假村及银河星际酒店等。2008年1月30日，澳门终审法院对“欧文龙案”作最终宣判：前运输工务司司长欧文龙被控受贿、清洗黑钱、滥用职权等罪合计判处有期徒刑27年，罚款24万元并没收财产。

巨性吸附，直接导致外劳人口的增加，至 2007 年澳门特区政府可持续发展策略研究中心调查澳门人口政策时发现，澳门居民对来澳居住人口逐步增加的评价由 2005 年有 39.7% 认为“坏处多”，发展到 2007 年有 59.6% 认为“坏处多”，而同比认为“好处多”的居民则下降了 15.6%（从 2005 年的 35.6% 下降到 2007 年的 20.0%）。①

在政治改革方面，2007 年后，“欧文龙案”事件影响、博彩业一业独大和高通货膨胀，使特区政府及其主要领导人在多数澳门人心中形象下降，也使人们对现行特区行政长官和立法议员的产生机制开始怀疑。台湾选举和香港普选时间表的落实，更强化了澳门市民的这种质疑，行政长官和立法会议员的双普选也成了一些澳门市民的民主诉求。

但是，2007 年信心低谷过去以后，统计数据也显示，2008 年至 2009 年澳门居民的“信心”指数又有所回升，这个事实也反映了澳门民怒的停息。卢兆兴认为，在澳门“欧文龙案”发后，何厚铧政府再没有致命的贪污事件发生，而公务员改革步伐加快，廉政公署调查范围扩至私营机构，加上一系列“派糖”的社会福利及经济措施，使民怒能够及时停息。②

由此而看，回归后的澳门居民政治信任基本保持在较高水平，但受“欧文龙案”及政治、经济、社会环境改变的影响，人们对政治体制开始怀疑，中性态度抬头，积极的肯定态度有所减弱，不信任势头有一定上升，这和笔者 2010 年对政治信任的直接测量数据是相符的。

第三节 解读澳门居民对四类机构、对象的政治信任

一 澳门居民对特区立法会的政治信任

从上面的数据可以看出，澳门居民对特区立法会的较信任程度最高

① 《澳门特别行政区人口政策研究》，澳门特区政府可持续发展策略研究中心网站，http://www.ceeds.gov.mo。

② 卢兆兴：《港澳两地回归后之政治发展比较》，见余振、卢锦钧、余永逸编《双城记Ⅲ——港澳政治、经济及社会发展的回顾与前瞻》，澳门社会科学学会 2009 年版，第 65 页。

（26.2%），对它的不太信任的程度最低（18.6%），即澳门居民对澳门特区立法会的政治信任度在同类组织和人员中可以说是最高的。如何解读这种对立法会的政治信任呢？

首先，澳门特区立法会负有监督政府的职权。澳门特别行政区立法会是澳门特别行政区的立法机关。根据《中华人民共和国澳门特别行政区基本法》（以下简称《基本法》）规定，澳门特别行政区立法会除第一届另有规定外，每届任期四年。立法会的议员由直接选举议员、间接选举议员和特首委任议员三部分组成。[①]澳门现在是第四届立法会，共有 29 名议员组成，其中直接选举产生议员 12 名，间接选举产生议员 10 名，行政长官委任议员 7 名。《基本法》规定了澳门是行政主导体制下的立法行政关系，它具有一定的制度创新性，是中国根据港澳地区的具体情况而量身定做的一种制度设计。

根据《中华人民共和国澳门特别行政区基本法》规定，立法会被赋予如下职权[②]：（一）制定、修改、暂停实施和废除法律；（二）审核、通过财政预算案；审议预算执行情况报告；（三）决定税收，批准由政府承担的债务；（四）辩论施政报告；（五）就公共利益问题进行辩论；（六）接受澳门居民申诉并作出处理；（七）如行政长官有严重违法或渎职行为而不辞职，可依法指控和提出弹劾案、报请中央人民政府决定；（八）在行使上述各项职权时，可传召和要求有关人士作证和提供证据。前澳门立法会主席曹其真对澳门行政立法之间的关系进行了总结和概括，她认为《基本法》赋予立法会的是制定法律和监督政府两大任务，指出立法会在配合政府立法之外，也不能放弃对政府的监督功能。[③]

从上面可以看出，立法会的主要功能是制定法律和监督政府两大部

---

① 第一届立法会由 23 名议员组成，其中直接选举产生议员 8 名，间接选举产生议员 8 名，行政长官委任议员 7 名。第二届立法会由 27 名议员组成，其中 10 名由直接选举产生，10 名由间接选举产生，7 名由行政长官委任。第三届立法会及以后各届立法会由 29 位议员组成，其中 12 名由直接选举产生，10 名由间接选举产生，7 名由行政长官委任。以上信息来自澳门特区立法会网页，详见 http://www.al.gov.mo/cn/cn_main.htm。

② 根据《中华人民共和国澳门特别行政区基本法》规定行使职权，参见澳门特区立法会网，http://www.al.gov.mo/cn/cn_main.htm。

③ 王定昌：《行政主导下的澳门立法行政关系》，2008-11-18，http://www.macaumonthly.net/Article/MacaoBBS/200811/20081118164115_1441.html，2010 年 10 月 11 日查询。

分，澳门居民缘何对立法会有这么高的信任程度呢？这要从立法会的职能加以解释。立法会具有监督政府的职能，可以接受澳门居民的申诉并相应作出处理，议员可依照《基本法》规定和法定程序提出议案，依照法定程序对政府的工作提出质询。这些职能赋予了立法会制约政府的权力。

而澳门随着特区政府暴露的问题越来越多，人们对政府的信任已经越来越少。如果立法会不能有效发挥监督政府的作用，则澳门政府就可能变成一个被父母宠惯了的孩子，犯了错误，只被父母轻描淡写地解释为年轻、不懂事。结果是这个孩子知道父母绝对不会惩罚他的任何行为，因而更加任性地为所欲为。[①]可见，不管是民众还是学者，都对立法会的监督职能寄予了厚望。

其次，立法会议员的选举功能赋予了立法会更强的民意代表性。一方面，立法会内的直接选举议员是由澳门居民亲自选举出来的，比起特首委任议员和间接选举议员来说，他们的合法性更强，更有意愿充分代表选民的利益，表达民意。而且直接选举议员更是澳门唯一由选民直接投票的选举舞台，所以更容易受到澳门民众的认可。经过数次立法会选举，澳门也已经培养出了一批勇于参政的华人社会精英。在 2001 年和 2005 年的立法会选举中，参与投票的人数不断上升，2005 年的选民登记人数比 2001 年增加了 6 万多人，达到 22.06 万人，显示出澳门普通居民参政议政的意识不断提高。[②]澳门人尤其是年青一代，接受了西方民主价值观，认为在选举中投票是公民应尽的义务。所以立法会被澳门居民接受、认可程度最高，是可以解释的。

另一方面，从香港大学民意研究计划的调查结果来看，澳门居民认可“澳门立法会能否代表居民意见”的比例也大幅升高，从 2003 年的 35.5% 升高到 2005 年的 50.4%，“不知 / 难讲”的比例也从 33.0% 下降到 13.3%，可见，更多的民众开始具有自己的判断力，对立法会代表民意的认识更清晰化。2007 年回归日游行也加入了“争民主”诉求，此次民主回归大游行也被称为“历来首次在回归日发起的民主游行”，主办单位高喊“一人

---

① 李莉娜：《基本法研究的理论和实践：如何突破现有的思考模式》，见余振、邝锦钧、余永逸编《双城记Ⅲ——港澳政治、经济及社会发展的回顾与前瞻》，澳门社会科学学会 2009 年版，第 14 页。

② 娄胜华、潘冠瑾、林媛：《新秩序：澳门社会治理研究》，社会科学文献出版社 2009 年版，第 83 页。

一票选特首”、“反对小圈子选举”、“落实双普选”等口号[①]，这些也从侧面反映出民众对特区立法会的支持态度。澳门特区可持续发展策略研究中心在 2005 年调查澳门选民参加立法会直接投票的理由时发现，居民最重要的理由是“尽公民责任、义务、权利”（63.3%），其次是“支持某些候选人”（26.0%），而后者的比例从 2001 年的 12.7% 又大幅上升，这也反映了民众对选举可以改变政治、政策的期待。

二　澳门居民对特区政府的政治信任

从上文调查结果可知，澳门居民对特区政府的政治信任程度较高，有 20.36% 的被访者是“较信任”政府组织的，有 48.25% 是持“一般信任”的，有 25.81% 是持“不太信任”和“完全不信任”的，另有 5.58% 是“不清楚”。可见，澳门居民对特区政府的政治态度算是较为认可的，但持“不信任”的被访者比例也在上升。解读澳门居民对特区政府的政治信任，首要的是了解居民对政府角色的期待。

澳门居民是这样理解政府的角色的（见表 3–4）。在 2006 年，澳门居民最为认可的政府角色是一个“听取民意、照顾市民利益”的政府（58.4%），其次是“廉洁公正的政府”（32.1%）、“人民有言论自由”（27.8%）和“政府由人民选出来”（26.7%）；在 2008 年，澳门居民最认可“肯咨询民意的政府”（30.2%），其次是“政府由人民选出来”（25.9%）、“能够带领市民的政府”（21.3%）。余振也发现，虽然生活在两个完全不同的政治社会制度下，大陆、香港和澳门地区的华人同样强调一个民主政府应该“广泛听取民意”。传统的中国政治文化认为一个好政府应该是一个“听取民意、照顾人民利益”的政府。如果政府官员廉洁公正，处处为人民着想，就是一个好政府，受到人民的拥护和支持。所以，他发现，澳门人的政治文化是将“民主政府”等同于“好政府”。也即，华人政治文化强调民主的最终目的——成为一个“好政府”——而忽略了产生民主的手段或过程。[②]

① 《千五人参与民主回归游行》，《澳门日报》，2007 年 12 月 21 日。

② 余振、刘伯龙、吴德荣：《澳门华人政治文化》，澳门基金会 1993 年版，第 38 页。

表 3-4　　澳门居民对民主政府的理解　　单位：%

	1991 年	1999 年	2001 年	2006 年		2008 年
听取民意，照顾市民利益	30.0	26.0	37.8	58.4	肯咨询民意的政府	30.2
政府由人民选出来	9.6	32.3	9.1	26.7	由人民选出的政府	25.9
不知道 / 无意见	39.7	34.5	21.0	16.8	不知道	10.5
人民有言论自由	21.2	22.9	11.9	27.8		
廉洁公正的政府	8.1	10.9	10.6	32.1		
按法律办事的政府	4.8	3.4	1.1	10.4		
行政效率高的政府	4.8	0.9	0.2	15.8		
按三权分立原则组成的政府	3.0	1.7	0.9	9.7		
决策透明度高的政府	—	10.0	8.9			
一个负责任的政府		2.9	0.6			
一个尊重人权的政府		2.0	0.6			
一个为人民服务的政府			11.2		像父亲一样对待人民的政府	10.0
一个接受人民批评的政府			4.1		人民要什么给什么的政府	2.1
其他	13.3	18.0	9.8	8.1	能够带领市民的政府	21.3

资料来源：1991 年、1999 年、2006 年的材料来自余振、吕国民《大众政治文化》，见黄绍伦等编《澳门社会实录——从指标研究看生活素质》，香港中文大学香港亚太研究所；2001 年数据来源于余振《回归后澳门的大众政治文化》，载《澳门 2002》，澳门基金会 2002 年版；2008 年数据来源于《澳门居民综合生活素质第四期研究：社会与公共事务参与》，载澳门可持续发展策略研究中心网站，http://www.ceeds.gov.mo。由于可多选，因此每次调查百分比合计不为 100%。

而就具体政府角色的认知方面（见表 3-5），余振对 1991 年和 2006 年的数据做了对比，当被访者被问及是否同意“政府是不是民主不要紧，只要能够改善市民生活素质就是好政府”，1991 年有 66.1% 的被访者同意或很同意这种观点，到 2006 年有 59.3% 表示相同意见，而不同意或很不同意的百分比则从 1991 年的 22.9% 上升到 36.6%。当被问及是否同意“政府所做的事都是为我们好，所以我们应该服从政府”，1991 年有 55.8% 的被访者表示同意或很同意，到 2006 年有 50.4% 表示相同意见，而不同意或很不同意的百分比则从 27.5% 上升到 41%。可见，澳门居民对政府角色的认知也趋于成熟。但总体来讲，余振认为，这种调查结果一方面显示出澳门人重现实和倾向于用物质标准来衡量一个政府的表现；另一方面反映出澳门华人虽然经葡萄牙人长期管治，但他们对政府的期望仍然深受传统的中国文化价值观影响，如期望政府扮演“父母官”的角色，照顾老百姓的生活。[1]

表 3-5　澳门居民对政府角色的认知　单位：%

	很同意	同意	无意见 / 中立	不同意	很不同意	样本量
政府是不是民主不要紧，只要能够改善市民生活素质就是好政府						
1991 年	5.7	60.4	11.0	22.1	0.8	(661)
2006 年	6.6	52.7	4.0	33.7	2.9	(546)
政府所做的事都是为我们好，所以我们应该服从政府						
1991 年	2.6	53.2	16.8	26.6	0.9	(662)
2006 年	2.0	48.4	8.6	37.9	3.1	(546)

资料来源：余振：《对“澳人治澳”的几点思考》，见余振、邝锦钧、余永逸编《双城记Ⅲ——港澳政治、经济及社会发展的回顾与前瞻》，澳门社会科学学会 2009 年版。

那么，澳门特区回归后，特区政府在治理方面做出了哪些绩效呢？又存在什么问题呢？

澳门回归后，澳门经济取得了巨大的成就（见表 3-6）。澳门于 1999 年 12 月 20 日回归祖国。在回归前几年，澳门经济持续下滑，连续多年负增长，1996 年至 1999 年本地生产总值连续四年负增长；失业率高企，1999 年失业率高达 6.4%；居民收入下降，1999 年就业人口月工作收入比 1996 年还低。整体经济低迷，营商环境恶化，治安不靖，投资者却步。澳门回归后，大约经过两年的发展，到 2001 年本地生产总值基本恢复到回归前的最高年份，即 1995 年的水平。2000—2005 年澳门本地生产总值年均增长率约为 10%，其中 2004 年更高达 28.3%。经济连续七年保持正增长。回归以来公共财政年年保持盈余，2000—2005 年 5 年间财政盈余合计约 180 多亿澳门元，而 1999 年前澳葡政府留给特别行政区政府的历年财政盈余只有 20 多亿澳门元，2005 年政府财政收入达 282 亿澳门元，比 1999 年约翻了一番。[2]

① 余振、刘伯龙、吴德荣：《澳门华人政治文化》，澳门基金会 1993 年版，第 39 页。

② 张作文：《在迎接挑战中迈向更加辉煌的未来——澳门回归以来经济发展回顾与未来展望》，《中国金融》2006 年第 20 期。

表 3-6　　　　　　　　　　1997—2009 年澳门经济基本情况

	就业		以基本价格按生产法计算的本地生产总值	本地居民总收入，以当年价格计算	
	就业不足率(%)	每月工作收入中位数	总数	人均本地居民总收入	本地居民总收入
		总体			总数
年份	%	澳门元	百万澳门元	澳门元	百万澳门元
1997	0.8	5221.0	47372.3	—	—
1998	1.5	5050.0	42369.6	—	—
1999	1.3	4920.0	40549.7	—	—
2000	3.0	4822.0	41649.2	—	—
2001	3.6	4658.0	40900.5	—	—
2002	3.4	4672.0	44127.6	124800	54705.8
2003	2.7	4801.0	48383.0	137508	61200.0
2004	1.9	5167.0	58291.1	166252	75962.9
2005	1.4	5773.0	69546.5	180868	86120.2
2006	1.0	6701.0	84376.5	204034	101881.2
2007	1.0	7800.0	106083.3	269350	141613.4
2008	1.6	8000.0	114577.6	262645	144179.4
2009	1.9*	8500.0*	113678.5	276028	150236.9

资料来源：澳门统计暨调查局，数据来自其网站：http://www.dsec.gov.mo/Statistic.aspx?lang=zh—CN。

注：* 为配合劳动关系法对订立劳动合同者的最低年龄调升为 16 岁的修订，统计暨普查局将界定劳动人口的年龄下限由 14 岁调升至 16 岁。自 2008 年 11 月至 2009 年 1 月的数据是按照新的年龄下限计算。

"—"表示没有数字。

澳门回归后，就业状况逐步改善。临近回归，前澳葡政府展开了一系列公共工程，回归时，这些政府公共投资工程陆续完成，建筑业失业人员一时大量增加，加上当时澳门经济尚处复苏初期，致使失业率一度大幅上升。2000 年失业率曾高达 6.8%，特别是建筑工人失业问题较为严重，并引发了规模较大的工人游行示威活动。但随着经济逐步复苏和好转，加上政府推行促进就业的措施，失业率逐步下降。2008 年失业率下降到 3%，与此同时，居民收入也有所提升，如 2009 年就业人口月均收入为 8500 澳门元，比 1999 年增长约 3500 澳门元。

从回归前的连续五年负增长，到回归后的连年跨越式增长，澳门的本地生产总值令人瞩目，与此同时，澳门的失业率 10 年间大幅下降，令澳门居民真正享受到了经济增长带来的实惠。

2009 年 6 月澳门理工学院一国两制研究中心进行了“澳门特区十年发展进步大型民意调查”，调查结果显示，澳门居民对行政法务、经济财务、保安事务、社会文化四大领域评价均较高，只有对工务运输领域评价偏低，同时居民对特区政府在经济财政方面的评价最为正面，56.96% 的居民感到“非常满意”和“满意”，而选择“不满意”和“非常不满意”的居民加起来只有 9.46%，前者远高于后者，在五个施政范畴比例最高。调查机构指出，这是因为“回归 10 年来澳门经济的快速发展有目共睹，综合实力的增加使政府有能力年复一年推出一些帮助民生的措施，因而获得市民的较高认同”。

在保安事务方面，回归以来社会治安的根本性好转，警方在维持安置、减少罪行方面多有建树，也给居民留下良好印象。在社会文化方面，特区政府也有突出成就，包括申办世界文化遗产、举办东亚运动会、援建四川地震灾区等，都大大提升了澳门的国际知名度，使澳门得以整合更多文化和国际交流的资源，另外，推行 15 年免费教育、成功抗击非典都是非常重要的创举。而工务运输方面虽然居民的相对评价最低，但是也有约 70% 的被访者表示“一般”、“满意”和“非常满意”。总体而言，澳门居民对澳门社会的现状中最满意繁荣程度，并认为“一国两制”在澳门的实践是非常成功的（81.84%）。

同时，澳门特区政府公共行政改革的思路围绕着“循序渐进”、“按部就班”、“分清轻重缓急”等原则在实施。特区政府成立初期，为落实该思路而采取的改革措施对保证政权的平稳过渡和新政权威信在短期内的迅速建立起到了积极作用。但随着特区政府逐渐成长和成熟，经济和社会环境的急剧变化也令普通市民对特区政府的期望不断提高。一方面，特区政府以服务型政府为目标，希望为市民提供尽可能多的公共产品，导致了职能不断扩大和界定不清的趋势；另一方面，市民也逐渐养成了“有问题、找政府”、“闹一闹、有糖派”的心理趋向。[①]

余振等学者这样评价澳门人的政治信任：他们的信任主要是基于物质生活，即他们倾向于将澳门政府的表现等同于澳门的经济表现，同时从以上对政府角色的期待和理解来看，澳门居民对特区政府中规中矩的评价是符合他们对澳门经济表现的评价的，七成左右的澳门居民对政府较为信任，只有二成半左右的居民持一定的否定态度。

三　澳门居民对特区政务官员的政治信任

从不太信任的指标来看，政务官员也是澳门居民在四类中最不被信任的（29.78%），但也有 21.85% 的被访者持肯定态度（比较信任和非常信任），42.65% 的被访者持一般态度。政务官员这里是指澳门特区政府的行政长官、司长、局长等。

首先，要看到的是，澳门实行的是行政主导下的政治体制，由此，在立法会与行政长官之间的权力关系中，行政长官居于主导地位。回归以来，澳门的政府官员刚开始是非常得民心的。从特首何厚铧的评分来看，可以看出，在 2004 年澳门经济猛增的同时，澳门居民对特首的评分和支持率也是最高的；反之，到 2006 年“欧文龙案”发生后，2007 年录得的评分和支持率都创历史新低（见表 3–7）。

表 3–7　　1999—2008 年澳门居民对特首何厚铧的评分和支持率

年份	1999	2000	2001	2003	2004	2005	2006	2007	2008
评分（1）	72.7	70.9	73.7	77.3	81.61	78.8	69.3	59.8	63.3
支持率（2）	—	—	—	79.6%	87.5%	77.1%	66.1%	43.6%	47.8%

资料来源：香港大学民意网站，澳门研究专页，http://hkupop.hku.hk/。

（1）请你用 0 至 100 分评价特首何厚铧表现，0 分代表绝对唔值得支持、100 分代表绝对支持、50 分一半半、你会俾何厚铧几多分呢？

（2）假设明天选举特首，而你又有权投票，你会唔会选何厚铧做

① 娄胜华、潘冠瑾、林媛：《新秩序：澳门社会治理研究》，社会科学文献出版社 2009 年版，第 12 页。

特首？

2006年的“欧文龙案”，对澳门居民的政治信任造成了很大伤害。根据香港大学民意网站调查，自从“欧文龙案”被揭发后，行政长官何厚铧的民意支持度和支持率有非常明显的跌幅。比起2004年高峰期，何厚铧的评分在2007年累计跌了21.81分，支持率下跌了43.9个百分点，而澳门市民对特区政府的满意程度，亦下跌了43个百分点。可见贪污问题对政府的认受性和社会的稳定造成了严重的破坏。政府官员由此也成为居民较为怀疑的政治对象之一。

现代社会生活中某人对他人的信任也许更多的是基于制度的信任而非人格的信任。作为制度化的信任，当主要的政府官员能够成功地得到社会成员的信赖，那么，他所在的组织就能在相对稳定的结构中，在一整套目标和价值观的指导下形成有序的运作模式，进而能被更广泛的社区成员所接受。但是，当少数政府官员利用制度为自身谋利，那么，这样的行政组织就会在整体上陷入缺乏公众信任的境地。[①]澳门的了空在2007年11月17日《讯报》的“聚焦镜”专栏评论指出，因为“欧文龙案”正在终审法院进行审讯，“当中叫人看到了官场现形记，很愤怒亦很无奈叹息，如此官吏质素如此品德，又如何让市民对公务员队伍尤其是官员体系有信心呢”？

2009年崔世安上台，澳门居民的评分也仅为60.11分，表示支持他做特首的比例也仅为46.2%。同年底澳门理工学院一国两制研究中心在“澳门特别行政区第二个10年发展路向选择大型民意调查报告”中对崔世安的信心指数也仅有平均值5.78分（0—10分表示对崔世安的信心程度），显示其任重道远，还需要带领施政团队进一步提升施政能力与理念。

总体而言，澳门居民对特首的支持率在下跌态势中，不过还保持在中性态度以上，和澳门居民现阶段对澳门政务官员的态度相符。一方面，澳门居民对澳门的政务官员“非常信任的黄金时期”已经过去了，但保留在

① 邱建新：《信任文化的断裂——对崇川镇民间“标会”的研究》，社会科学文献出版社2005年版，第338页。

“一般信任”态度的居民仍占半数以上，持较为否定态度的澳门居民也不到二成半。澳门居民对政治体制和政府官员的认知更为清晰，同时也有着“健康的不信任”态度。澳门的政务官员更需谨慎，并争取做出更大的成绩才能得到更高的民心。

四　澳门居民对特区政府一般公务员的政治信任

调查结果显示，澳门居民对特区一般公务员的态度也比较中性，52.61%的被访者选择“一般信任”，17.1%的被访者选择“比较信任”和“非常信任”，22.84%的居民选择“比较不信任”和“完全不信任”，更有7.44%的居民选择“不清楚”。总体而言，还是有近七成左右的被访者对一般公务员持认可态度。

澳门回归以来，澳门特区政府以服务型政府为目标，不断进行行政方面的改革，有学者将澳门行政改革的方针归纳为6个重要类别：（1）打击贪污腐败；（2）提升内部公平；（3）改善绩效管理；（4）行政程序优化；（5）改善与民众间的互动关系；（6）其他改革。[①]这些行政改革都在客观上提升了澳门特区一般公务员的服务态度、效率、素质。

具体在转变服务态度、提升公共服务效率方面，澳门特区政府采取的主要举措有：（1）推行“服务承诺”计划和“一站式”服务。特区政府2001年提出“广泛推行‘服务承诺’计划、引入私人企业管理模式”；2002年提出“尽量以‘一站式’逻辑，为市民提供公共服务”；2003年进一步提出筹建功能高度集中的一站式民政综合服务中心，全面推广服务承诺，并要求加强管理层和市民的直接沟通，实地了解情况及听取市民意见；2004年起，政府针对市民投诉事项的特殊性和复杂性，组成跨部门、跨范畴的专责小组进行处理，对市民的意见及投诉加快处理和响应。（2）发展分区小区服务。在民政总署综合服务中心“一站式”服务及公众服务暨咨询中心服务的基础上，设立了市民服务中心，同时

---

① 林明基：《港澳公共行政改革比较研究》，见余振、卩锦钧、余永逸编《双城记Ⅲ——港澳政治、经济及社会发展的回顾与前瞻》，澳门社会科学学会2009年版，第109—125页。

建立并推进分区服务，如社工局和卫生局等建立了相应的分区服务网络。（3）通过行政服务协议整合不同管辖范畴的政府服务，把政府各部门本身职权范围内所提供的服务，以协议方式授权其他部门或机构负责，减少了政出多门、各自为政的现象，使政府服务更加贴近社会与民众的需要。[①]

在重塑政府工作流程、规范行政运作制度方面，特区政府相关职能部门也采取了诸多行动。例如，完善内部管理机制，积极推行质量管理体系认证工作。全澳 2000 年共获得 ISO 9001 证书 6 张；2002 年获得 10 张；2003 年获得 18 张；2004 年获得 80 张。同时，澳门特区政府还积极推行执法服务责任制、过错责任追究制、执法服务考评等制度，对市民的意见及投诉，迅速做出处理和响应。

在改革公职制度、推进公职人员的科学化管理方面，澳门特区政府实施了公务员本地化工作，加大公务员培训力度，提升了公务员的整体素质。1989 年生效的澳门公务员工作评核制度比较简单；2004 年实行的《评核咨询委员会的设立、组成和运作规则》，2005 年实施新的《公共行政工作人员的工作表现评核一般制度》，其评核标准结合了“以个人特质为考核途径”和“以工作成果及绩效为考核途径”的两大类标准[②]；2007 年实行的《公务人员工作表现的奖赏制度》，2009 年修订的《领导及主管人员通则的基本规定》使澳门公职制度管理进一步规范化和科学化。

在推进依法行政、加强廉政建设方面，澳门回归后，针对澳葡政府时期普遍存在的大有大贪、小有小贪的状况，特区政府构建了反腐束贪的基本制度。比如，成立廉政公署和审计署，为各部门制定了廉政工作指引，并依据《基本法》加强了廉政公署的权力，完善了架构；制定修改《公务员财产申报制度》，并推动几部重要法规的制定工作；修订法律紧密配合一些具体问题的解决，加强对公务采购的季度性审查，加强对违纪公务员的处理，对工程批给、监管、采购招标提供分析报告等。

以上各种举措都大幅提升了澳门居民对一般公务员的评价态度。相比

① 陈瑞莲、林瑞光：《澳门回归十年公共行政的改革与展望》，《中山大学学报》2009 年第 5 期。

② 李略：《澳门公务员工作表现评核制度简析》，见余振、邝锦钧、余永逸编《双城记Ⅲ——港澳政治、经济及社会发展的回顾与前瞻》，澳门社会科学学会 2009 年版，第 229—239 页。

澳葡政府治理时期，至少在一些公共服务方面，澳门居民对一般公务员还是持有较为良好的印象。“据权威数据，截至 2009 年 10 月，特区政府已有 13 个部门提供共 33 项‘一站式’服务，大大便利居民生活。十年来，特区政府共颁布 460 项法规，有关经济、民生的法规共 235 项。对于居民来说，到政府部门办理各种手续受到的待遇，较回归前大有改善。”①

谈到公务员队伍的十年发展，澳门海关口岸监察厅代厅长周泽深用两个词语来概括最大变化：一是回归前的“官僚主义”，二是回归以后的“以民为本”。周泽深说，澳葡政府时期，葡萄牙上司的文化生活习惯和思维与下级存在差异，整个政府作风官僚。当时，与内地连接的关闸口岸相当落后，处理旅客效率低下，他们建议改建，但经常遇到障碍。回归后特区政府成立后逐步推行的“以民为本”理念。以通关服务为例，澳门回归后，周泽深负责的口岸增加了跨境工业区、莲花口岸和凼仔临时客运码头，为澳门与外界的经贸和人员交流提供了更便利条件；与此同时，与内地联系最为紧密的关闸口岸十年间从新建大楼到扩建通道，再到实施自助通关等措施，处处体现服务民众的理念。②

与这些表扬同时存在的事实是，澳门特区政府自成立以来，政府部门不断增加，架构复杂，职能重叠，其需要性一直备受质疑。由 2006 年开始，每年的公务员增长比率超过 3%，近两年有更大幅增长。按比例，澳门平均每 25 位居民就有一名公务员，远超过许多国家和地区，同为特区的香港也只是 1 ： 45，差距十分明显。有澳门立法会议员认为，行政效率、施政成效差，核心问题在于结构问题。虽然特区政府计划通过中央招聘任用人才，但这个制度只能解决基层公务员的任用问题，却改变不了高级公务员的问题。现在特区政府高层官员出现大量兼任职位，形成主次不分；而且部门众多，职能重叠，但又各施各法，没有统一概念，严重影响执法效力和效率。③

---

① 徐超、何自力：《从官僚到公仆：澳门公务员话说十年本地化》，见新华网，http://news.xinhuanet.com/gangao/2009-12/15/content_12649012.htm，2009 年 12 月 15 日。

② 同上。

③ 《澳门每 25 名居民就有 1 名公务员 比例超过香港》，见中国新闻网，www.chinanews.com/ga/ga-sszqf/news/2010/03-19/2179346.shtml，2010 年 3 月 19 日。

基于以上澳门特区公务员的表现和评价，澳门公众对特区公务员的中性态度是可以理解的，也是符合现实发展和民众的心理预期的。

第四节　解读澳门居民政治信任间接测量的结果

政治信任的间接测量中，澳门居民对一些政府和政府官员的具体评价态度都比较差，尤其反映在利益集团问题和赋税问题上。前面对政府人员能力、政府能力、政府官员诚信等问题做了一定的阐释，因此本节着重对利益集团问题和赋税问题进行一定的解读。

一　对利益集团问题的解读

就澳门特区政府主要代表谁的利益的问题，46.09% 的被访者认为澳门特区政府主要代表的是少数集团的利益。由此，利益集团问题成为澳门政治中不可忽视的一环。

澳门回归前，一个外来给定的政治制度长期以来由一批外来且流动性很大的官僚控制操作，难以有效地制定和执行适应符合现实状况的政策。大多数本地居民也一直对政治制度漠不关心，从而导致官民的疏离，社会经济的自主性远大于政府政治的自主性，政府不可避免地受到既得利益集团的过多影响或不合作，政府的统治权威也难以真正树立。[①] 由于历史形成的原因，澳门本地的政治事务主要受几大家族的影响，确立以几大家族[②]为中心的利益集团的平衡一直是确保澳门政治稳定的重要因素。

为此，从有利于团结澳门各方面力量的角度出发，中央当时对于澳门本地的家族政治问题采取尊重的态度。即当初的选择，乃是特殊时势所致。回归前夕，澳门矛盾重重，非得出身世家大族之人，方可为各方所接受，也才可以震慑各方。何厚铧作为澳门赌王何贤的儿子，是比较理想的

① 吴志良：《澳门政治制度史》，广东人民出版社 2010 年版，第 276 页。

② 马万祺、崔德祺、何贤三大政治家族。

人选。事实上，无论是后来的打黑，还是开放赌牌，削弱赌王何鸿燊的势力，何厚铧的家族背景，对其帮助巨大，若换了别人，不一定搞得定。[①]即澳门在回归后，根据“一国两制”的原则，在不影响澳门稳定繁荣的前提下，对于澳门不同派别的政治势力采取“充分尊重的基础上加以引导”的政策。从澳门回归以来的实际效果看，这一做法还是成功的。

但是，随着澳门社会的不断发展，澳门本地必然会逐渐产生市民的需求，中产阶层和专业界人士对与长期影响本地政治运作和利益分配的家族政治传统会逐渐产生不同反应，而几大家族之间的动态平衡也会因为某些因素的影响而产生一定的波动。[②]博彩业多元化也可能引发与博彩相关利益集团之间的全面对抗。2005年澳门特区第三届立法会选举就表现出了一些先兆，在一些利益集团动员下，2005年选民登记空前活跃，自然人选民比2001年立法会选举增加了38.05%，已登记法人选民较2001年增加44.8%。[③]相关利益集团也开始对澳门法律、行政法规尤其是与博彩业有关的法律、行政法规的修改施加有利于其利益的影响。[④]

那么，澳门居民是如何看待这些少数利益集团和三大家族呢？澳门回归后，当初的黑社会势力基本上被肃清，而随着澳门赌业的开放，澳门经济被赌王一人把持的局面已经一去不复返。拥有大家族商业背景的崔世安参选特首，使民众对于家族利益是否会凌驾澳门利益之上产生怀疑。崔世安属于澳门特定群体的利益代言人，这对于缓解澳门日益严重的腐败问题并无实质性帮助。为此，澳门立法议员吴国昌、高天赐和区锦新等人，当初皆公开反对与商界和社团利益纠缠不清的崔世安参选特首。即在澳门回归十年以后，新特首是否拥有世家背景已不重要，澳门社会需要的是，能够带领澳门实现经济和社会转型的新型领导人。尤其是对于澳门这种小经济体，政治和商业势力垄断在少数几个家族身上，亦容易引起社会结构的

---

① 罗天昊：《世家政治：大家族压弯小澳门？》，见 http://luotianhao99.blog.163.com/blog/static/111765349201002961530376/，2010年12月3日查询。

② 黄平：《挑战博彩：澳门博彩业开放及其影响》，社会科学文献出版社2008年版，第3—4页。

③ 同上书，第106页。

④ 同上书，第107页。

失衡。虽然澳门人均收入已经超过日本，居亚洲首位，但是贫富差距巨大，从某种意义上说，正是因为豪族势力过于强大。

显然，澳门居民对于澳门存在少数利益集团的事实有一定的认知，调查结果也证实了这点。但从政治信任的直接测量来看，澳门居民显然对政府官员、政府组织的信任度是较高的。这又该如何理解呢？

事实上，相较于其他国家和地区，只有46.09%的澳门居民认为政府是代表少数集团的利益，这个比例一点也不高。在世界价值观调查数据中，1997—2001年，在涉及的所有国家中，超过53%的被调查民众认为"他们的国家由一小撮只顾自己的大利益集团所掌管"，其中美国为63.2%，芬兰为72.5%。而其他在全世界范围内进行的调查也发现了同样的政治不满意趋势。1999年"盖洛普国际千年调查"(Gallup International Millenium Survey) 发现，在60个国家5.7万名受访者当中，有62.1%的人相信他们的国家不是由民众的意愿所支配。2002年盖洛普举行了一个同样的调查，访问了六大洲47个国家的3.6万人，据说代表了14亿公民的观点。结果显示，有超过2/3的公民相信他们的国家不是由民众的意愿所支配，并且北美有52%的公民、欧盟有61%的公民持这种观点。调查还发现，全世界有51%的民众很少相信或者完全不信议会有能力按照社会的最大利益行事。①可见，从比较世界民众的政治满意度来看，澳门居民对利益集团的这种看法可以说并不奇怪，甚至可以说这个比例比其他国家的民众，已经是较低的比例了，从现实的政商关系来看，澳门民众、社会似乎也对这种利益集团的政治较为接受。

澳门学者黄湛利就认为，澳门的政商关系可以从主张金钱力量的社团主义取向来看，即认为因个别社会团体的全面的、高度集中的代表性及对经济的重要性，往往被政府承认及授权，参与政府机构在公共政策产出上的政治互动，在政策制定及执行扮演正式的角色。政府对团体利益具有偏向性，代表社会特定界别的个别社团被确保享有与政府接触的机会，从而取得优势。他认为，从经济范畴上看，立法会议员的政治取向可以分为四个

---

① ［美］曼纽尔·卡斯特：《认同的力量》，社会科学文献出版社2006年版，第400页。

派别：亲商派、独立派（专业利益组成的代表）、建制派（来自澳门传统社团的代表）和民主派（或称为远商派）。亲商派和独立派议员在立法会议席占大多数，亲商派可轻易否决或通过所有任何法案或议案，立法会关于《工会法》法案的审议就是很好的例子，至2008年年底，已被二次否决，不获通过。另外，从澳门行政长官选举委员会制度来看，所选出的行政长官肯定是亲商派或具有亲商立场人士，因而在最高咨询层次，即委任的行政会上来说，澳门亲商派人士占行政会的有5人，是总数9位非官守成员的56%；在中层咨询层次，澳门咨询机构（2008年年底为33个），亦以商界背景成员为主。而且，澳门商界也不是孤军作战，在很多重要、根本议题上，独立派以及建制派都会站到商界一边。由此，黄湛利也得出结论，认为澳门没有严重的、结构性或集团式的官商勾结、利益输送现象存在，也没有任何的商人、财团享有政治特权。“欧文龙案”纯属个别事件。因此，澳门的商界优势是整体性、功能性、界别性及行业性的，即金钱力量的社团主义取向，而不是个人性由财团控制的。澳门政府与商界在回归后保持着和谐、协作及伙伴型的关系。①

从澳门回归以来进行的两次立法会直选显示，澳门选民并不介意候选人有商界背景，也不以商人政纲为“票房毒药”，所以多数议席都落入了有商界背景人士手中。而在澳门的政治制度设计中，建制内的各种咨询性组织，也吸纳了部分社会精英，而这些精英在不同程度上代表了各个阶层或集团的利益。②

二　对政府浪费赋税情况的解读

由此利益集团问题也可以解释澳门居民对政府赋税浪费情况的回答。32.73%的被访者认为澳门特区政府浪费赋税很多，46.98%的被访者认为浪费一些。

澳门学者吴志良也认识到，澳门由于长期主权、治权分立，政治变迁

① 黄湛利：《商界优势还是商人优势：港澳政商关系比较》，见余振、邝锦钧、余永逸编《双城记Ⅲ——港澳政治、经济及社会发展的回顾与前瞻》，澳门社会科学学会2009年版，第333—355页。

② 吴志良：《澳门政治制度史》，广东人民出版社2010年版，第273页。

的动力基本上来自上层和外部，政府的权力并非由民间社会让渡出来，原来的带着殖民色彩的政治体制与社会势力之间的界限是较为明显的。而在回归后，澳门的民间社会未能跟随现代民主政治的步伐公开均衡地发展，没有形成可自我调节和平衡的多元的政治力量，“不同社会势力在资源的控制和使用上存在较为严重的不平等，社会势力的代表大多通过政府中的精英来左右决策，其过程缺乏公开性、竞争性和程序性，以致某些社会势力集团并不完全或不严格依照制度化的规则通过政治机构来行使权力，其影响力有时甚至超出政治机构。因此，政治机构的权威性和自主性明显不足”。①

在亲商派占优的立法会，以及拥有家族背景和商界背景的行政长官治理下，澳门的一些社会势力集团具有较大的影响力。而“欧文龙案”的发生，令澳门民众更为疑虑，部门主管一人，有什么能耐双手遮天，大权独揽地上下其手？议员区锦新认为，“欧文龙案”仅是冰山一角，更大的利益集团还隐藏在冰山之下。②2006 年 12 月 20 日举行的“回归游行”，后期也更多是针对“欧文龙案”的反对官商勾结、利益输送的政治要求。可见，市民的不满，已有一定的社会基础。③

而利益集团的存在必然会为其谋利。刘兆佳指出：“一个自主的但却不能合并权力的政体通常是一个软弱无能的政体。相反来说，在没有自主的政体的情况下来合并权力，表示由狭隘利益集团支配政治……政府便沦为了处于支配地位的社会经济利益集团手上的工具了。”④山口定也指出，政治制度过度依赖利益集团所带来的问题，“很容易使社会上的不平等固定化，缩小社会的革新能力，阻碍积极解决问题之战略的形成，使有关人员‘脱政治’化，使决策过程缺乏透明度，并且会促进不关心政治的倾向滋长”。⑤

至少，在澳门财政支出的审计方面，立法会的公共财政监察职能有待

---

① 吴志良：《澳门政治制度史》，广东人民出版社 2010 年版，第 294 页。

② 《华侨报》，2006 年 12 月 14 日。

③ 黄湛利：《港澳政府咨询委员会制度》，广东人民出版社 2009 年版。

④ 刘兆佳：《香港的政制改革与政治发展》，广角镜出版社 1988 年版，第 118—119 页。

⑤ ［日］山口定：《政治学理论——政治体制》，林翰译，台北风云论坛出版社 1994 年版，第 262—263 页。

完善。据议员吴国昌指出，澳门特别行政区立法会，“除了每年通过政府财政预算外，无论是全体大会还是所有委员会，都无须为审察政府财政开支的工作举行任何会议和做出任何决定。原因是至今澳门特别行政区还未制定适应《基本法》要求，由立法会审查政府财政开支的制度”。[①]而且，因为立法会不能常规性地监察政府各项公共行政人员开支和公共工程开支，结果导致政府架构膨胀，公共工程经常大幅度超值，衍生贪污腐化等问题。而且据《基本法》第七十五条规定，涉及公共财政收支和财政运作的法案，只准由行政长官提出，不能由议员提出。迄今为止，还没有由行政长官提出由立法会审查政府开支的法案。而由上述论证可知，这种有家族或利益集团背景的行政长官提出这种法案的可能性是甚微的。

同理可知，作为第四权力的澳门媒体，在行使其监督政府职能方面，显然也存在着较大的改善空间。谭志强认为，从政治因素来看，澳门一直不敢充分使用本身享有的基本权利“言论及新闻自由”，往往有非常严重的“自我审查”障碍。从经济因素来看，澳门新闻媒体的经济来源较为单一，广告主要来自澳门特区政府、六间大型博彩公司、大型中资企业，所以新闻媒体一般不会主动得罪这些大客户，由此，对澳门特区高官的行为也少有批评；从社会因素来看，澳门市民比较传统保守，城市人口不多，面积不大，人际关系非常密切，精英阶层之间不是亲戚，就是同学或朋友，记者编辑在处理某些新闻时，人情面子往往要首先照顾，因此也被视为过分自律，追求和谐。媒体对政府的不主动批评也导致澳门的政治透明度不足，澳门市民对财政赋税的情况不了解。

从而，澳门居民在评价政府赋税情况时，也会相应从利益集团观点出发，逻辑推导出政府赋税浪费严重的观点。

① 吴国昌：《回归后港澳特区政府行政与立法会的关系》，见余振、邝锦钧、余永逸编《双城记Ⅲ——港澳政治、经济及社会发展的回顾与前瞻》，澳门社会科学学会 2009 年版，第 28 页。

第四章　澳门居民政治信任的影响因素

第一节 社会资本与政治信任

一 社会资本和政治信任的理论探讨与研究假设

社会资本的概念最初由布迪厄提出，并将之引入社会科学研究领域，成为与经济资本、文化资本相并立的第三种资本形态。布迪厄将社会资本定义为社会网络成员或群体拥有的实际和潜在资源的累积，是由一个特定群体成员共享的集体财产为群体的每一个成员提供共有资源的支持。[①]社会资本最初是作为社会关系的一个副产品而得来的，并被认为是一种在道德上中性的资源。[②]社会关系可以缩减获得信息所必要的时间和资源，有助于创建互惠网络，还能代表社会义务和提供一定的保障。社会资本是通过人口中发生的互相依赖和社会互动的模式产生出来的。在帕特南对意大利的社团生活和治理研究中，他将社会资本定义为“社会组织的特征，例如信任、规范和网络，即它们通过促进协调行动，能提高社会的效率”。[③]帕特南在其研究中则进一步夸大了社会资本的作用，社会资本被理解为社会层面上的一种集体资源，他认为紧密的志愿社团和公民组织会通过产生公民之间的信任和合作，实现高水平的公民参与，从而有助于维持公民社会和共同体的关系。由此，社会资本理论的特别之处在于，它是由非政治的社会互动而产生的政治结果。

---

① Bourdieu Pierre，“The Forms of Capital”，*Handbook of Theory and Research for the Sociology of Education*, 1986，pp. 241-258.

② Coleman, J.S.“Social Capital and the Creation of Human Capital”, *American Journal of Sociology*, 1988,94, pp. S95-S120.

③ ［英］罗伯特 · 帕特南：《使民主运转起来——现代意大利的公民传统》，江西人民出版社 2001 年版。

那么，如何定义社会资本呢？雷克和哈克菲德特[1]通过1992年美国全国选举项目研究中的社会网络和参与数据的使用，发现与政治相关的社会资本（即有助于政治参与的社会资本）是在人际关系中产生出来的，也即它是与公民讨论的社会互动的一个副产品，而这种不断提高的与政治相关的社会资本也提高了公民会参与政治的可能性。进一步而言，与政治相关的社会资本的产生是个人关系网络的政治专业知识、网络中政治活动的频率、网络的规模或广度的函数。甚至将人的性格和组织参与度这些因素考虑进来时，这些结果也还是一样。结合以上观点，社会资本可以由社会网络的广度和频率加上社会信任来定义。即社会资本理念主要是强调两个因素：一方面，由志愿组织等社团参与所建立的社会网络；另一方面，互惠性规范和公民之间的信任。

据此，社会资本和政治信任的关系可以分为三种：社会资本内部，社会网络与社会信任的关系；社会网络和政治信任之间的关系；社会信任和政治信任之间的关系。以下笔者将分别梳理这三种关系，并根据上文的实证假设，给出具体的研究假设。

1. 社会网络与社会信任的关系

社团组织的繁衍一直被学术界和政府视为产生社会资本的一种方式，当前中国学术界也极力推崇社团组织的创建和繁衍，并认为其所创造的社会资本将能有助于改进治理水平和政府问责。社会资本理论强调社会团体、家庭和朋友的紧密联系，以及社团、宗教活动、爱好、娱乐活动等种种集体活动的参与。所有这些团体都被认为是充当了培育公民技巧的功能，它们也被认为有助于政治生活。这些社会网络据说可以产生互惠性规则和对其他人的信任，而这种社会信任也被认为是政治激活和有效治理的另一个核心要素，并导致政治的稳定。[2]虽然社会网络和社会信任之间的这种相互关系被有的学者所赞同[3]，但是克莱布

---

① Lake, Ronald La Due Huckfeldt Robert, "Social Capital, Social Networks, and Political Participation" ,*Political Psychology, Special Issue: Psychological Approaches to Social Capital*,1998,19(3),pp.567-584.

② ［英］罗伯特·帕特南：《使民主运转起来——现代意大利的公民传统》，江西人民出版社2001年版。

③ Brehm, J. Rahn, W., "Individual Level Evidence for the Causes and Consequences of Social Capital" , *American Journal of Political Science*, 1997, 41, pp. 999-1023.

恩和马丁[①]则通过追踪研究发现只有非常有限的证据能够证实参加社团可以使人们变得更加信任其他人。但是，笔者仍然对传统的社会资本理论有一定信心，因此笔者的研究假设 1 为：社会网络与社会信任之间存在正相关关系，即参加社团可以促使人们变得更加信任他人。

2. 社会网络和政治信任之间的关系

帕特南提出的社会资本理论认为社团生活和社会信任促进了公民对政治过程的参与，但是一些研究却证明在社会资本和政治参与之间只存在微弱的联系，而且在志愿社团和政治信任之间的关系也是模糊的，并且令人困惑。首先，人们的社团活动不再为他们信任他人或政府提供有意义的依据。其次，社团生活不再是政府可以依赖用以维持其合法性或有效统治的来源。政治信任现在更加依赖于政治本身。信任的政治因此也更依赖于政治领导者有意愿并有效地履行其作为人民受托者的角色。[②]

社会网络和政治信任之间的关系在统计上经常被认定是不显著的，这也使人们对社团活动和政治信任之间的正相关关系产生了疑问。因为大多数人都是不参与志愿活动或是社团活动的，甚至那些参与了社团活动的人，也只花费了非常少的时间在上面，因此，很难想象这种社团活动会对政治信任有很大的促进作用。事实上，纽顿等学者也发现政治信任实际上和志愿活动并没有显著的相关关系。[③]他们认为帕特南的理论过于看重公民社会的政治影响，夸大了社会活动的作用以及社会资本的政治结果。金既勇[④]在检验韩国社会资本和政治信任之间的关系时也发现，参与社团活动、社会信任都与政治信任和选举活动并不相关。而且，公民对机构较差的绩效表现也削弱了这些否定关系，例如政治腐败，这显示出机构绩效是决定政治信任和政治参与的一个关键变量。

---

① Claibourn, Michele P.& Martin, Paul S.，“Trusting and Joining? An Empirical Test of the Reciprocal Nature of Social Capital”, *Political Behavior*, 2000,22(4),pp.267-291.

② Damico, Alfonso J. & Conway, M. Margaret Sandra,& Damico, Bowman,“ Patterns of Political Trust and Mistrust: Three Moments in the Lives of Democratic Citizens” , *Polity*, 2000,32(3),pp.377-400.

③ Newton Kenneth,“ Trust, Social Capital, Civil Society, and Democracy” ,*International Political Science Review*, 2001,22(2),pp.201-214.

④ Kim Ji-Young,“Bowling Together Isn't a Cure-All: The Relationship between Social Capital and Political Trust in South Korea” , *International Political Science Review*, 2005,26(2),pp.193-213.

但是，一般来说，根据参与式民主理论，社团活动的参与经常被认为是有助于政治复兴，从而使人们认为在社会资本和政治信任之间有正相关关系。因此笔者的研究假设 2 为：社会网络越充实的人，其政治信任度越高。具体来说，相比未参加社团的人，参加社团的人政治信任度更高；参加社会文化活动越频繁的人政治信任度更高；和亲戚朋友聚会的人政治信任度更高。

3. 社会信任和政治信任之间的关系

社会信任也即普遍信任，是指对大多数陌生人的信任程度。[①]阿尔蒙德和维巴首次将社会信任与政治信任联系在了一起。他们认为，在美国和英国，相信人一般是相互合作，值得信任及乐于助人的这种信念，普遍存在而且具有政治后果。相信同胞是宽厚的，这一信念同一个人在政治活动中同他人合作的倾向直接相关。一般的社会信任被转化成为相关的政治信任。比如，帕里（Gabriel Parry）就指出，政治信任是社会信任（即公民间的信任）的附属物。当一个社会缺乏共识时，社会信任的流失势必造成政治信任的流失，进而导致政治体系的不稳定。[②]

在文化理论中，信任经常被过度地简化。政治信任被认为是和社会信任一样，有同样的根源：他们认为，政治信任，像社会信任一样，是来自并产生于人际信任，由人们早期生活的社会化以及文化理念所形成的。根据这个视角，政治信任也和社会信任一样，看来像是社会中生机勃勃的社团生活的自然结果。雷恩[③]观察发现："那些相信其他人可以被相信的人，将会帮助有需要的人，会关心彼此，也会更可能相信民主的过程……"他认为社会信任无疑增加了人们民主的取向。

对选举官员的信任被看作对人类信任的一个更为具体的例子。但是很多针对个人的调研数据对这派思想传统都提出了质疑。许多实证研究都认为在社会信任和政治信任之间只有微弱的联系。例如，纽特和诺里斯研究

① ［美］埃里克·尤斯拉纳：《信任的道德基础》，中国社会科学出版社 2006 年版。

② 闫健：《居于社会与政治之间的信任——兼论当代中国的政治信任》，《南昌大学学报》（人文社会科学版）2008 年第 1 期。

③ Lane, Robert E., *Political Life: Why and How People Get Involved in Politics*,New York: Free Press，1965.

了 17 个民主国家，发现社会信任和政治信任之间的关系非常微弱；卡斯[①]对 9 个欧洲国家研究后发现，人际信任和政治信任之间的联系也很微弱；许多研究也发现社会信任和政治信任之间的关系并不总是很紧密的；相反，很多时候它们都有不同的形成和运作机制。[②]

信任政府与信任他人的另一重要区别就在于政府无法对公民的信任给予互惠，而他人却可以。尤斯拉纳[③]也通过统计发现，在 42 个国家中，在信任他入和信任政府的法律机构之间的相关性（r=0.154）是有限的。很多证据都指出，政治信任并不总是和社会资本的组成要素——社团参与和社会信任有正相关关系。布雷姆和拉恩[④]在研究中甚至证实，社团参与甚至和政治信任是有负相关关系的。他们发现，随着美国公民参与社团生活的增加，他们对全国政治机构的信任反而在下降。尽管他们的假设是来源于托克维尔多元主义的观点，即拒绝中央集权的诱惑，但这种负相关关系仍然会包含很多不同的解释。笔者的研究假设 3 为：社会信任和政治信任之间存在正相关关系。

二 澳门居民的社会资本

本书对澳门的社会资本操作化时，将社会资本分为社会网络和社会信任两方面。就澳门居民社会网络方面的情况而言，调查显示，在被调查的澳门居民中，参加社团组织的比例为 63.1%，未参加社团组织的比例为 36.9%（n=788）。其中，在参加社团组织的被调查澳门居民中，七成左右（70.8%）的澳门居民只参加了 1—2 个社团组织，参加 3—4 个社团组织的澳门居民占 19.7%，参加 5 个以上社团组织的澳门居民占 9.4%(n=497)。七成左右的居民回答有时或经常参加社团活动，而其中经常参加社团活动

① Kaase,Max, " Interpersonal Trust, Political Trust, and Non-institutionalized Political Participation in Western Europe" , *West European Politics*,1999,22(3),pp. 1-21.

② Craig Stephen C., Richard G. Niemi & Glenn E. Silver, " Political Efficacy and Trust: A Report on the NES Pilot Study Items" ,*Political Behavior*, 1990,12(3),pp. 289-314.

③ [美] 埃里克 · 尤斯拉纳：《信任的道德基础》，中国社会科学出版社 2006 年版，第 51 页。

④ Brehm, J. Rahn, W.,"Individual Level Evidence for the Causes and Consequences of Social Capital", *American Journal of Political Science*, 1997,41,pp.999-1023.

的市民只占 35.8%，26% 的居民很少或者从不参加社团活动（n=499）。总体来看，六成左右的澳门居民都有参加社团组织，并且一般来说对社团活动的参与程度较高，这也显示了澳门的社团组织生机勃勃，发育较好，并且在澳门社会生活中扮演着较为重要的角色。

对澳门社会网络的了解，首先要深入了解澳门社团。在澳门社会，社团在长期的历史发展中，已经既定事实地成为社会整合的主要力量。澳门社会的独特性也在于这种独特的社团治理。早在 20 世纪 70 年代，澳葡政府开始在社会中建立现代民主体制时，澳门的民间社团就已经完成了社会整合的过程。[①] 由此，澳门社会形成了一种独特的社会结构——华人与葡人共处分治的双层二元复合社会结构。政府通过社团进行对社会的管理，社团协助政府实现对公共政策的执行。政府与社会相互交织，社会在政府之外，却并非压力集团，它们主动与政府沟通，也成了政府治理的一部分。[②]

在这个过程中，澳门社团角色所体现的差异在于，“社团主体可以协调所有参与者的目的行为方式。整合参与者的利益或是文化价值，参与者要么是以澳门整个利益为出发点，根据澳门的文化传统和社会场景，在社会一体化层面上就价值和规范达成共识；要么以自我为中心相互介入，算计得失，在这种情况下，冲突与合作会随着社会利益的分配以及个体各自力量的变化而交替出现；要么是在公众和社会之间建立起一种信任关系，从而达成对整个社会的包容，包括对政府的信任感和责任感。社团主体具有确立目标和实施目的的行为能力，同时具备完成计划的兴趣，在这个过程中，实现自身的价值并获得目标的满足感”。[③]

在问及澳门居民是否经常参加社会或文化活动的情况时，近半数澳门居民都回答有时会参加社会或文化活动，但是很少参加社会或文化活动的居民比例也高达 35.2%，更有部分居民从不参加澳门的社会或文化活动（15.8%，n=800）。显示出一些澳门居民的社会活动较少，对社会或文化

① 聂安祥：《社会交往行为与认同——澳门社会结构探析》，广东人民出版社 2009 年版，第 15 页。
② 同上书，第 4 页。
③ 同上书，第 69 页。

活动参与度不高。2/3 以上的被调查澳门居民有时或经常和亲戚朋友聚会，但也有 20.4% 的被调查澳门居民回答很少聚会，更有 3.1% 的澳门居民从不和亲戚朋友聚会（n=798）。

并且，在被调查的澳门居民中，参加亲戚朋友聚会的频率与参加社会或文化活动的频率呈现显著的正相关关系（Gamma=0.391，P ＜ 0.001，见表 4-1）。经常参加亲戚朋友聚会的人，也会经常参加社会或文化活动，显示一个人的社会网络情况其实是相通的。

表4-1　　澳门居民参加社会或文化活动与其参加亲戚朋友聚会的相关关系　　单位：%

		是否经常与亲戚朋友聚会				合计
		经常	有时	很少	从不	
是否经常参加社会或文化活动	经常	25.3	13.4	8.0	4.0	15.3
	有时	38.5	38.0	20.2	12.0	33.7
	很少	29.4	35.5	44.8	24.0	35.3
	从不	6.8	13.1	27.0	60.0	15.7
合计		100.0	100.0	100.0	100.0	100.0
有效样本量		798				
Gamma 值及显著度			0.391			P ＜ 0.001

就澳门居民的社会信任而言，笔者使用了较为通行的测量问题，即一般来说，您认为澳门的大多数人是可以信任的吗？（也就是说，您在和别人打交道时不用太小心）调查显示，澳门人的社会信任程度是比较高的，比较信任和非常信任的居民占 29.1%，即接近三成左右的居民是比较信任大多数人的，而回答一般信任的人更是高达 53.9%，相反，回答比较不信任和完全不信任的人数则仅占 15.2%（n=787）。由此可见，澳门个体在社会的交往过程中，对他者和社会具有了更多安全感（见图 4-1）。“一个社会中，如果人们彼此之间不信任或者是将自己同他人隔离开来，那么，每个个体必然对社会环境充满焦虑和担心，也就无法形成

相互之间的认同。”[①]

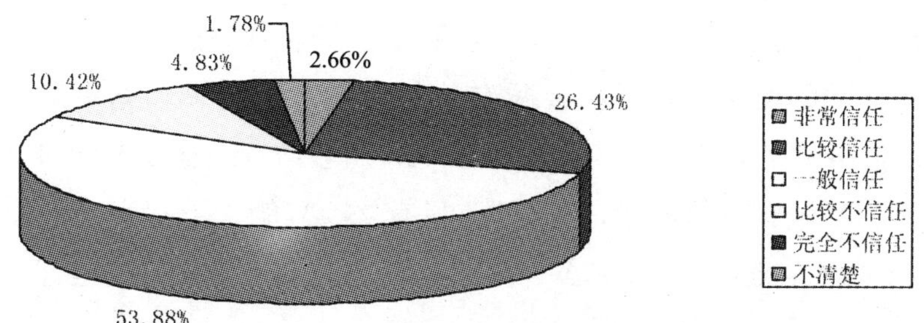

图 4-1　澳门居民的社会信任情况

对于澳门的社会资本研究而言，郑宏泰等学者是从社会活动的参与、社会网络和社会信任三个要素来定义港澳的社会资本，他们发现，港澳两地基本上保留了极为浓厚的传统中国文化，尤其是“以家为主”及“关系本位”的价值与思想。所以，港澳两地民众在社会参与方面表现并不热衷，因为“食”（生活）而“没时间”参与各种各种活动更属于主要理由，而澳门受访者比香港受访者更加认同“参与社团组织有助于提升个人社会地位”的原因，也印证了澳门受访者一般参与较多社会团体的事实。同时，在港澳两地的受访者看来，家人及亲戚朋友仍是最为核心的社会支援网络，亦是最能有效动员的社会资源。或许是因为澳门属于社区型城市，人口规模相对较低，经济活动相对单一，政治竞争没有那么激烈，社会矛盾亦没有那么尖锐，而人与人之间的接触交往相对固定，澳门社会的凝聚力明显比香港强，社会争执或社会抗争等行动也相对较少。面对问题时常以半公开或不公开的手段，通过不同关系或途径进行私下谈判，以协商方法解决矛盾，不但较为常见，亦较易为社会大众所接受。93.3% 的澳门受访者表示同意“自己乃社会的一员”；60.1% 的澳门受访者也觉得其社会乃“和谐社会”。[②]

① 聂安祥：《社会交往行为与认同——澳门社会结构探析》，广东人民出版社 2009 年版，第 195 页。

② 郑宏泰、黄绍伦、孔宝华：《港澳社会资本初探与比较》，见余振、邝锦钧、余永逸编《双城记Ⅲ——港澳政治、经济及社会发展的回顾与前瞻》，澳门社会科学学会 2009 年版，第 399—428 页。

但是和笔者研究结论不同的是，他们认为港澳“两地民众的信任程度并不太高”，在他们眼中，社会上的陌生人并非“大多数都是值得信任的”，所以在与人相处时必须“小心谨慎”。①笔者认为这主要是由于测量问题不同造成的误解。而且从余振等学者在1991年的调查结果来看，和笔者的调查结论是近似的。他们发现，57.6%的被访者同意或十分同意“多数澳门人都是诚实可靠和可以信任”，只有25.6%的人不同意或十分不同意，16.8%的人无意见（n=656）。②可见，澳门人的社会信任度也有一定的提升，社会凝聚力也因此有所增强。

笔者和郑宏泰测量社会资本的工具不同，主要是从社会网络和社会信任两个因素来定义社会资本的。社会资本是由社会或社会的一部分普遍信任所产生的一种力量。③群体是以相互信任为基础而产生的，没有这个条件，它不可能自发形成。因为群体的形成依靠的是信任，而信任是由文化决定的，不同的文化有不同的自发群体，而且自发的群体程度也不尽相同。④所以社会信任更是社会资本的一个核心概念和变量。

有鉴于此，澳门社会中，社会资本的两个要素社会网络和社会信任，就必须强调澳门社会中独有的社团以及由社团生活带来的社会信任。那么，澳门社团的主要特色是什么呢？它又会带来一种什么形式的社会资本呢？

潘冠瑾提出澳门社团体制变迁是从回归前的“强社团”体制、“类法团”体制发展到回归后的“强法团”体制。在这个过程中，政治过程的重心是功能社团与政府的关系，而且它更多地体现的是一种制度化联系，而不是竞争性联系，由此而形成合理的协调社会冲突的公共体制。⑤

同时，澳门社团在这个发展变迁过程中，更多是体现了一种“和谐”、“协商”、“稳定”、“大局”的文化和观念。在澳门的具体社会场景中，社团

---

① 郑宏泰、黄绍伦、孔宝华：《港澳社会资本初探与比较》，见余振、邝锦钧、余永逸编《双城记Ⅲ——港澳政治、经济及社会发展的回顾与前瞻》，澳门社会科学学会2009年版，第399—428页。

② 余振、刘伯龙、吴德荣：《澳门华人政治文化》，澳门基金会1993年版，第78页。

③ ［美］弗朗西斯·福山：《信任：社会美德与创造经济繁荣》，海南出版社2001年版，第30页。

④ 同上书，第29页。

⑤ 潘冠瑾：《澳门社团体制变迁——自治、代表与参政》，社会科学文献出版社2010年版。

最初是守望相助型的。澳门社会长期以来就是一个经济城市，不论是社团领袖还是市民个体，都形成了维护社会稳定发展的心理。而澳门政府的行政主导的性质也决定了政府的变迁不可能通过社会的要求而变更。[①]在社会发展层面上，澳门大多数社团也普遍倾向于从稳定的角度来理解自律和有意识的生活方式。[②]"澳门那些认真接受生活、介入生活因而试图影响生活的社团主体，都必然期待他者的承认。这种承认的获得，才能使社团在自律和自我存在中，固定自己的位置和存在"。[③]

香港、澳门在经济以及社会问题（危机）处理或维持社会秩序上也有自己的文化。"两地在社会经济问题发生时都会尽量避免使用由政府主导的官僚模式，只有在不得已的情况下，如金融危机，政府才会出手解决。另一方面，政府除依赖公司主导的市场模式外，也很喜欢使用非政府主导、非公司主导的社团主义模式及咨询模式。"[④]澳门在这方面也深受香港影响，早在澳葡时期就已从香港引入咨询委员会制度，在遇到社会经济难题时，会成立咨询委员会，找社会人士或行业团体来共同解决。这也是港澳两地在社会经济问题（危机）的处理或维持社会经济秩序上多年以来形成的文化。[⑤]

总之澳门的社会资本是较为浓厚的。社会中稳定、和谐、互助已经成为一种潜移默化的氛围和文化理念，澳门人更多的是在协商中寻求问题的解决答案。政府和社团之间的互助也已成为常态。

---

① 聂安祥：《社会交往行为与认同——澳门社会结构探析》，广东人民出版社 2009 年版，第 135 页。

② 吴志良对澳门的和谐是这样描述的："历史上，澳门是一个商业港口，又是一座边缘小城，离权力中心很遥远，受国内政治动荡、社会变迁的影响也比较少。在澳门，无论是中华文化传统还是葡萄牙文化传统，抑或其他民族文化传统，都可以偏安一隅，而不受太大的冲击，几近与世无争。……在这种客观环境下，没有你死我活的悲情，仇恨为仁爱所融化；没有非黑即白的对立，二元为多元所取代；没有茶杯里的风波，争议被理解所消弭。澳门虽小，胸襟很宽，人口不多，但信任合作，从而形成澳门的文化传统：族群和谐、文化融洽、价值多元、人性包容、利益一体，为澳门文化'不同而和、和而不同'提供了空间，为澳门社会的和谐安定奠定了基础。"

③ 聂安祥：《社会交往行为与认同——澳门社会结构探析》，广东人民出版社 2009 年版，第 101 页。

④ 黄湛利：《港澳政府咨询委员会制度》，广东人民出版社 2009 年版，第 26 页。

⑤ 同上书，第 27 页。

三 社会网络、社会信任与政治信任的相关分析

1. 社会网络和社会信任之间的关系

通过单因素方差分析方法，笔者将社会网络下的社会信任进行了差异分析（见表 4-2）。研究结果显示，在社会网络的三个变量中，参加社会或文化活动对社会信任有显著影响（$P<0.05$），而参加社团情况以及和亲戚朋友聚会情况对社会信任有高度显著的影响（$P<0.01$）。可以认为，社会网络和社会信任确实存在一定的相关关系。

具体而言，相比未参加社团组织的人而言，参加社团的人其社会信任度明显更高；相比很少或从不参加社会文化活动的人，经常或有时参加社会文化活动的人社会信任度会更高一些；相比很少或从不和亲戚朋友聚会的人，经常或有时和亲戚朋友聚会的澳门居民，其社会信任度明显更高一些。这些都展示了具有一定社会网络的人，社交比较活跃的人，其社会信任度明显更高。

可见，有更多社会网络渠道的人社会信任也会相应更浓厚。这是因为“个体在社团中自我表现的时候，总是努力使自己保持与社团的一致性，而且会努力使它在社会中得到承认。由于他者以及其他社团也会有兴趣在其周围形成同样的期待，当这个过程形成持续时，就会在社会互动中发展成为一种常态的信任机制”。①

表 4-2　　不同社会网络下社会信任的差异分析

因素	因素水平	样本量	均值	标准差	F 值	显著度
参加社团情况	参加	477	2.5786	1.23355	16.996	0.000
	未参加	285	2.1895	1.30515		
参加社会或文化活动	经常	118	2.6271	1.31913	3.549	0.014
	有时	258	2.5310	1.22276		
	很少	274	2.4124	1.27873		
	从不	123	2.1463	1.27834		

① 聂安祥：《社会交往行为与认同——澳门社会结构探析》，广东人民出版社 2009 年版，第 195 页。

续表

因素	因素水平	样本量	均值	标准差	F 值	显著度
和亲戚朋友聚会	经常	214	2.5935	1.25154	4.681	0.003
	有时	377	2.4960	1.24866		
	很少	157	2.2038	1.25952		
	从不	23	1.8696	1.63219		

同时，澳门社团具有"天然的草根性和社会性，从诞生的那一天起就生存在相互的对彼此的合作中，规则早已一代一代地深印在各自的心灵上，用具体而生活的语言来限定各种社团的权利和义务——亲族性社团、庙宇会众、会社、利益团体——这些社团都用相互信任的方式来加强这些权利和义务"。[①] 而且，在澳门社会的整合行为和政府的施政过程中，澳门社会中的个体在社团中获得对于彼此的信任和社会的安全感，社会信任从社团生活中不断生长出来，从而在社会层次平息自身对社会的不满。[②]

2. 社会资本和政治信任之间的相关关系

通过单因素方差分析方法，笔者将社会网络、社会信任和政治信任进行了相关分析[③]（见表 4-3）。研究结果显示，在社会网络的三个变量中，只有参加社会或文化活动这个变量的影响不显著，而参加社团情况以及和亲戚朋友聚会情况在显著度为 0.01 的情况下都比较显著。社会信任变量在显著度为 0.01 的情况下也非常显著。由此，社会网络和社会信任都和政治信任有一定正相关关系。

具体而言，相比未参加社团组织的人而言，参加社团的人其政治信任度明显更高；而相比很少或从不和亲戚朋友聚会的人，经常或有时和亲戚朋友聚会的澳门居民，其政治信任度明显更高一些。这些都展示了具有一定社会网络的人，社交比较活跃的人其政治信任度明显更高一些。而对于社会信任而言，那些明显更信任其他人的人，比起那些一般信任和不太信任大多数人的人来说，其政治信任度也显然更高。

① 聂安祥：《社会交往行为与认同——澳门社会结构探析》，广东人民出版社 2009 年版，第 136 页。

② 同上书，第 142 页。

③ 本章中，由于笔者只是对各类因素和政治信任之间的关系做差异分析，因此并没有使用政治信任的间接测量方式进行分析，全部使用的是政治信任的直接测量方式，以此简化分析。下章开始才使用政治信任的两种测量方式，并对这两种测量方式进行比较分析。

表 4-3　　不同社会网络及社会信任下政治信任的差异分析

因素	因素水平	样本量	均值	标准差	F 值	显著度
参加社团情况	参加	420	8.9810	4.30292	9.227	0.002
	未参加	246	7.9553	4.03379		
参加社会或文化活动	经常	104	9.1635	3.85190	1.429	0.233
	有时	229	8.6288	4.17882		
	很少	236	8.7373	4.31312		
	从不	106	7.9717	4.72170		
和亲戚朋友聚会	经常	191	8.9843	4.11093	3.950	0.008
	有时	332	8.9458	4.25935		
	很少	131	7.6412	4.40815		
	从不	20	7.4500	3.77631		
对澳门大多数人的信任情况	比较信任	204	10.6814	4.41576	44.274	0.000
	一般信任	367	8.1308	3.57959		
	比较不信任	99	6.4040	4.73786		

参加社团的人何以比未参加社团的人拥有更多的政治信任？从澳门社团的角色来看，澳门社团是政府治理社会的一个必要补充部分。澳门社团似乎一开始就为澳门社会而生，也是澳门政府治理社会的放心的补充。[①]新的特区政府在社会管治方面也更多地依靠原有社团的组织和力量，政府延续了原有的“政府—社团（中间机构）—社会”的治理模式。澳门社团体制的运转也依赖于“政行合一”机制的良好运作，包括“在行政上实现对社会的服务管理”，以及“在政治上实现对社会的代表”。[②]澳门社团既然充当了社会代表的角色，这也注定社团成员比非社团成员更能表达自己的意见，维护自身的利益。在这种社会治理过程中，社团成员拥有更多的政治信任，也和社团代表功能的成功运转密不可分。

而参与社会文化活动、和亲戚朋友聚会这些活动，本身也是社会网络的一部分。参与活动越多、聚会越多的人，无疑也是拥有更多资源、渠道、朋友更多的人，这些人的利益、代表功能也更容易通过这些渠道、活

① 聂安祥：《社会交往行为与认同——澳门社会结构探析》，广东人民出版社 2009 年版，第 151 页。

② 潘冠谨：《澳门社团体制变迁——自治、代表与参政》，社会科学文献出版社 2010 年版，第 128 页。

动和网络得到进一步的表达。用格兰诺维特的话来说，人是融于各种社会群体——家庭、街坊、网络、机构、教堂和国家——之中的，他们必须根据这些群体的利益来平衡自己的利益。[①]由此，拥有更多社会网络的人，也会拥有更高的政治信任，这也是和之前预设的实证假设相符的。

不同层次社会信任下的政治信任差异更为显著。社会信任越强，似乎社会的凝聚力更强，社会更有共识，从而创造了一个更为稳定的社会。正如唐文方所认为的，信任既不来自民主，同时也不能帮助一个社会走向民主，信任是政权稳定团结的有利条件。即以信任为本的政治文化可以同时产生于民主社会和非民主社会，可以使任何类型的政权稳定，而不是仅仅在民主社会中起作用。同时，一个政权的稳定团结也为人们创造了彼此更为信任的事实。

社会资本的获得要求人们习惯于群体的道德规范，并具有忠诚、诚实和可靠等美德。而且，信任未在成员中间普及之前，群体必须整个地接受共同的规范。也即社会资本是建立在普遍的社会德行而非个人的美德的基础之上。[②]正是因为社会资本是基于道德习俗，所以它也同样地难以改变或摧毁。

第二节　政府绩效与政治信任

正如上文在对政府绩效概念的操作化分析所示，政府绩效可以用政策满意度和政治透明度两个变量来测量，以下也相应对政府绩效的这两个变量和政治信任分别作相关分析。

一　政策满意度和政治信任的相关分析

就政策满意度概念的操作化而言，问卷设计了七类社会政策，请澳门居

① ［美］弗朗西斯·福山：《信任：社会美德与创造经济繁荣》，海南出版社2001年版，第25页。

② 同上书，第31页。

民分别对这些政策进行评价，这七类社会政策分别是社会保障政策、医疗卫生政策、教育政策、房屋政策、就业政策、社会福利服务政策和外劳政策。

总体而言，澳门居民对这些政策的一般满意及以上的程度由高到低分别是（见图 4–2）：教育政策（81%）、社会保障政策（69.9%）、社会福利服务政策（63.9%）、医疗卫生政策（60%）、就业政策（35.9%）、房屋政策（23.3%）、外劳政策（21.1%）（n=783）。总体而言，居民对教育政策的满意度最高，其次是社会保障、社会福利服务政策和医疗卫生政策，对就业政策、房屋政策和外劳政策的满意度最低，从各方面数据来看，这三方面的政策引起的民怨最多，因此也是有待突破和亟待改善的。

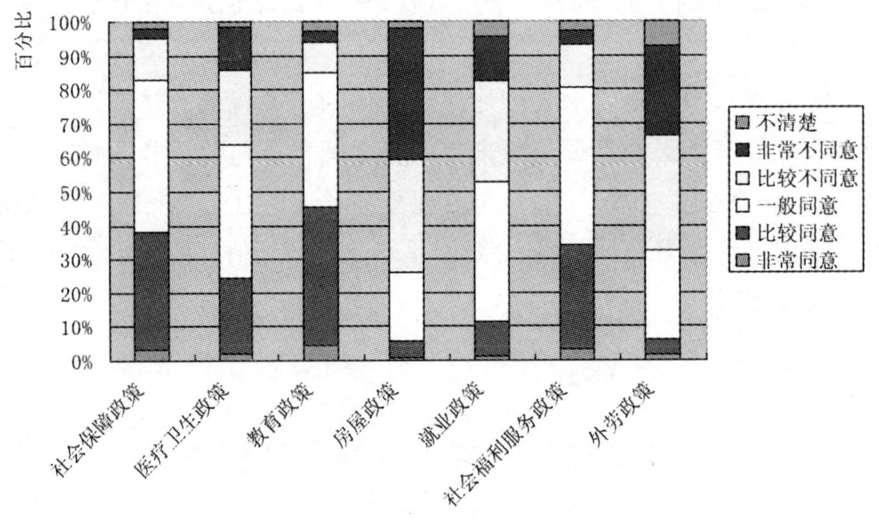

图 4–2 澳门居民对各类政策的满意度情况

回归后，澳门特区政府不仅履行着政府的社会职能，也实践了对澳门整体空间的重新定义，并“慢慢从一个强制性的管制机构成为融入社会的、为澳门获得空间意义的众多社会力量之一”。[①]而这种整合也体现在澳门的各项社会政策上，本书虽然限于数据限制，没有将澳门的经济领域、政治领域的成绩评价引入政府绩效的测量中，但由于社会政策“作为一个

① 聂安祥：《社会交往行为与认同——澳门社会结构探析》，广东人民出版社 2009 年版，第 26 页。

领域是与整个社会的基本状况及其发展、人类与环境的关系以及个人的福祉相联系的”。而且社会政策是一个“强调在社会的制度和结构因素之间以及整个人口和个人之间进行合作和分担责任的领域”，是“改变基本的社会关系和社会形象，改进全体人民、社会阶级和个人生活条件和生活方式的共同的工具”。[①]所以应用居民对各项社会政策的评价指数作为政府绩效的评价指标之一还是有效的，并且澳门人对于民生的关切度也非常之高，而本身经济和民生政策联系也更为紧密些。

为更好地分析政策满意度和政治信任的相关情况，笔者对这七类政策进行了数据的处理，新变量将居民对这七类政策的得分相加，汇总为一个总分，该指数最低值为 0，最高值为 36，均值为 11.79，标准差为 0.2729。该指数越低，代表澳门居民对澳门政府制定的政策满意度越低；反之，则代表居民的政策满意度越高。笔者进行 Pearson 相关系数检验，结果显示，在显著水平为 0.01 的情况下进行双尾检验，发现政策满意度和政治信任的相关系数为 0.435（n=669），两者之间高度相关，亦即澳门居民的政策满意度越高，则其政治信任的程度越高。这也代表了政治绩效对政治信任有一定的影响力。

这里也对澳门的这些社会政策做一些简单介绍，以便深入了解这些政策对民众政治态度的影响力。

在教育政策方面，澳门虽然在 20 世纪 90 年代才着手进入教育的立法和改革，却大有“迎头赶上”并“后来者居上”的气魄，特别在回归以后，行政当局积极参与教育发展事务，大大增加了政府对教育事业的参与、承担和话语权。2007 年起，澳门特别行政区全面落实推行涵盖了幼儿、小学和中学的十五年免费教育，这在全球尚属少数。按照规定，年龄介于 3—15 岁的儿童和青少年都须接受义务教育。澳门免费教育的发展主要有以下特点：一是由“义务”过渡至“强制”。二是力求遵循教育均等的公平原则，例如均等学习及成功机会。三是实行有倾斜的补偿措施，特别是

① Iatridis, D.S., *Social Policy: Institutional Context of Social Development and Human Services*, Pacific Grove, Calif., Brooks/Cole Pub. Co.1994,p.11.

对经济有困难家庭和身心有问题的学生予以特别辅助。四是对公立学校和加入免费学校系统的私立学校实行全免政策，对于尚未加入免费教育系统的学校予以学费津贴补助。

在社会保障政策方面，回归后，澳门除了不断定期提升养老金的数额外，在老年保障范畴的第一项新政策是 2005 年推出的敬老金计划，2008 年又推出了养老保障改革。澳门的老年保障体系主要由三项计划组成：社会保障基金的养老金、社会工作局的经济援助和敬老金。在回归后澳门老年保障政策的发展主要有两个特征：一是老年保障多层化，即澳门特区政府增加了老年保障的计划，由回归前的社保基金，增加了敬老金和未来的中央公积金。二是同时采用集体性及私人化的策略。从基本结构来看，澳门的老年保障制度较香港完善，养老保障的来源较多，虽然还存在着保障水平偏低的问题。①

在社会福利服务政策方面，澳门也做得较好。社团承担了相当大的社会福利服务职能，从历史来看，也一直取得民众的信任。澳门还推行高福利医疗政策，澳门政府于 1986 年颁布法令，确立了澳门医疗系统中提供医疗护理的模式、财政承担及收费标准，从医疗制度上看，可视为“半全民保健服务制度”。从现行实施效果来看，宏观层面而言，澳门的医疗保健体系的开支是处于颇低的水平，医疗成效也十分理想，绝对不逊于其他发达国家或地区。②

在就业和外劳政策方面，澳门居民非常反感现时的政策。在市民对澳门人口政策意向调查研究中，澳门市民对外来人口的影响评价总体上都是较为负面的。“黑工侵犯本地工人权益”评分为 4.28，“外来人口太多”评分为 4.20，“外地雇员损害本地员工权益”评分为 3.95（严重程度以 5 分尺度量度，分数越高代表赞成程度越高）。在 2006—2010 年澳门发生的示威游行活动中，“反黑工、削外劳”屡屡成为组织机构的主要

① 赖伟良：《港澳老年保障制度之比较》，见余振、邝锦钧、余永逸编《双城记Ⅲ——港澳政治、经济及社会发展的回顾与前瞻》，澳门社会科学学会 2009 年版，第 506—522 页。

② 陈蔚然：《澳门医疗福利政策及与香港的比较》，见余振、邝锦钧、余永逸编《双城记Ⅲ——港澳政治、经济及社会发展的回顾与前瞻》，澳门社会科学学会 2009 年版，第 492—505 页。

诉求之一。

在房屋政策方面，澳门公共房屋政策存在一定的失灵可说是不容置疑的。从澳门房屋政策的发展史来看，清拆全澳木屋之计划一再延期，社会房屋及经济房屋大部分申请家庭上楼无期，私人房地产市场大量住宅单位空置，等等，都显示出现行公共房屋政策未能有效达到为有居住困难市民解决住房问题、调节私人楼宇价格及供应达致平衡之目标。杨汝万在2007年的报告说："在近年经济快速增长下，澳门楼价节节上升，已升到了大多数居民不胜负荷的水准：有93.2%的受访者认为楼价过高，这绝对是澳门特区政府不可以忽视的民意呼声。"[①]房屋政策引起的怨言在澳门非常普遍，笔者在2010年的访谈中也每每听到有关的评论，澳门街坊联合总会的人士LX就说：

> 客观来讲，经济十年发展特别理想，尤其是赌权开放后。由于经济的发展，居民的就业、收入改善好多。但是居民点解怨气更多过十年前，主要是民生政策跟不上，如房屋政策，为什么牵动这么大？可能你会发现对比内地地区，前后差距没有这么大。但是澳门差距很大。回归前后房价差距差几倍，甚至十倍左右。可是我们的收入就没有增加太多，所以市民怨气大。还有就是为什么涨这么多，其中原因是政府的公共房屋政策的失误。

从以上访谈中也可以看出，这些社会政策的好坏，直接关系到民众对政治体制、政治系统的态度。

二　政治透明度和政治信任的相关分析

就澳门居民感受的政治透明度而言，笔者的测量问题是：您认为现在澳门政务是公开的吗？回答部分公开及以上的居民占35%，回答公开一点

---

① 杨汝万：《房屋发展与生活环境》，见黄绍伦、杨汝万、尹宝珊、郑宏泰编《澳门社会实录：从指标研究看生活素质》，香港中文大学、香港亚太研究所2007年版，第99—110页。

的居民占 41.2%，回答完全不公开的居民占 14.4%，回答不清楚的居民占 9.4%（n=791）。可以看出，澳门居民整体来说对澳门政务公开的程度不太满意，政治透明度总体来说不高。

澳门回归前，澳葡政府实施的重大公共政策大都采取封闭的方式进行，原因是所实施的政策可能是要执行宗主国执政党的命令，涉及宗主国的利益，抑或所制定公共政策都是在澳督与各政务司商议后便实行，而不需要咨询社会公众的意见。“这种‘黑箱作业’制定政策的形式，往往使所实施的公共政策不符合社会实际，给社会的印象就是政府运作透明度低”。[①] 为此，澳门特区政府在回归后虽然也采取了种种措施来改善施政透明度，但是在行政主导的理念下，政府的执政在提升透明度上仍待改进。例如在政策制定中的咨询方面，就是收集民意的重要渠道，很多民众都觉得不满意。澳门街坊联合总会的一位人士 WN 就指出：

> 很多部门咨询都是走形式，没有真正同市民接触，随便走进几个社团，就叫作完咨询，街头摆摊位就是咨询了。最近会好点，在市民聚集的地方，向市民讲，传媒讲的也多些。未来政策咨询希望要透明度高。

此外，因为澳门舆论一直缺乏多元的因素，作为第四权力的媒体，在行使其监督政府职能方面，显然也存在着较大的改善空间。[②]

总体来讲，澳门居民仍感觉现有的政治透明度不够，尤其是“欧文龙案”的发生引起了人们对政治透明度的高度关注。根据 2003 年的《阳光法》规定，澳门特区公务员每隔 5 年进行一次财产申报。近 5 年期间稳定任职的公务员必须申报金额超过 2.5 万澳门元的银行账户和现金。但是这种财产申报的数据并不是公开的，因此也有媒体质疑，认为要有效推动官员廉政，首先是要将公务员的申报财产数据公开。《讯报》的了空说：“对

① 聂安祥：《社会交往行为与认同——澳门社会结构探析》，广东人民出版社 2009 年版，第 122 页。

② 李莉娜：《法律既要保护私人权利又要维护国家安全：对澳门制定“维护国家安全法”的思考》，见余振、邝锦钧、余永逸编《双城记Ⅲ——港澳政治、经济及社会发展的回顾与前瞻》，澳门社会科学学会 2009 年版，第 20 页。

于高官和政治职位人士的申报财产数据，应该公开，以在阳光下接受公众监察，这在先进制度的地方早已是常事，只有澳门仍是作为秘密资料而已。澳门既然称是国际城市，那就应该以国际文明标准来行事，不能再逆世界现代潮流了。”[①]政治透明度提升，将有利于让更多的市民能够共同参与监督政府施政，避免市民扩大其政治疏离感，实现全民理性积极的议政论政。[②]因此，将此指标纳入政府绩效也是非常重要的。

笔者对政治透明度变量和政治信任做差异分析（见表 4-4），结果显示，政治透明度变量非常显著（显著度为 0.000），表示政治透明度的确和政治信任有一定的相关关系。具体来说，澳门居民感受到的政治透明度越高，则其政治信任度也相应越高。

表 4-4　　　　不同政治透明度下政治信任的差异分析

因素	因素水平	样本量	均值	标准差	F 值	显著度
认为澳门政务公开的程度	完全公开	19	11.1579	7.37310	23.240	0.000
	部分公开	215	10.2279	4.12301		
	公开一点	291	8.3436	3.65949		
	完全不公开	97	5.7835	3.68054		
	不清楚	48	8.1667	4.27926		

2009 年 12 月，澳门理工学院一国两制研究中心的调查结果也表明，居民认为下一届政府上任以后最需要优先处理的政务是“肃贪倡廉，打造阳光政府”，占 65.51%。2010 年 3 月 16 日，澳门特区行政长官崔世安在特区立法会发表《2010 年财政年度施政报告》时强调，新的时期，特区政府施政的突破口是推行科学决策，打造阳光政府，力求施政高效、廉政、

① 黄平：《挑战博彩：澳门博彩业开放及其影响》，社会科学文献出版社 2008 年版，第 209 页。

② 澳门特区廉政公署现已完成澳门特别行政区公职人员及政治职位据位人财产申报法律制度的修订工作，并将修改的建议文本上载至廉署网页，向公众作公开咨询，咨询期由 2011 年 1 月 1 日至 2 月 28 日。今次建议修订的内容主要为完善现行的财产申报制度，使澳门的制度更符合现代法治社会的要求，主要修改内容包括：1. 明确规定副局长以上的官员及行政会成员等政治职位据位人须公开其财产或可能产生利益冲突的状况，上述人员还须申报其在社团中的角色及职务，故监察内容包括非财产利益。2. 申报表格不再使用专门印制的表格，可直接从互联网下载，填写后以影印方式制作副本，节省行政成本。3. 建议只有薪俸点增幅超过 85 点才须申报（或距离上次申报达五年的时间），原则上公务人员在职程里的横向晋阶无须再作申报。4. 如申报人与同一行政机关或部门续约，而薪俸调升未达 85 点以上，或无职位的变动，建议无须申报。5. 明确规定销毁有关申报书的条件及程序。

透明。他表示，澳门社会经济的发展变化，社会公共事务的日益复杂，对特区政府的施政水平和执行能力提出了新的要求。新一届特区政府尤其强调“阳光政府”和“科学决策”这两大理念，明确地将自身建设列入政府施政的首要范畴之一。特区政府提出，将以澳门居民的福祉为依归，对澳门长远利益和整体利益负责，加强廉政建设，全面提升施政透明度，在良性的互动和监督下，全力推动阳光政府建设。[①]可见，澳门特区政府也逐渐意识到施政透明度的重要性。

第三节 人口特征与政治信任

一 人口特征情况

调查结果显示，在被调查到的澳门居民中，男性占 42%，女性占 58%（N[②]=776），已婚人士占 51.4%，未婚人士占 44.4%（N=773）。从年龄分组来看，18—25 岁、26—35 岁、36—50 岁、51—65 岁、65 岁以上的比例分别为 24.6%、25.9%、30%、17.8%、1.7%（n=769）。

从学历来看，澳门居民的教育程度发展较为均衡，其中小学和初中学历占 19.6%，高中学历占 27.6%，高等课程学历占 15.7%，学士学位占 30.9%，硕士学位以上占 5.1%（n=769）。

从被调查居民的收入来看，14.9% 的被调查居民月收入在 5000 澳门元以下，39.4% 的被调查居民月收入在 5000—10000 澳门元之间，24% 的被调查居民月收入在 10000—15000 澳门元之间，月收入 15000 澳门元以上的澳门居民占 18.2%。

从被调查居民的职业来看，立法会、政府官员、公务员、社团成员、商人等占 12.8%（n=696），专业和辅助人员类为 17.4%，接下来分别是文员、服务类工作的居民占 42.1%、学生（13.2%）、非工作群体（包括退休

① 崔世安：《建立阳光政府　力求施政高效、廉政、透明》，新华网，2010-03-16，http://news.xinhuanet.com/gangao/2010-03/16/content_13183704.htm，2010 年 11 月 20 日查询。

② n 为有效样本量，以下同。

和家庭主妇）（9.9%）、工人（4.6%）。

从以上调查样本的人口统计特征来看，该调查具有随机性，并有一定的代表性。从性别结构上来讲，总体上性别结构比较均衡，女性多于男性，两者相差 14.4%；与 2009 年 6 月《澳门特区十年发展进步大型民意调查报告》中的性别比例相当（男 43.3%，女 56.7%），与 2006 年澳门人口统计结果（男 48.8%，女 51.2%）较为接近。另外接受调查的居民中，不同年龄组的比例也较为均衡。

二 人口特征与政治信任的相关分析

笔者通过单因素方差分析方法，将人口统计特征和政治信任做了进一步的差异分析。通过表 4-5 可以看出，就人口统计特征和政治信任的差异相关情况而言，性别、年龄、婚姻对政治信任的影响是高度显著的（$P<0.01$），即性别、年龄和婚姻状况看来是和政治信任有一定相关关系的。而学历在显著度为 0.05 的情况下也是显著的，因此可以认为学历和政治信任也有一定的相关关系。同时，研究也显示，职业、月收入对政治信任的影响不显著。

性别因素中，相比男性而言，女性的政治信任度明显更高一些；余振等学者也认为大多数女性都对政治参与持有积极、肯定的态度。[①]而且澳门由于其特殊的地理位置及历史原因，率先接受西方文化的影响，传统的女性地位低下的形象早已改变。澳门女性在政治认知方面虽然较男性认识度低，但是，在对政治系统及政治参与的情感和评价取向上，男女的态度基本上没有分别。胡荣[②]也在其调查中发现，女性对基层政府的信任感高于男性，而男性对高层政府的信任感高于女性。澳门作为一个地方政体、基层政府，向来对女性的权益比较关注，由此女性的政治信任感更高也不奇怪。

婚姻状况中，相比无配偶的居民，有配偶的澳门居民则政治信任度明显更高。这可能是因为有配偶人士生活更为幸福，生活满意度更高，所以

---

① 余振、刘伯龙、吴德荣：《澳门华人政治文化》，澳门基金会 1993 年版，第 139—140 页。

② 胡荣：《社会资本与地方治理》，社会科学文献出版社 2009 年版，第 110 页。

政治信任度也会相应增高。

表 4-5　　不同人口特征下政治信任的差异分析

个人因素	因素水平	样本量	均值	标准差	F 值	显著度
性别	女性	384	9.0339	4.04045	7.226	0.007
	男性	279	8.1326	4.54952		
年龄	18—25 岁	169	8.2367	3.99891	6.210	0.000
	26—35 岁	178	7.8427	4.14538		
	36—50 岁	198	9.1616	4.37971		
	51 岁以上	112	9.7411	4.30325		
婚姻	无配偶	330	8.1121	3.98205	10.673	0.001
	有配偶	329	9.1915	4.48539		
学历	小学和初中	114	8.9035	4.83894	2.710	0.029
	高中	186	9.3548	4.54918		
	高等课程	94	8.3723	3.44538		
	学士	219	8.0320	3.92871		
	硕士学位及以上	35	9.0571	4.51105		
职业	社会高层	80	8.2625	3.83106	1.416	0.216
	专业和辅助人员	106	9.0849	5.15127		
	文员、服务类	240	8.4458	3.91718		
	工人	28	10.1786	4.93704		
	学生	88	8.7727	3.78359		
	非工作群体	53	9.3208	4.58163		
月收入（澳门元）	5000 以下	102	9.2059	3.92337	1.174	0.319
	5000—10000	259	8.6216	4.33166		
	10000—15000	156	8.9295	4.40104		
	15000 以上	123	8.2114	4.41356		

年龄因素中，36 岁以上的澳门居民明显比 36 岁以下的政治信任度更高。具体而言，26—35 岁组别中的政治信任度最低，18—25 岁的其次，反而 51 岁以上组别的人士政治信任度最高，36—50 岁组别中人士的政治信任度也较高。笔者将年龄和月收入作相关分析，结果显示（见表 4-6），18—25 岁组别大多月收入在 5000 澳门元以下（占 44.09%），这和他们的

学生身份是相称的，也有 37.1% 的该组别人士收入在 5000—10000 澳门元，更有 16.13% 的人士收入达 10000—15000 澳门元，这部分人估计可能是从事博彩业。其他组别人士收入都处于正常区间。可见，月收入并不是不同年龄人士政治信任的主要原因。

表 4-6　月收入和年龄的交互表　单位：%

收入＼年龄	18—25 岁	26—35 岁	36—50 岁	51 岁以上	总计
5000 澳门元以下	44.09	1.03	4.11	16.79	15.74
5000—10000 澳门元	37.1	36.92	46.12	48.18	41.79
10000—15000 澳门元	16.13	34.87	26.48	14.6	23.88
15000 澳门元以上	2.69	27.18	23.29	20.44	18.59

注：Pearson $chi^2(9) = 201.0995$，Pr = 0.000。

从年龄和教育的交互表来看（见表 4-7），反而是 36 岁以上组别的人受教育程度偏低，以小学和初中、高中为主，26—35 岁组别和 18—25 岁组别的人受教育明显较高。看来，不同年龄组别人士似乎更多是因为受教育程度影响，而有不同的政治信任感。

表 4-7　年龄和教育的交互表　单位：%

年龄＼教育	小学和初中	高中	高等课程	学士	硕士学位及以上	总计
18—25 岁	4.23	19.34	23.53	45.76	12.82	25.13
26—35 岁	4.23	24.53	35.29	33.9	38.46	26.07
36—50 岁	39.44	39.15	28.57	13.14	41.03	29.41
51 岁以上	52.11	16.98	12.61	7.2	7.69	19.39

注：Pearson $chi^2(12) = 245.3714$，Pr = 0.000。

从学历情况来看，学历在显著度为 0.05 的情况下是显著的，从其不同分类的政治信任情况来看，其和政治信任的相关关系并不太明显，不同层次的学历并没有表现出截然不同的政治信任情况。但整体而言，高等课程和学士这一层次的人反而政治信任度最低。从学历和月收入的交互表来看（见表 4-8），高等课程、学士的收入基本还是在正常范围内，所以不同教育程度的人，政治信任度应该受月收入影响不大。在国外学者研究中，艾杰等人[①]发现，“受教育程度较高者比受教育程度较低者的政治信任度高”。麦克迪尔和里德利[②]发现受教育程度较低者与失范和政治疏离相联系。笔者的研究结果和他们不同，这可能是因为现代社会中，年轻人受教育程度提高，受西方民主意识与香港、台湾等地区民主步伐的影响，具有强烈的民主追求，从而对政治产生不满，即年龄和教育程度对政治信任产生较大影响。

表 4-8　　学历和月收入的交互表　　单位：%

收入＼教育	小学和初中	高中	高等课程	学士	硕士学位及以上	总计
5000 澳门元以下	15.67	12.5	16.24	20.6	0.00	15.64
5000—10000 澳门元	58.96	55.29	35.04	29.18	13.51	42.25
10000—15000 澳门元	20.9	20.67	29.91	24.46	27.03	23.73
15000 澳门元以上	4.48	11.54	18.8	25.75	59.46	18.38

注：Pearson $chi^2(12) = 109.7315$，$Pr = 0.000$。

职业、收入和政治信任度差异并不显著。但这里仍要简单解释一下，因为有人可能会奇怪，为什么工人的政治信任度最高？为什么 5000 澳门元以下的政治信任度最高？

从工人的月收入来看（见表 4-9），58.06% 的工人收入在 5000—10000 澳门元之间，更有 32.26% 的工人在 10000—15000 澳门元之间，这种高收入离不开澳门这个特殊地方和良好的经济发展环境。如果将工人和其他地方的同行相比，也可以看出，工人应该总体而言对收入是较为满意的。而且从工人的学历程度来看（见表 4-10），59.38% 的工人都是小学和初中程度，37.50% 的工人是高中程度，从他们的受教育程度来衡量工资收入，这份收入也算是相当可观的，由此，他们的高政治信任度也是可以理解的。另外正如上文所述，5000 澳门元以下的人士大部分是 18—25 岁和 51 岁以上人士，估计大部分是学生或退休人士，而退休人士的高政治信任度也拉高了这个类别的政治信任度。

① Robert E.Agger, Marshall N. Goldstein and Stanley A .Pearl , “ Political Cynicism: Measurement and Meaning” ,*Journal of Politics*, 1961,23,p.484.

② Edward L.McDill and Jeanne Clare Ridley, “Status, Anomi, Political Alienation, and Political Participation” ,*American Journal of Sociology,* 1962,68, pp.205-217.

表 4-9　　月收入和职业的交互表　　单位：%

职业 收入	社会高层	专业和辅助人员	文员、服务类	工人	学生	非工作群体	合计
5000 澳门元以下	0	2.48	2.79	6.45	82.95	43.64	16.42
5000—10000 澳门元	31.82	19.01	60.28	58.06	11.36	47.27	41.49
10000—15000 澳门元	39.77	23.14	28.57	32.26	1.14	5.45	23.73
15000 澳门元以上	28.41	55.37	8.36	3.23	4.55	3.64	18.36

注：Pearson $chi^2(15) = 558.4000$，$Pr = 0.000$。

表 4-10　　学历和职业的交互表　　单位：%

职业 学历	社会高层	专业和辅助人员	文员、服务类	工人	学生	非工作群体	合计
小学和初中	8.33	6.03	18.88	59.38	0.00	56.92	18.40
高中	16.67	19.83	35.31	37.50	21.98	29.23	28.04
高等课程	29.76	19.83	13.99	3.13	16.48	7.69	16.17
学士	40.48	34.48	30.07	0.00	60.44	6.15	32.49
硕士学位及以上	4.76	19.83	1.75	0.00	1.10	0.00	4.90

注：Pearson $chi^2(20) = 259.1504$，$Pr = 0.000$。

月收入和政治信任的关系并不显著，也可以从澳门居民现时的社会地位感觉来看。据《澳门月报》2011 年的调查显示，在 157 名月收入不少于 10000 澳门元的被访者中，只有 21 名中年人士认为自己勉强属于中产阶层，但在经济条件上仍处于弱势，而有 153 名受访者认为自己的社会地位和经济条件都属于社会弱势群体。①

一位来澳门定居从事商务工作的黎先生说："我家 5 个人，全家每月总收入超过 10 万元澳门币，如果单从经济数字看，似乎属于中产阶层，我们所住的楼宇有三十余年楼龄了，若是想买私人楼宇，也是很难负担得起的。现时澳门很难以月收入 5000 元澳门币作为弱势标准，原因是很多人口多的家庭，早些年都获得 2—3 个经济屋单位，他们每月收取的租金都够日常开支。"

① 佚名：《澳门争当弱势群体市民，希望加快构建阳光政府》，《澳门月报》，2011-04-07，http://www.macaumonthly.net/Article/201104/2011-04-07/20110407152210_141421.html，2011 年 4 月 10 日查询。

因此，月收入和政治信任不相关，一方面是因为一些人的月收入不能体现该家庭的真正收入；另一方面，尽管一些澳门市民月收入还可以，但他们觉得经济并不稳定，政府透明度不高，创业环境艰难，工作压力大，这些因素都造成了他们习惯于将自己归为弱势群体，从而对政府不信任。

一般而言，人口统计特征，也是社会经济变量，被认为是和政治信任有关的，但是相关程度并不很强，有时甚至没有显著的关系。它在政治信任的研究中，经常被作为控制变量进行解释。当然在前期的政治信任研究中，学者也对人口统计特征表示了相当的关注。这种人口统计特征变量被视为测量社会经济地位的变量，从而在理论上有了解释政治信任的可能。

那么，一个人的社会经济地位是否会影响一个人的政治信任程度？从基础的马克思理论出发，经济基础决定上层建筑，一个人的社会经济地位决定了他的生活态度、政治态度。由此，人们可以假设，一个人拥有较好的社会经济地位，则其生活幸福感会较强，政治效能感会较强，应对政治系统的能力也较强，在体制内生活的适应程度和幸福程度都较好，因此，他应该具有相应较高的政治信任度。

阿伯巴和沃克曾经在分析后指出，信任的决定因素在不同团体之间是不同的。①但也有学者并不认为社会经济变量和政治信任有相关关系。如科尔发现大多数社会经济变量并不能直接影响这种政治信任②，正如坎贝拉认为，“政治疏远的根源显然不是简单的社会经济地位所决定的”。③社会经济变量在他看来，被证实是和政治信任上统计不显著，因此是不相关的。

看来，以上两种解释都有一定的道理。但从笔者对澳门的实证调查结果来看，如果说社会经济地位一般来说更取决于教育程度、收入和职业的话，那么，从逻辑上，应该是教育、收入和职业与政治信任有一定相关关系。但是实证研究结果则恰恰相反，只发现性别、年龄和婚姻对政治信任有显著影响，而学历、职业和月收入这些更能代表社会经济地位的变量相

① Joel D. Aberbach and Jack L .Walker, “Political Trust and Racial Ideology” , *The American Political Science Review*, 1970, 64(4), pp. 1199-1219.

② Richard L. Cole, “Toward as a Model of Political Trust: A Causal Analysis” , *American Journal of Political Science*,1973,17(4),pp.809-817.

③ Angus Campbell ,“ The Passive Citizen” , *Acta Sociologica*, 1962-1964,6-7,p.14.

对来说影响并不显著。而一般来说，由于对婚姻和职业变量讨论的较少，而对教育变量较为关注，由此，笔者将性别、年龄、教育程度和月收入作为人口特征因素的主要变量，并作为控制变量纳入下一步的多元回归模型中。以此进一步探讨人口特征和政治信任之间的相关关系。

第四节　政治卷入与政治信任

一　政治讨论、政治关注度与政治信任的相关分析

2010年调查数据结果显示（见表4-11），在澳门居民的政治讨论方面，就和亲戚朋友聚会谈论的话题是否经常为政治、时事问题而言，调查显示，聚会话题经常会涉及政治、时事的澳门居民仅为7.15%（n=797），回答有时的居民则占到43.29%，很少谈论这些话题的居民为36.26%，从不谈论这些话题的居民则为13.30%。和1991年余振等学者的调查结果进行粗浅对比，可以发现，澳门居民对政治讨论的情况有所增加，经常谈论的比例上升了2%左右，有时的比例更是大幅上升20%左右。

表4-11　1991年和2010年澳门居民政治讨论的情况　单位：%

问题	经常	有时（间中有）	很少	从不	无意见	样本量
你有没有同家人或者朋友讨论有关政府事务？（1991年）	5.4	22.8	32.9	37.5	1.4	（663）
你和亲戚朋友聚会谈论的话题是否经常是政治、时事呢？（2010年）	7.15	43.29	36.26	13.30	—	（797）

资料来源：1991年数据来源于余振等（1993：31）；2010年数据是笔者的调查数据。

就居民平时是否经常关注政策性新闻而言，经常关注政策性新闻的比例接近1/3（30.8%，n=796），有时关注的澳门居民则占到了46.4%，很少或从不关注政策性新闻的仅占22.8%。可见澳门居民对政策性新闻的关注度处于较高水平。2009年澳门可持续发展策略研究中心也对澳门居民的

政治关注度做了相应调查，结果也较为类似，58.3% 的受访者表示关注或非常关注澳门时事，仅 9.9% 表示不关注或不大关注。[①]

笔者就政治讨论和政治关注度这两个变量和政治信任做单因素方差分析发现（见表 4-12），谈论政治、时事的频率情况实际上和政治信任并没有一定的相关关系。但是关注政策性新闻的情况则和政治信任度有高度的相关关系（显著度为 0.000）。具体而言，越是关注政策性新闻的人，政治信任水平相应越高。

表 4-12　　不同政治讨论、政治关注度下政治信任的差异情况

因素	因素水平	样本量	均值	标准差	F 值	显著度
政治讨论	经常	53	7.7736	3.77054	2.287	0.077
	有时	290	9.0655	4.24580		
	很少	245	8.5020	4.17705		
	从不	85	8.0706	4.79282		
政治关注度	经常	212	9.3868	4.04494	13.573	0.000
	有时	315	9.0063	4.13005		
	很少	108	7.2130	4.26691		
	从不	37	5.6757	4.76127		

余振等学者认为，澳门华人倾向于以政治作为一种实用的手段，大部分澳门人只对和他们日常生活有关的政府事务关心。[②] 而到回归后的今天，显然澳门居民更加意识到政治与他们的日常生活息息相关，他们的政治关注度非常高，相比之下，政治讨论虽然也有所增加，但总体上还是增加不多。

不同政治讨论因素的政治信任度虽然相关度不大，但仍然可以看出，经常讨论政治的人反而是政治信任度最低的人，这可能是因为他们在深入讨论政治的时候，更多地发现了政治、政策方面的不如意，并认为有许多

---

① 余振、邝锦钧、余永逸编：《双城记Ⅲ——港澳政治、经济及社会发展的回顾与前瞻》，澳门社会科学学会 2009 年版，第 102 页。

② 余振、刘伯龙、吴德荣：《澳门华人政治文化》，澳门基金会 1993 年版，第 43 页。

值得改善的地方，从而政治信任度反而是最低的。有时、很少、从不讨论政治的人政治信任度则由高到低，差别也不是太大，显示他们之间在政治信任上并没有太大的差异，但是他们这三类显然比经常讨论政治的人政治信任度更高。

政治关注这里探讨的是居民对政策性新闻的关注度。由于政策性新闻的来源主要是澳门媒体，而澳门媒体在 1966 年发生“一二·三”事件以来，向中央政府靠拢，逐渐形成了目前几乎“全澳山河一片红”的新闻传媒市场结构。电子传媒中，澳门电视台和澳门电台都是政府传媒，其言论也比较保守，以支持政府为主要任务。其他媒体报道澳门本地新闻也较少。澳门新闻传媒事业还有严重的“自我审查”情节，并且，“可以观察到的是，在印刷传媒接受政府补助的情况下，澳门印刷传媒对特首何厚铧及澳门特区政府高级官员的行为，一直是少有批评的”。[①] 在这种情况下，澳门居民越关注澳门本地的政策性新闻，就会接收到越多的有关澳门政府的正面信息，由此澳门居民的政治信任度也就会相应越高。

二　政治效能与政治信任的相关分析

政治效能一般被认为是回答者的一种性格气质，即揭露了回答者对他自己或者是居民整体影响政治系统能力的一个评价。这里在研究中将它操作化为个人和居民整体影响政治系统和政治系统回应感觉的一种测量，分为内部政治效能和外部政治效能。

首先，就内部政治效能的三个变量来看（具体回答率见上述对政治效能测量的表 2–2），2/3 以上的居民对居民参与政策制定的相关制度了解极为有限，显示出政府政策制定对居民参与的重视程度不够；澳门居民对政策资讯的获取总体来说是较为满意的，近七成居民反映能够方便地获取所需要的政策资讯；而对亲身参与政府政策制定的反馈意见方面而言，近六

① 谭志强：《香港与澳门新闻传媒事业的比较》，参见余振、邝锦钧、余永逸编《双城记Ⅲ——港澳政治、经济及社会发展的回顾与前瞻》，澳门社会科学学会 2009 年版，第 436 页。

成的居民（59.2%，n=787）认为如果他亲身参与政府政策制定的过程，得到的反馈会是不很重视或者非常不重视，只是政府制定政策的一个流程。而认为会有一定程度甚至是高度重视的居民则仅占 38.3%。总体来说，居民的内部政治效能感一般，居民对其影响政治系统能力的信心处于一般水平。

其次，就外部政治效能的四个变量来看，居民对居民参与政策制定的必要性认识程度较高（高达 66.9%），66% 的被调查居民认为居民参与政策制定会有一些作用，50.8%（n=792）的居民认为居民参与会在一定程度上改善政策制定的公开程度，47.4%（n=791）的居民认为居民参与会在一定程度上改善政策制定的公平程度。但认为对政策制定的公开程度改善很微小甚至完全没有改善的居民比例高达 45.3%，认为对政策制定的公平程度改善很微小甚至完全没有改善的居民比例也高达 47.5%，尤其值得注意的是，认为居民参与政策制定后，对政策制定的公平程度完全没有得到改善的比例达 17.7%，显示出居民对参与政策制定后政府政策的公开和公平程度的改善效果较为失望。总体来说，居民的外部政治效能感也处于一般水平。

余振也根据 2009 年澳门可持续发展策略研究中心的调查数据，发现澳门市民的外在及内在政治效能感都偏低。他认为，外在效能感是市民对民意是否上达的信心，他将 2009 年和 2005 年调查数据进行对比，发现民众的外在政治效能感出现明显下降：相信政府会在乎市民意见者由 33.1% 减至 22.9%，而持负面评价者则由 39.7% 增加到 46.3%。他将内在政治效能感定义为市民对影响政府政策的信心，他发现，认为自己对政府政策有影响力的比例由 2005 年的 19.5% 下降到 2009 年的 17.3%，非常同意自己对政府政策没有影响力的比例则由 21.1% 上升到 29.5%，这种较低的内在政治效能感大大影响了澳门市民对政治参与的积极性。笔者对内部政治效能感和外部政治效能感的定义虽然和余振等人的有所不同，但大致上都是指居民对政治体制和自己、居民整体之间关系的判定。笔者的结论和他们的也较为类似，基本上而言，澳门居民的政治效能感，不管是外部政治效能感还是内部政治效能感都是较低的。

笔者通过皮尔逊（Pearson）相关分析方法，对政治效能的两个因子与政治信任进行相关分析。研究结果显示，外部政治效能和内部政治效能都比较显著（P<0.01），具体来说，外部政治效能和政治信任的皮尔逊相关系数为 0.1738，内部政治效能和政治信任的皮尔逊相关系数为 0.2263，显示政治效能和政治信任存在一定的正相关关系。

就历来对政治效能和政治信任的相关研究文献来看，很多学者也提出了类似的结论。艾布莱姆森对美国黑人进行了信任和效能感的研究，他发展了“社会剥夺感”的解释理论，他认为，个人的自我能力感觉是和政治有效感和政治信任感相关的。[①] 因为黑人在社会上受到剥夺，因此，他们的自我能力评价低，导致了较低程度的政治效能和政治信任。海斯和多尼在他们对学生政治态度的研究中也发现，较高社会经济地位的学生会有较高的政治效能感。[②]莱恩对贫民区儿童的研究也发现，居住在城市社会被剥夺地区的儿童会有更低水平的效能感。[③] 而马利克对印度学生信任和效能感的研究也证实了这点，他提出，社会来源（social origin）是决定社会机会的一个重要因素。[④]印度的低种姓、低地位、低阶级是一致的，在印度，低的社会来源是与低的政治效能感相关的。显然，社会贫穷居民只有低水平的政治信任和政治效能，这是由于他们居住在受到剥夺的环境中。

但显然，澳门的政治效能和政治信任之间的这种相关关系，根源应该不在于社会经济地位。正如上节人口特征与政治信任度的差异分析显示，澳门的收入、学历、职业这些社会地位特征和政治信任度的相

---

① Abramson, Paul R.,“Political Efficacy and Political Trust among Black Schoolchildren: Two Explanations”, *The Journal of Politics*, 1972,34(4), pp. 1243-1275.

② Hess, Robert D. Judith V. Torney, *The Development of Political Attitudes in Children*. Garden City, N.Y.: Doubleday，1968.

③ Lyons, Schley R.,“The Political Socialization of Ghetto Children: Efficacy and Cynicism”, *Journal of Politics*, 1970,32,p.294.

④ Malik, Yogendra K.,“Trust, Efficacy, and Attitude toward Democracy: A Case Study from India”,*Comparative Education Review*, 1979,23(3),pp.433-442.

关性较小，这是由澳门的特殊经济社会情况所决定的。笔者也对政治效能和个人人口特征做了简单的多元回归分析（表没有在书中给出）。结论显示，内部政治效能只和性别因素有关，与年龄、教育、收入都不相关，男性相比女性，内部政治效能感更低；而外部政治效能则和年龄、教育程度有关，即相比 18—25 岁的澳门居民，25 岁以上居民的外部政治效能感更强，教育程度越高的居民，外部政治效能感也相应更高一些。

具体来说，居民的政治效能越强，则其政治信任度也会相应越高，而内部政治效能又比外部政治效能对政治信任有更强的影响作用。这是因为内部政治效能感和居民个体的政治信任度关系肯定是更强的，而外部政治效能感是对居民整体影响政府能力的判定，因而是外在于居民个人的政治态度的，所以它虽然也和居民的政治信任有一定相关关系，但是这种相关关系肯定没有内部政治效能感强烈。

第五章　政治信任两种测量的比较与分析

第一节　政治信任的直接测量及分析

一　政治信任直接测量的多元回归模型

政治信任直接测量是受到哪些因素影响呢？何种因素更为重要呢？根据研究框架，政治信任是居民和政治系统之间互动的一种表现，受到社会资本和政府绩效两方面主要因素的影响。笔者针对模型需要，增加了人口特征和政治卷入两个因素作为控制变量。为了全面且客观地分析各种因素对澳门居民政治信任变量的影响，本书采用多元线性回归模型进行分析，将各种变量采用全部纳入法进行回归处理分析，并且为了更准确地说明各解释变量和因变量之间的关系，本书还使用了嵌套模型的方法（见表 5-1），以期达到更为准确的分析效果。

在模型 1 中，只纳入人口特征的变量，结果显示，性别、年龄（36—50 岁、51 岁以上）对澳门居民的政治信任变量有一定影响，但模型解释力总体来说不高，为 3.47%。具体来说，在统计控制的条件下，澳门的男性居民相对于女性居民来说，政治信任度更低；年龄为 36—50 岁的澳门居民相对于年龄在 18—25 岁之间的居民来说，政治信任度更高；年龄为 51 岁以上的澳门居民相对于年龄在 18—25 岁以上的居民来说，政治信任度也更高。月收入和受教育程度则对澳门居民的政治信任度并没有显著影响，但通过相关系数仍可发现，月收入和受教育程度与政治信任是一种负向的相关关系。通过 T 统计量绝对值大小的比较，可以判断，在个人统计特征变量中，年龄为 51 岁以上及 36—50 岁对澳门居民的政治信任变量有着最为显著的影响，性别为男性的影响相对较小。

在模型 2 中，加入了政治卷入因素的四个变量后，模型 2 的解释力为 12.7%，相比模型 1 的解释力提高了约 9%，即这些变量合共可以解释澳门居民政治信任的 12.7% 左右。研究发现，性别、年龄（36—50 岁）变量并不因加入的其他变量而发生改变，但年龄 51 岁以上这个变量则变得不再显著。具体来说，在统计控制的前提下，原有个人统计特征变量对政治信任的影响力和方向与模型 1 都相同；同时研究显示，内部和外部政治效能也显现了对政治信任较强的影响力，澳门居民的政治效能感越强，则其政治信任度越高。政治讨论也对政治信任度并没有显著影响；而政治关注度则对政治信任度有显著影响，具体表现为政治关注度越高的澳门居民，其政治信任度也越高。最后，通过 T 统计量绝对值大小的比较，可以判断，内部政治效能感的影响最强，其次分别是政治关注度、外部政治效能，男性和年龄（36—50 岁）对政治信任度的影响最弱。

在模型 3 中，又加入社会资本变量，模型 3 比模型 2 的解释力据此又进一步增强了约 13%，达到 25.3%。研究发现，性别（男性）、政治关注度、内部政治效能感等变量并不因加入的其他变量而发生改变，它们对政治信任度的影响仍然显著存在；但是年龄（36—50 岁）和外部政治效能对政治信任度的影响则消失了。具体来说，在统计控制的前提下，社会网络的三个变量中，只有参加社团组织变量有显著影响，其他两个变量，参加社会或文化活动的频度及和亲戚朋友聚会的频度对政治信任度并没有显著影响；参加社团组织的人相比未参加社团组织的人，其政治信任度更高。研究结果也显示，社会信任对政治信任度有非常显著的影响，澳门居民的社会信任得分越高，则政治信任的得分也越高。通过 T 统计量绝对值大小的比较，笔者发现，社会信任对政治信任度的影响最强，影响其次的分别是内部政治效能、性别（男性）和政治关注度，参与社团组织则对政治信任的影响最小。

最后在模型 4 中，又加入了政府绩效的两个变量：政策满意度和政治透明度，结果显示，模型总体解释力已经达到 34.33%，比模型 4 增加了约 9%，显示政策满意度和政治透明度变量对政治信任度的解释力约为 9%。在纳入这两个变量后，和模型 4 相比，原有的性别（男性）、内部政治效能、社会信任变量依然都保持显著，而且，对政治信任影响显著的还增加了外部政治效能变量，但是外部政治效能和政治信任则呈现了负相关关系。具体来说，澳门居民的外部政治效能感越高，则其政治信任度反而越低；同时，新加入的两个变量中，澳门居民的政策满意度越高，则其政治信任度越高；澳门居民感受到的政治透明度越高，则政治信任度也越高。通过 T 统计量绝对值大小的比较，笔者发现，社会信任对政治信任度的影响最强，其次是政策满意度和政治透明度，内部政治效能和外部政治效能则更次之，最后则是性别。总体而言，可以看到，除了社会信任变量外，政府绩效也对澳门居民的政治信任度产生了强烈的影响。

表 5-1　　澳门居民政治信任直接测量影响因素的多元回归模型分析

	模型 1		模型 2		模型 3		模型 4	
变量	系数	T 统计量	系数	T 统计量	系数	T 统计量	系数	T 统计量
人口特征								
性别（男性）	-0.90*	-2.29	-0.80*	-2.16	-1.1**	-3.15	-0.90**	-2.63
年龄								
26—35 岁	0.11	0.20	-0.10	-0.23	-0.40	-0.74	-0.00	-0.01
36—50 岁	1.52*	2.56	1.15*	2.01	0.89	1.67	0.77	1.54
51 岁以上	1.86**	2.65	1.05	1.53	0.34	0.52	0.07	0.12
受教育年限（年）	-0.00	-0.11	-0.10	-0.76	-0.10	-1.33	-0.10	-1.06
工资								
5000—10000 澳门元	-0.90	-1.44	-0.80	-1.37	-0.80	-1.33	-0.60	-1.09
10000—15000 澳门元	-0.50	-0.68	-1.10	-1.64	-1.10	-1.83	-1.00	-1.78
15000 澳门元以上	-1.20	-1.48	-1.30	-1.75	-1.10	-1.57	-0.50	-0.71
政治卷入								
政治讨论			-0.30	-1.67	-0.30	-1.68	-0	-0.14
政治关注			0.5**	3.03	0.45**	2.91	0.28	1.93
外部政治效能			0.56**	2.86	0.05	0.27	-0.5**	-2.70
内部政治效能			0.94**	4.86	0.88**	4.8	0.53**	2.88

续表

	模型 1		模型 2		模型 3		模型 4	
社会资本								
社团组织参与（参加）					0.78*	1.96	0.59	1.60
社会文化活动的参与					-0.20	-1.32	-0.20	-1.08
和亲戚朋友聚会					-0.00	-0.09	-0.10	-0.79
社会信任					1.18**	8.68	1**	7.65
政府绩效								
政策满意度							0.2**	6.83
政治透明度							0.74**	3.51
常数项	9.16**	7.42	9.39**	7.81	7.37**	6.22	4.15**	3.51
Adj R-squared	3.47%		12.7%		25.30%		34.33%	
F 检验量	3.20**		6.84**		11.20**		15.00**	

注：（1）所有模型的有效样本量为 483 人。* 表示显著性 P<0.05，** 表示显著性 P<0.01。

（2）F 检验量表示模型整体显著性的统计检验值。

（3）Adj R-squared 为调整的确定系数，表示在考虑自变量数量条件下的模型解释能力，即包含一定数量自变量的模型可以解释因变量（政治信任）变化的比例。

（4）在各自变量中，性别的参照类为女性；年龄的参照类为 18—25 岁；工资的参照类为 5000 澳门元以下；参加社团组织的参照类为没有参加社团组织。

二 分析及讨论

从以上对 5 个模型的分析来看，人口特征和政治卷入变量的确对政治信任有一定的影响，两者可以合共解释政治信任度的 12.7%。从笔者要探究的两组变量——社会资本和政府绩效来看，这两个因素对政治信任的解释力也非常高。但社会资本比政府绩效对政治信任的解释力更胜一筹，前者为 12.6%，后者为 9.03%。该模型作为对政治信任直接测量的回归模型，回应上文所述政治信任的理论解释路径，似乎社会化模型和绩效模型都可以解释通，但社会化模型更占优势。

就各具体变量对政治信任的解释力度而言，社会资本各变量中，社会信任又是社会资本和政府绩效两个因素中解释力最强的一个变量，而其中社会网络的变量中，又只有参加社会文化活动对政治信任度有一定影响。从政府绩效角度来看，政策满意度和政治透明度都对政治信任有显著影响，其中前者的解释力和影响力又比后者稍强一些。人口特征中，只有性别因素有一定影响，即男性居民相比女性居民而言，政治信任度更低。从政治卷入的因素来看，内外部政治效能和政治关注度都对政治信任度有一定影响。

据此，可以这样来看澳门居民的政治信任情况，男性居民相比女性居民更不信任政治，这可能是由于地区差异造成的。日本学者对该国的研究显示，该国男性居民对政府来说一般更为忠诚，更为信任政府，这可能是由于日本地区的特殊文化造成的。笔者的研究结论在这点上和美国学者的研究结果更为类同，即男性一般来说更容易展示这种积极的不信任态度。[①]

年龄越大则政治信任度越高。研究显示，相比于18—25岁，36—50岁的人政治信任度最高，这可能是由于他们处于经济上较为安全的时期，同时，他们的社会转型体验和经历与年轻人的完全不同，他们的观察视角也比年轻人更成熟一些，总体来说，澳门特区成立前后的经济、社会发展是截然不同的，特区成立后经济稳步增长，社会秩序明显好转，这些对36—50岁的人来说，有着更为切身的体验，相较来说，35岁以下的年轻人从记事起亲身感受到了经济社会的快速发展。但是正如上文所述，年轻人一般来说对一切都更倾向于怀疑的态度，而这种怀疑表现在政治上，其不信任度就会较高。

受教育程度和收入等情况对政治信任变量的影响都不显著。这和之前做的差异分析结论一样。这或许是由于澳门特殊的产业情况。澳门博彩业从2002年以来极速发展，造成对人力资源的极度渴求，“不少年轻人高中毕业不思升学，急着到娱乐场揾快钱”[②]，而博彩业的高工资也使教育和收入之间的关系变得不太密切。收入对政治信任的影响也不显著，这也可能是由于收入本身的分类之间差距并不太大，真正的高收入群体在样本中较少，因此收入对政治信任的影响在这里很难以显著。

---

① Cook Timonthy E., Paul Gronke, “The Skeptical American: Revisiting the Meaning of Trust in Government and Confidence in Institutions” ,*The Journal of Politics*, 2005,67(3),pp.784-803.

② 毕永光、龙土有：《澳门博彩业十年发展快速 尚需有序有度》2009-12-12，中国新闻网，http://www.chinanews.com.cn/ga/news/2009/12-12/2014742.shtml，2010年6月21日查询。

在社会资本变量的测量中，结果显示，社会信任对政治信任有最为显著的影响，而社会网络变量中，只有参与社团是正相关关系，但关系也不是很显著，另外的两个社会网络变量——参与社会文化活动、和亲戚朋友聚会对政治信任只有相对较弱的负相关关系，并且不太显著。这和以前的一些研究结果也是相符的。金既勇在研究韩国的社会资本和政治信任的关系时也发现，政府绩效作为影响社会资本和政治信任的中间因素，不良的政府绩效有可能导致有更高社会资本存量的人反而会更不信任政治机构，也更不愿意卷入政治世界。[①]社会网络和政治信任的关系看来并不是简单的线性相关关系，而是存在一定的中间变量。例如，社会网络越多，则政治讨论越多，对政治也会因此更不信任。

社会信任被认为是预测政治信任的一个重要指标。社会信任和政治信任有相关关系的背景地区一般是一个相对和平、有共识的社会[②]，这也是和澳门相符的。澳门社会经常被称为“熟人社会”，面积小，人口密度极高，人们之间的关系较为密切，所以这种政治环境决定了澳门居民的社会信任和政治信任有着高度相关关系。

政治效能是指个体对自己和公众能否影响政治活动的能力的信念或信心。一般而言，内部政治效能是指公民的主观能力感觉，公民对自己影响政治活动的能力越有信心，则其政治信任感也相应越高，科尔[③]也发现政治效能对政治信任有一定影响，这和本书的研究结论是相符的。但是本书研究最后也发现，外部政治效能和政治信任是一种负相关关系。斯托克对美国全国选举研究的资料分析表明政治效能的感情和政治信任之间有着相关关系。他假设，“在民主价值观环境中，对公众权威的无能为力感倾向于导致对权威的敌意”。[④]居民对公众影响政治系统的无能为力感越强，即

① Kim, Ji-Young, “Bowling Together Isn’t a Cure-All: The Relationship between Social Capital and Political Trust in South Korea” ,*International Political Science Review*, 2005,26(2), p.197.

② Litt, Edgar, “Political Cynicism and Political Futility” ,*Journal of Politics*, 1963,25,pp.312-323.

③ Cole, Richard L., “Toward as a Model of Political Trust: A Causal Analysis” , *American Journal of Political Science*,1973,17(4),pp.809-817.

④ Stokes, Donald E.，“Popular Evaluations of Government: An Empirical Assessment” , in Harlan Cleveland and Harold D. Lasswell (eds.), *Ethics and Bigness: Scientific, Academic, Religious, Political and Military*, New York: Harper, 1962, pp.61-73.

外部效能感越低，其政治信任度也会越低，笔者的研究也证实了这点。但是相对而言，政治效能对政治信任的因果关系只有相对较小的影响，这点也和科尔等人的研究结果类同。[①]

政策满意度在本书中特指澳门居民对澳门特区政府制定出的政策的满意程度。研究发现，对澳门居民政治信任度影响第二强的就是政策满意度。回应之前的理论解释路径，如米勒强调指出，政治事件、政治态度和期望是对政府不信任的首要来源。政治精英“生产出”政策；作为交换，他们得到了对这些政策满意的公民的信任和对这些政策失望的公民的怀疑。[②]因此，这也证实了如下的假设：人们感到和自己期望的差距越大，人们就会对政府越不信任。

政治透明度是政治机构政治活动的公开程度，也即民众对政治权力机构及其权力运行状况的了解，是对其信任的前提条件，也是公民有效监督政治权力机关及其权力运行的基本条件。[③]澳门自从发生“欧文龙案”以来，民众对政治透明度的要求日益提高，崔特首也在施政报告中多次提到“阳光政府”的理念。研究也证实了民众感受到的政治透明度越高，则政治信任也相应提高。这个因素也是以往研究中经常被忽视的一个重要因素。

总体而言，澳门居民的政治信任程度处于较高水平，其中澳门居民对立法会的信任程度最高，对政府官员的信任程度相对较低。澳门居民的政治信任程度又可以由性别、政治效能、社会信任、政策满意度、政治透明度来解释，在这些因素中，社会信任又是对政治信任影响最强、最有解释力的变量；政策满意度和政治透明度的影响次之。

可见，作为熟人社会的澳门，人们对澳门社会的认可、对澳门大多数人的信任在一定程度上奠定了民众政治信任的基石。而作为澳门特区政府

---

① Cole, Richard L.,“Toward as a Model of Political Trust: A Causal Analysis”, *American Journal of Political Science*,1973,17(4),pp.809-817.

② Miller, Arthur H.,“Political Issues and Trust in Government: 1964-1970”,*The American Political Science Review*, 1974,68(3),pp.951-972.

③ 宋惠昌：《政治透明度与政治信任度》，《中国浦东干部学院学报》2009 年第 4 期。

来讲，为提升澳门居民的政治信任度，保证社会持续稳定向前发展，政府应该着重加强政府绩效的提升，即提升澳门居民对各项社会民生政策的满意度，尤其是现在澳门居民深感问题严重的房屋政策、外劳政策、就业政策等。同时，政府也应注意提升政治透明度，加大政务公开的力度，践行“阳光政府”的承诺。

第二节　对四种类型机构、人员信任的分析

一　澳门居民对四种类型机构、人员信任的模型及分析

澳门居民整体的政治信任程度可以由这些自变量解释 34.33%。那么，哪些因素又影响了居民对这四种不同类型的机构、人员的信任程度呢？笔者以居民对这四种类型机构、人员信任程度为因变量，以同一组变量为自变量，进行了回归模型的处理。

数据结果显示（见表 5-2），这些解释变量可以分别解释居民对澳门特区立法会、政府组织、政府官员、一般公务员信任程度的 22.75%、19.80%、27.85% 和 16.61%。即这些解释变量对解释澳门居民对政府官员的信任程度最有力，而解释澳门居民对一般公务员的信任度最弱。从这里其实可以看出，居民对一个国家或地区的信任程度，其最直观的体验仍然是通过对政府官员的观感，来间接形成对机构、对政治系统的信任程度。这可能是由于政府官员的信息被大量曝光于媒体面前，而作为政府、立法会等政治机构的代言人，澳门居民对政治系统的认知，大部分的直观感受是来自他们的。

表 5-2　　澳门居民对四种类型机构、人员信任的影响因素分析

因变量	居民对澳门特区立法会的信任度		居民对澳门特区政府组织的信任度		居民对澳门特区政府官员的信任度		居民对澳门特区一般公务员的信任度	
变量	模型 1		模型 2		模型 3		模型 4	
	系数	T 统计量	系数	T 统计量	系数	T 统计量	系数	T 统计量
个人社会经济变量								
性别（男性）	-0.10	-0.92	-0.10	-0.99	-0.30**	-2.80	-0.20	-1.72

续表

因变量	居民对澳门特区立法会的信任度		居民对澳门特区政府组织的信任度		居民对澳门特区政府官员的信任度		居民对澳门特区一般公务员的信任度	
年龄								
26—35 岁	-0.14	-0.86	0.10	0.62	-0.10	-0.42	0.15	0.95
36—50 岁	-0.11	-0.64	0.35*	2.11	0.37*	2.15	0.23	1.42
51 岁以上	-0.39	-1.89	0.25	1.21	0.34	1.62	0.05	0.26
受教育年限（年）	-0.05*	-2.19	-0.00	-0.13	-0.00	-0.58	-0.00	-0.29
工资								
5000—10000 澳门元	-0.01	-0.07	0.01	0.06	-0.20	-1.14	-0.20	-1.03
10000—15000 澳门元	-0.16	-0.81	-0.10	-0.58	-0.20	-1.10	-0.20	-1.17
15000 澳门元以上	-0.07	-0.31	-0.10	-0.48	-0.20	-0.76	0.02	0.10
政治卷入								
政治讨论	0.06	1.06	0.04	0.68	-0.10	-1.00	-0.00	-0.58
政治关注	0.07	1.42	0.02	0.47	0.04	0.89	0.11*	2.36
外部政治效能	0.03	0.45	-0.10	-1.94	-0.20**	-2.93	-0.10	-1.89
内部政治效能	0.12	1.91	-0.00	-0.14	0.18**	2.78	0.12*	2.07
社会资本								
社团组织参与（参加）	0.30*	2.37	0.02	0.13	0.10	0.80	-0.10	-0.82
社会文化活动的参与	-0.06	-1.11	-0.00	-0.12	0.03	0.60	-0.10	-1.73
和亲戚朋友聚会	-0.12*	-2.50	-0.00	-0.17	-0.00	-0.63	0.04	0.89
社会信任	0.29**	6.53	0.20**	4.64	0.20**	4.44	0.24**	5.71
政府绩效								
政策满意度	0.05**	5.19	0.06**	6.05	0.07**	6.62	0.03**	3.20
政治透明度	-0.01	-0.20	0.25**	3.52	0.25**	3.47	0.17*	2.55
常数项	1.95**	4.87	0.49	1.23	0.75	1.85	0.98*	2.58
样本量	509		510		504		498	
Adj R-squared	22.75%		19.80%		27.85%		16.61%	
F 检验量	9.31**		7.98**		11.79**		6.5**	

注：（1）* 表示显著性 P<0.05，** 表示显著性 P<0.01。

（2）F 检验量表示模型整体显著性的统计检验值。

（3）Adj R-squared 为调整的确定系数，表示在考虑自变量数量条件下的模型解释能力，即包含一定数量自变量的模型可以解释因变量变化的比例。

（4）在各自变量中，性别的参照类为女性；年龄的参照类为 18—25 岁；工资的参照类为 5000 澳门元以下；参加社团组织的参照类为没有参加社团组织。

总体来看，在这四个多元回归模型中，社会信任和政策满意度是其中最为显著的变量。其中，社会信任对澳门特区立法会和一般公务员信任度的解释力度最强，对澳门特区政府和政府官员信任的解释力度则较政策满意度次之；而政策满意度又是解释澳门特区政府和政府官员信任最有力的变量，对澳门特区立法会和一般公务员信任的解释力则较社会信任次之。这显示澳门居民对特区政府和政府官员的评价更多是基于其政府绩效之上的，而对特区立法会和一般公务员的评价则更多是基于社会信任之上的。这也从另一侧面反映了这两类对象的不同：澳门特区政府和政府官员是澳门居民经常面对的客体对象，澳门居民较为熟悉和了解，对他们的评价有一定的依据，如根据政策满意度和政治透明度来看；而澳门特区立法会和一般公务员相对来说则是澳门居民不太熟悉的对象，对他们的评价更主要是基于社会信任，政策满意度则在其次。

在居民对澳门特区立法会信任度的回归模型中，除社会信任、政策满意度有显著影响外，受教育年限、参与社团以及和亲戚朋友聚会频率这三个变量也有显著的影响，其中除参与社团是和政治信任度呈正相关关系外，受教育年限及和亲朋聚会频率这两个变量与信任度都是呈负相关关系。具体来说，在统计控制条件下，受教育程度越高、和亲戚朋友聚会频率越高，则该居民对特区立法会的信任度就越低；反之，则越高。相对没有参加社团的人，参加社团的人政治信任度也较高。通过比较 T 统计量绝对值大小也可以看出，这三个变量所发挥的影响力和解释力相当。

在居民对澳门特区政府组织信任度的回归模型中，除社会信任、政策满意度有显著影响外，政治透明度和年龄（36—50 岁）这两个变量也有显著影响，并且都和该信任度呈正相关关系。具体来说，在统计控制条件下，相比 18—25 岁的居民，年龄为 36—50 岁的居民，感受到的政治透明度越高，则该居民对澳门特区政府组织信任度越高。比较 T 统计量绝对值大小可以看出，政治透明度的影响力最大，年龄（36—50 岁）的影响力次之。

在居民对澳门特区政府官员信任度的回归模型中，除社会信任、政策满意度有显著影响外，政治透明度、外部政治效能、内部政治效能、性别（男性）和年龄（36—50 岁）也有显著影响，而且除性别（男性）和外部政治效能与该信任度呈负相关关系外，其他变量都与该信任度呈正相关关系。具体来说，在统计控制条件下，相比男性、年龄为 18—25 岁的居民，女性、年龄为36—50岁，内部政治效能感和政治透明度越强，外部政治效能感越弱，则对特区政府官员的信任度更强。通过T统计量绝对值大小比较也可以看出，政治透明度的影响最强，外部政治效能、内部政治效能和性别（男性）的影响次之，年龄（36—50岁）的影响则最弱。

在居民对澳门特区一般公务员信任度的回归模型中，除社会信任、政策满意度有显著影响外，政治透明度、政治关注度和内部政治效能也有显著影响，这些变量都与该信任度呈正相关关系。具体来说，在统计控制条件下，政治关注度越高、内部政治效能感和政治透明度越强，则居民对澳门特区一般公务员的信任度越高。通过T统计量绝对值大小比较也可以看出，政治透明度和政治关注度的影响较强，内部政治效能的影响较弱。

二 分析及讨论

（一）社会信任和政策满意度的影响力

从四个模型中可以看出，社会信任和政策满意度这两个变量在4个模型中都非常显著（显著度为0.01），表现出澳门居民对这四种类型机构、人员信任程度的高度相关关系。具体而言，在统计控制条件下，澳门居民的社会信任感越强，政策满意度越强，则其对这四种类型机构、人员的信任程度就越强。而从T统计量的绝对值大小比较来看，在澳门居民对特区立法会和一般公务员信任程度的两个回归模型中，社会信任都比政策满意度的解释力要强，但是对前者来说，社会信任比政策满意度的解释力只是稍微高了一些（T值分别为6.53和5.19），对后者来说，则社会信任比政策满意度的解释力高了很多（T值分别为5.71和3.2）。在澳门居民对特区政府组织和政府官员信任度的两个回归模型中，结果显示，是政策满意度比社会信任的解释力更强一些。

可见，澳门居民对政府组织和政府官员的信任度，更多是由政府的绩效即居民对政策的满意度来解释的，而更少是由居民的这种信任倾向或者说个人性格（社会信任）来解释的。而澳门特区对特区立法会和一般公务员的信任度则正好相反，更多是由居民的信任倾向——社会信任来解释的，更少是由政府的绩效即政策满意度来解释的。这是非常有趣的现象，总体而言，澳门居民对这四种类型机构或人员的信任度中，社会信任和政策满意度都有显著的影响。

澳门居民对政府组织和政府官员的信任度更多是由政策满意度来解释，可能是因为居民在评价对政府和官员的信任时，感到这种信任更多可以由政府绩效来决定。因为政府绩效和政府组织、政府官员的联系更为紧密一些，另外政府组织和政府官员也是媒体报道内容较多，而居民和它们打交道也更多，从而相比对立法会和一般公务员来说，会对它们有更多了解。而居民对立法会和一般公务员的信任更多是由社会信任来解释，可能是因为居民认为，政策满意度和立法会及一般公务员的关系没有那么紧密，而且也没有太多对他们判断的依据或是理由，因此会下意识更多地从自身的信任倾向出发，从一般接触的印象出发，得出对他们信任度的不同评价。

克莱基格等学者在分析政治信任时也指出，在位者为基础的信任和这种工作满意度的绩效变量有最强烈的关系。这和笔者的研究结论也是相符的。他们也提出，以政体为基础的信任比起以在位者为基础的信任来说，更多的是和爱国主义紧密相联系的，即和情感上对该国家、地区的认同相联系。①

因此，可以这样解释，社会信任也是情感上对国家、地区认同的一个重要标志，更多和对立法会、一般公务员这种离政府绩效较远的对象信任度相关；而在位者为基础的信任其实就是对政府和对政府官员的信任度，则更多是和政府绩效这种变量有更强烈的相关关系。

（二）政治透明度的影响力

政治透明度变量在 4 个回归模型中表现也很突出，除了在对立法会的信任模型回归中，该变量没有显著作用外，在其他三个回归模型中，除了社会信任和政策满意度变量是最为显著的变量，政治透明度变量作用也非常突出。

这也说明了政治透明度确实是人民评价政府、政府官员、公务员的一

① Craig, Stephen C. Richard G. Niemi, Glenn E. Silver,“ Political Efficacy and Trust: A Report on the NES Pilot Study Items”,*Political Behavior*, 1990,12(3),pp. 289-314.

个重要指标。政治透明度体现了政务公开的程度，政治越透明，则人们对政府、政府官员、公务员的信任度就会越高。而对于立法会的信任，政治透明度没有起作用，可能是因为政务公开这种测量方式，它更多的是和政府、政府官员相联系的，而和立法会相对联系较远。

（三）政治效能的不同影响

克莱基格等学者曾指出外部效能是和以在位者为基础的信任正相关的，反映了民主体制中对在位者的评价部分是由政治过程是否对公众公开来判断的。[①]但是，内部效能则和以在位者为基础或是以政体为基础的信任都不相关。本书的研究结论稍有不同。研究发现，内部政治效能感和居民对政府官员与一般公务员的信任度有正相关关系，但是外部政治效能感则主要是和居民对政府官员的信任度有负相关关系。即研究结果显示，如果将对人的信任和对机构的信任分为两类的话，那么从表 5-2 可以看出，政治效能显然和居民对人（政府官员和一般公务员）的信任更为相关，而政治效能和居民对机构（立法会和政府）的信任相关度更低，具体来说，只是在居民对政府官员和一般公务员的信任程度上，政治效能可以有一定的解释力。

第三节　政治信任的间接测量及分析

本书为更好度量澳门的政治信任，也根据美国选举调查研究对政治信任的测量问题，并进行了适当变形，来进一步测量澳门居民和政府之间的信任关系。

一　澳门居民政治信任间接测量的回归模型分析

笔者将间接测量政治信任的指数作为因变量，将上述直接测量回归模

① Craig, Stephen C. Richard G. Niemi, Glenn E. Silver," Political Efficacy and Trust: A Report on the NES Pilot Study Items" ,*Political Behavior*, 1990,12(3),pp. 289-314.

型的解释变量同样纳入，采用多元线性回归模型进行分析，并且为了更准确说明各解释变量和因变量之间的关系，也渐次进行了 4 个模型的处理和分析（见表 5-3），以期达到更为准确的分析效果。

在模型 1 中，只纳入人口特征的变量，结果显示，性别、年龄（51 岁以上）和工资都对澳门居民的政治信任变量有显著影响，解释力达到 11.81%，而受教育程度对澳门居民的政治信任度并没有显著影响。具体来说，在统计控制的条件下，澳门的男性居民相对于女性居民来说，政治信任度更低；年龄为 51 岁以上的澳门居民相对于年龄在 18—25 岁的居民来说，政治信任度更高；工资大于 5000 澳元相比工资 5000 澳元以下的居民，政治信任度都反而更低。通过 T 统计量绝对值大小的比较，可以判断，在人口统计特征变量中，年龄为 51 岁以上对澳门居民的政治信任变量有着最为显著的影响，工资为 15000 澳门元以上和性别为男性的影响其次，而影响最小的是工资为 5000—10000 澳门元和工资为 10000—15000 澳门元。

在模型 2 中，加入了政治卷入的四个变量后，模型 2 的解释力为 24.07%，相比模型 1 的解释力提高了约 13%。研究发现，性别、年龄（51 岁以上）和工资变量的影响并不因加入的其他变量而发生改变，而且在统计控制的前提下，原有个人统计特征变量对政治信任的影响方向和模型 1 相同；同时研究显示，政治卷入的四个变量都对澳门居民的政治信任有显著影响。具体表现为，居民讨论政治或时事话题的频率越高，则其政治信任度越低；而越是关注政策性新闻的澳门居民，其政治信任度则越高；居民的内部和外部政治效能越高，则其政治信任度也越高。通过 T 统计量绝对值大小的比较，可以判断，外部政治效能的影响最强，工资为 15000 澳门元以上的影响次强，接下来是政治关注度、年龄（51 岁以上），而工资为 5000—10000 澳门元及 10000—15000 澳门元、政治讨论、内部政治效能、教育和性别变量对政治信任影响最弱。

在模型 3 中，又加入社会资本变量，模型 3 比模型 2 的解释力只稍微增强了约 1%，达到 25.69%。研究发现，性别（男性）、年龄（51 岁以上）、教育、工资变量和政治卷入这几个变量的影响并不因加入的其他变量而发生改变，它们对政治信任度的影响仍然显著存在。具体来说，在统计控制的前提下，社会网络的三个变量都对政治信任度没有显著影响；而只有社会信任对政治信任度有显著影响，澳门居民的社会信任得分越高，则政治信任的得分也越高。通过 T 统计量绝对值大小的比较，笔者发现，外部政治效能的影响力最强，工资为 15000 澳门元以上的影响次强，社会信任对政治信任度的影响力则仅排在第三位，接下来分别是年龄 51 岁以上、政治关注度、工资（10000—15000 澳门元）、性别（男性）、内部政治效能、外部政治效能、政治讨论，教育和工资（5000—10000 澳门元）的影响相对最小。

最后在模型 4 中，加入了政府绩效的两个变量：政策满意度和政治透明度，结果显示，模型总体解释力高达 38.97%，比模型 4 增加了约 13%，显示政策满意度和政治透明度对政治信任度的解释力约为 13%，政府绩效对政治信任的解释力看来非常强。在纳入这两个变量后，和模型 4 相比，原有的年龄（51 岁以上）、工资（10000—15000 澳门元和 15000 澳门元以上）、外部政治效能、社会信任变量依然都保持显著，而且影响方向不变，但是，性别（男性）、受教育程度、工资（5000—10000 澳门元）、政治讨论、政治关注度、内部政治效能都对政治信任影响不再显著。具体来说，新加入的两个变量中，澳门居民的政策满意度越高，则其政治信任度越高；澳门居民感受到的政治透明度越高，则政治信任度也越高。通过 T 统计量绝对值大小的比较，笔者发现，政策满意度对政治信任度的影响最强，其次是政治透明度，工资（15000 澳门元以上）、年龄 51 岁以上和工资（10000—15000 澳门元）的影响更次之，影响相对较弱的是社会信任和性别（男性）。

表 5-3　　澳门居民政治信任间接测量影响因素的多元回归模型分析

	模型 1		模型 2		模型 3		模型 4	
变量	系数	T 统计量	系数	T 统计量	系数	T 统计量	系数	T 统计量
个人社会经济变量								
性别（男性）	-2.21**	-3.31	-1.27*	-1.97	-1.58*	-2.44	-1.07	-1.81
年龄								
26—35 岁	0.19	0.18	0.35	0.36	0.185	0.19	1.06	1.23
36—50 岁	1.94	1.83	1.89	1.90	1.82	1.85	1.65	1.85
51 岁以上	4.98**	4.05	3.90**	3.33	3.74**	3.16	3.42**	3.18

续表

	模型 1		模型 2		模型 3		模型 4	
受教育年限（年）	-0.22	-1.67	-0.28*	-2.24	-0.28*	-2.18	-0.17	-1.49
工资								
5000—10000 澳门元	-2.98**	-2.69	-2.52**	-2.43	-2.07	-1.96	-1.57	-1.64
10000—15000 澳门元	-2.64*	-2.16	-3.48**	-3.04	-3.06**	-2.65	-2.65*	-2.53
15000 澳门元以上	-5.34**	-3.84	-5.67**	-4.32	-5.20**	-3.97	-3.92**	-3.28
政治卷入								
政治讨论			-0.95**	-2.77	-0.83**	-2.33	-0.09	-0.29
政治关注			0.89**	3.13	0.88**	3.05	0.38	1.44
外部政治效能			2.34**	6.99	2.04**	5.76	0.70*	2.01
内部政治效能			0.82*	2.47	0.81*	2.41	0.11	0.32
社会资本								
社团组织参与（参加）					-0.56	-0.78	-0.97	-1.48
社会文化活动的参与					-0.08	-0.27	0.07	0.25
和亲戚朋友聚会					-0.25	-0.88	-0.48	-1.85
社会信任					0.93**	3.70	0.57*	2.46
政府绩效								
政策满意度							0.45**	8.85
政治透明度							1.82**	4.77
常数项	0.16	0.07	-0.07	-0.03	-1.60	-0.74	-10.10**	-4.75
Adj R-squared	11.81%		24.07%		25.69%		38.97%	
F 检验量	9.71**		14.60**		12.12**		19.27**	
样本量	521		516		516		516	

注：（1）* 表示显著性 P<0.05，** 表示显著性 P<0.01。

（2）F 检验量表示模型整体显著性的统计检验值。

（3）Adj R-squared 为调整的确定系数，表示在考虑自变量数量条件下的模型解释能力，即包含一定数量自变量的模型可以解释因变量（政治信任）变化的比例。

（4）在各自变量中，性别的参照类为女性；年龄的参照类为 18—25 岁；工资的参照类为 5000 澳门元以下；参加社团组织的参照类为没有参加社团组织。

二 分析及讨论

总体来看，澳门居民政治信任的间接测量和直接测量回归模型的解释变量和影响力大小还是有一定的不同。在间接测量的回归模型中，政府绩效的两个变量发挥了决定性的影响作用。其中，政策满意度和政治信任的正相关关系最强，政治透明度的影响次强。社会信任相对而言并不占据主要地位，在诸多解释变量中，影响力只占据第六位。尤为重要的是，在统计控制的条件下，政治卷入的三个变量、社会网络和政治信任的相关关系也不再存在了，表面看来，它们似乎对政治信任并没有什么大的影响。只有外部政治效能还和政治信任有一定的正相关关系。

另外，要强调指出的是，一些人口特征变量在本回归模型中起到了很强的影响力。人口特征变量可以解释政治信任的 11.81%。而即使在加入所有变量后，人口特征变量中的工资、年龄和性别仍然是显著的。具体来说，澳门居民如果是男性，相比工资在 5000 澳门元以下，工资在 10000 澳门元以上的居民，其政治信任度都会更低。非常有趣的是，男性居民受教育程度更高的、收入越高的精英看来反而是政治信任度较低的居民。而女性看来对政府有更高的信任度，年龄越大也越倾向于信任政府。

第四节　社会资本、政府绩效的比较分析

从以上针对政治信任两种测量方式的模型来看，社会资本和政府绩效都发挥了较为重要的影响，两者都是影响政治信任的重要因素。那么，在理论和实证研究中如何理解和分析社会资本、政府绩效对政治信任的影响呢？

一　社会资本和政治信任

本书的研究结果显示，应用直接政治信任的测量方式，则在澳门，社会信任和政治信任之间存在很强的相关关系。但是从很多学者的研究中，我们发现，社会信任和政治信任之间的关系非常有趣。社会学家科尔曼也把社会资本概念的产生放到更为宽阔的理论框架之中，即将经济学理性选择模型与社会学的社会结构分析联系起来。[①] 由此，这种联系让很多发现它们之间有一定相关关系的学者提出，这种相关关系可能需要一定的限制条

① 邱建新：《信任文化的断裂——对崇川镇民间“标会”的研究》，社会科学文献出版社 2005 年版，第 299 页。

件，例如政治环境、社会传统、社会财富分配状况、文化环境等种种因素。

阿尔蒙德和维巴发现，在美英两国，一个人在政治领域的观点，似乎同他对社会生活的看法密切相关，而在联邦德国、墨西哥和意大利，社会态度和政治态度之间的融合就比较少。他们认为，可能的答案是，美英两国的每个人从孩提时代就被给予了同其他人一起参加团体活动的机会。这种早期同团体打交道的经验，可以说是公民合作的一种主要根源，从而社会领域的态度和政治领域的态度被融合在一起。①

利特发现政治环境是影响社会信任和政治信任之间关系的重要因素。②在美国马萨诸塞州布鲁克莱恩（Brookline），对人民的信任是和政府信任相关的，那里的政府有一种诚实的传统，公民不信任的主导因素是性格变量；而在波士顿，那里的政客一般被认为是不诚实的，对人民的信任在那里也被发现是和政府信任不相关的，政治环境 (political milieu) 成为公民不信任的主要因素。由此，与社会信任和政治信任有相关关系的背景地区一般是一个相对和平、有共识的社会。

安布勒发现，就法国而言，人们对非政治机构的信任是和政治信任有正相关关系的，但是这种相关系数非常低，以致从一个人的社会信任度去预测他的政治信任度是几乎不可能的。他这样解释法国的社会情况：存在一种政治犬儒主义的传统，大多数人都认同社会关系的正常规则并不适用于政治这个领域。因此，社会传统被认为是影响社会信任和政治信任关系的重要因素。③

社会财富的分配状况也被认为是影响社会信任与政治信任的重要因素之一。一个社会的财富分配越平等，其社会信任与政治信任的水平也就越高。在没有共产主义遗产的国家中，社会信任与基尼系数之间的相关度是 0.684。在 33 个民主国家中，当收入不平等被拉大时，社会信任

① ［美］加布里埃尔·A.阿尔蒙德、西德尼·维巴：《公民文化——五个国家的政治态度和民主制》，东方出版社 2008 年版，第 260 页。

② Edgar Litt ,"Political Cynicism and Political Futility" ,*Journal of Politics*,1963,25(2),pp.312-323.

③ Ambler John, " Trust in Political and Nonpolitical Authorities in France" ,*Comparative Politics*, 1975,8(1),pp.31-58.

和政治信任水平就会下降。社会财富的公平分配能够在两个方面提升信任：第一，财富的公平分配能够使公民变得更为乐观，而乐观正是个体信任倾向的基石；第二，财富的公平分配能够缩减不同群体之间的社会距离，对于信任者（公民）而言，制度及其规则为他们提供了规避信任风险的保障措施。[①]

社会信任和社会资本、政治信任和政治资本之间的关系并不是简单的或是直接的，这一点已经可以确认。但纽顿则进一步强调指出，从个人层面上的研究数据分析并不能确认社会资本和政治信任之间的关系。因为社会资本和公民社会是社会系统的社会和集体特征，并不是个人自身可以携带的一个特征，所以这种关系应该从社会层面上寻找，而不是从个人层面上寻找。他认为，并不能从一个人的社会信任程度去预测他的政治信任程度，但是从社会体制层面或是国家层面而言，拥有相对较高的社会信任的国家通常也会有相对较高的政治信任水平。从国家层面而言，他发现拥有最高程度社会信任的国家通常是那些最为富裕的国家——挪威、芬兰、瑞典、丹麦和冰岛；而最低程度社会信任的国家则是巴西、土耳其、罗马尼亚和斯洛文尼亚。但是国家层面上这种社会信任和政治信任之间的关系有时又不一定是紧密的，也有例外。他特别提出日本和芬兰，这两个国家都拥有较高的社会资本和社会信任水平，然而其政治信任程度都处于较低水平。这是因为这两个国家都存在较严重的政治问题[②]，例如联盟政府的长期失败、政治腐败或无能的历史、对体制的外部冲击、高失业率或通货膨胀、较差的经济绩效或战争失败等。这些都会导致较高的社会资本并伴随着较低的政治资本。但是那些有较少社会资本的国家会发现很难创建政治资本，而那些有很好基础社会资本的国家则更容易重建高水平的政治资本。

马得勇和王正绪也通过对全球 69 个国家的实证数据进行比较分析后发现，社会资本能否对政府治理产生影响，依赖于一定的制度环境。[③]在民

---

① ［美］埃里克 · 尤斯拉纳：《信任的道德基础》，中国社会科学出版社 2006 年版。

② Newton Kenneth, “ Trust, Social Capital, Civil Society, and Democracy” ,*International Political Science Review*, 2001,22(2),pp.201-214.

③ 马得勇、王正绪：《社会资本、民主发展与政府治理——对 69 个国家的比较研究》，《开放时代》2009 年第 3 期。

主制度建设不完善、民主发展水平较低的情况下，社会资本对政府治理并不能产生显著的影响；只有在民主发展水平比较高、民主制度比较健全的情况下，社会资本才能显著地促进政府治理绩效的提高。而且，民主制度建设得越完善、越充分，社会资本对治理的正面促进作用才越大。

因此，个人的社会信任和政治信任之间的关系更有可能是由社会和政治制度有效性所决定。而且社会资本和政治资本之间的关系也不必然是紧密或是对称的——高水平的社会信任可能和高水平的政治信任相关，但是并不必然是这样。很难想象一个运作良好的政府会没有稳固有效的制度基础。

基于以上讨论也可以看到，社会资本和政治信任之间存在着一定的相关关系，但这种关系不是直接或简单的，而是有条件变量在起作用。具体来说，政治环境、社会文化传统、历史因素、社会稳定、社会财富情况等都会对这种关系起到一定的作用。这些因素中如果哪一方面特别令人不满意，就会造成社会资本和政治信任相关关系的割裂。例如，如果社会政治腐败现象严重，经济绩效较差，则民众的政治信任肯定下降，而无关其社会资本存量是否良好。

二 政府绩效和政治信任

就社会资本和政府绩效谁更能解释和预测政治信任而言，从政治信任直接测量回归模型的结果表面看来，似乎社会信任（即对社会资本的主要测量）比政策满意度（即对政府绩效的主要测量）对政治信任的解释力更强一些。但实际上，有研究指出，政治信任在统计上与政治因素更为相关，而不是和社会信任相关度更高的社会因素更为相关，例如收入、教育、社会地位、生活满意度。[①]笔者对政治信任的间接测量方式也展示了以上的解释路径。正如纽顿所指出的，政治信任“并不是‘信任性格’的一个基本特征，而是对政治世界的一个评价。这使信任作为公民眼里政治系统绩效表现的试金石”。[②]

① Abramson, Paul R. and Finifter, Ada W.,“On the Meaning of Political Trust: New Evidence from Items Introduced in 1978”,*American Journal of Political Science*, 1981, 25(2),pp. 297-307.

② Newton Kenneth,“ Trust, Social Capital, Civil Society, and Democracy”,*International Political Science Review*, 2001,22(2),p.205.

对政治文化和政治社会化研究最有趣的是，除了短暂公共舆论泡沫之外，还需要深入分析一个特定文化背景下人们对政府和政治更持久的感情。因为，无可怀疑的是，人们对政治团体、政治规则和机构的态度往往比当时当日对政府的舆论更为稳定。就法国和美国近年来的发展经验而言，公民对政府的信任或不信任根本上仍是由和政府行动的经验所形成的——这种经验或是直接的个人体验，或是他所在的团体所解释的体验。[①] 据此，安布勒提出了很多解释，尽管他的数据无法证实他的结论，但他仍然认为相比于社会信任，对政府绩效的满意度往往是更为重要的长期因素。

小罗杰斯对黑人青少年政治犬儒主义的研究发现，心理因素（即社会信任）和政治因素对于黑人青少年的政治效能和政治犬儒主义都有显著影响。[②] 但他强调指出，政治评价看来是更为重要的，尽管社会信任也有一定影响。金既勇认为，政治信任是由政府绩效决定的事实会导致其和社会信任之间另外一个重要的区别：当社会信任和社会资本是由文化规则和价值观形成的，它是一种长期的力量，而对政治机构的信任则部分可以短期内由于政府机构的短期变动而相应改变。[③] 这种区别尤其重要，因为它指出了这样的事实，即首先并主要依赖社会资本来解救政治不信任是不太明智的，因为政治信任度是与变动的政治事件相一致的，而且也很难在短时间内形成社会资本的存量。

达维斯对墨西哥 1973 年实证调查的研究结果证实，转型社会中的社会不信任并不必然会导致政治犬儒主义。[④] 对墨西哥市人民来说，政治信任的关键解释变量实际是人们对该政体象征性意义和实际的绩效表现的看法。即如果人民对绩效满意，则不管他们对其他人的信任态度是什么，他们一般都会倾向于更信任领导人；而如果人民对绩效并不满意，那么即使

---

① Ambler, John，“Trust in Political and Nonpolitical Authorities in France”,*Comparative Politics*, 1975, 8(1), pp.31-58.

② Rodgers, Jr. Harrell R.，“Toward Explanation of the Political Efficacy and Political Cynicism of Black Adolescents: An Exploratory Study”, *American Journal of Political Science*, 1974,18(2), pp.257-282.

③ Kim, Ji-Young,“Bowling Together Isn't a Cure-All: The Relationship between Social Capital and Political Trust in South Korea”, *International Political Science Review*, 2005,26(2),pp.193-213.

④ Davis, Charles L.，“Social Mistrust as a Determinant of Political Cynicism in a Transitional Society: An Empirical Examination”, *The Journal of Developing Areas*, 1976,11(1),pp.91-102.

他们一般来说更信任其他人，他们也会更倾向于怀疑政治当局。即社会不信任，并不能作为所有条件下政治犬儒主义的一个原因。只有在政治当局被看成有利于某个特定阶级的利益时，社会不信任才会有一定的影响。

以上分析可以看出，大多数学者都认同政治信任作为反映人们对政治世界的信念与观点，虽然社会资本有一定的影响和作用，但它更多是由人们对政治体制的评价而决定的。即政府绩效作为社会信任和政治信任之间的中介变量，起着非常重要的作用。

三 社会资本、政府绩效和政治信任之间的路径分析

由以上理论可以看出，社会资本和政治信任之间在一定条件下的确存在着相关关系，而政府绩效也可以作为社会资本和政治信任之间的中间变量而发挥作用。因此，笔者尝试应用路径分析方法，试图发现澳门的社会资本、政府绩效和政治信任之间的路径关系。

在对社会资本测量方面，具体而言，不同的学者在量化社会资本时会侧重社会资本的不同维度。例如英格尔哈特、奈克和克服（Knack & Keefer）以及布斯和理查德（Booth & Richard）都侧重于主观的道德规范和价值观念，即主要测量社会信任。[①]笔者在做回归模型时，尝试将社会网络和社会信任都纳入模型中，并发现社会信任显然比社会网络对政治信任更有解释力。因此，这里的路径分析也将主要用社会信任这个变量作为社会资本的测量维度。

而对政府绩效的测量方面，由于政策满意度显然比政治透明度对政治信任有更强的解释力。因此，这里的路径分析也将主要用政策满意度变量作为政府绩效的测量维度。

在构建模型之前的理论奠基上，笔者假设，政府绩效是社会资本和政治信任之间的中介变量，但是社会资本仍然对政治信任有一定的直接影响力。正如卢克探讨美国政治信任下降的原因时所指出的，社会资本

---

① 转引自卢春龙《西方政治学视野中的社会资本理论》，《中共浙江省委党校学报》2010年第5期。

是影响政治信任的一个潜在的长期变量。[①]而金既勇在对韩国的社会资本和政治信任关系研究时，也将政府绩效作为影响社会资本和政治信任的中间因素。[②]根据这种理论预测，这三个变量之间的路径分析关系见图5-1：

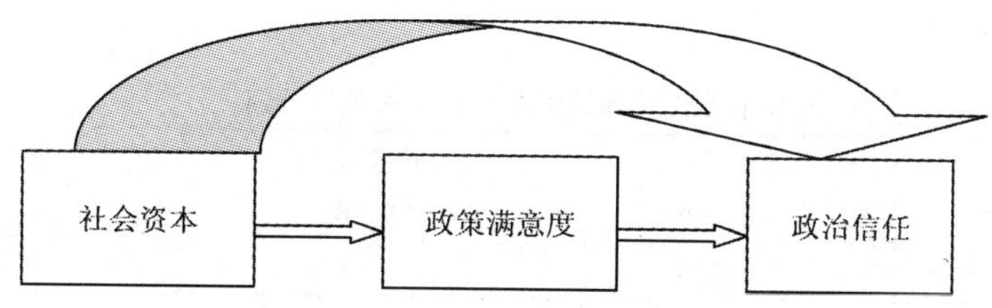

图5-1　社会资本、政策满意度和政治信任的路径

由于政治信任有两种测量方式，因而笔者根据以上路径做了两个模型，其中模型1（针对政治信任的直接测量）的方程为：

政策满意度=0.304社会信任+E2

政治信任=0.376政策满意度+0.268社会信任+E3

模型检验发现，模型的内在一致性信度检定（Cronbach's alpha）为0.523，显示模型总体拟合度非常好。两个变量的直接效应和间接效应分解（见表5-4）如下：

表5-4　对政治信任（直接测量）的各种效应分解

	直接效应	间接效应	总效应
社会信任	0.268	0.114	0.382
政策满意度	0.376	—	0.376

注：表格里的相关系数为标准化系数。

模型2（针对政治信任的间接测量）的方程为：

政策满意度=0.305社会信任+E2

① Keele Luke, "Social Capital and the Dynamics of Trust in Government", *American Journal of Political Science*, 2007,51(2),pp.241-254.

② Kim Ji-Young, "Bowling Together Isn't a Cure-All: The Relationship between Social Capital and Political Trust in South Korea", *International Political Science Review*, 2005,26(2),p.197.

政治信任 =0.526 政策满意度 +0.116 社会信任 +E3

模型检验发现，模型的内在一致性信度检定（Cronbach's alpha）为 0.401，显示模型总体拟合度非常好。两个变量的直接效应和间接效应分解（见表 5-5）如下：

表 5-5 对政治信任（间接测量）的各种效应分解

	直接效应	间接效应	总效应
社会信任	0.116	0.161	0.277
政策满意度	0.526	—	0.526

注：表格里的相关系数为标准化系数。

正如对政治信任两种测量方式的路径分析所示，政治信任的两种测量方式对这种理论假设都给予了肯定的证实。社会资本的确一方面发挥着对政治信任的直接效应，而另一方面，又以政府绩效为中介变量，对政治信任发挥着间接影响。

从政治信任这两种测量方式的不同路径分析来看，在政治信任的直接测量方式中，社会信任的直接效应更强，再加上其对政府绩效的间接效应，因而在对政治信任的直接测量方式回归模型中，社会信任无疑显示了更强的解释能力；而在对政治信任的间接测量方式回归模型中，社会信任的间接效应比直接效应强，但社会信任的总效应仍然比不上政策满意度的总效应，从而政府绩效解释在政治信任间接测量方式的回归模型中占据主导地位。表 5-6 对政治信任两种测量的净相关系数也从另一侧面证实了这点。即政治信任直接测量方式中，社会信任的净相关系数远比政治信任间接测量方式中更大，从而导致了两种不同测量方式的差异。

表 5-6 对政治信任两种测量的净相关系数

变量	政治信任直接测量的净相关系数	政治信任间接测量的净相关系数	总效应
社会信任	0.287	0.134	0.277
政策满意度	0.387**	0.521**	0.526

注：** 表示 P<0.01。

那么，在澳门，社会资本是如何通过政府绩效加强了人们的政治信任呢？

就澳门的社会资本情况而言，更应该深入阐述的是澳门的社团。这也符合帕特南的社会资本理论的逻辑：社团→沟通合作→平等交换规范→互信→社会资本→政经发展。[①]正如上文所述，澳门社团在发展过程中，的确发挥了沟通合作的功能，并且使社会信任有更多的增长，民间社会和政府之间也形成了一定的共识和互信，从而使澳门有更浓厚的社会资本。娄胜华就指出，社团投入的各种社会活动，有利于加强它们相互间的沟通和网络联系，促进社会凝聚。而且社会资本可以为其拥有者带来"利益"和"搞定事情"，使社团成员之间加强了互相信任，并且当一个人作为多个不同组织成员时，通过相互交叠的成员身份从不同组织内部的互动获得信任就有可能扩展到整个社会。[②]

但就澳门的政治经济发展而言，笔者认为，澳门社团更多是促成了澳门的政治发展，在经济发展方面虽然也做了一定的贡献，但更多的应该是归功于澳门特区政府采取的赌权开放和种种经济措施。

在澳门社团促进澳门政治发展、协助澳门政府治理社会中，很多学者也看到了社团的积极作用。娄胜华就指出，澳门的民间社团和其他地区不同，它曾经一度担当政府功能的替代者角色。在葡治时代，澳葡政府由于其资源能力和沟通能力，无法提供覆盖全澳的公共物品、社会权威与社会秩序，民间社团由此成为政府功能的替代者，社会公共事务的社团化，从提供简单的初级公共物品满足居民的生存性需求，到社会政治参与乃至文化价值观念的社会供给，发展到了"拟政府化"程度。但是，随着回归后澳门殖民体制的消亡，民间社团的某些附加功能，如政治对抗与意识形态对立、身份证明、中葡沟通等功能，趋向消亡、萎缩或剥离、归位。政府不断回应居民诉求，扩大政府公共物品供给，包括教育文化、医疗卫生、社会福利在内的社会公共服务都纳入了政府职能之中。[③]

---

① 陈健民、丘海雄：《社团、社会资本与政经发展》，《社会学研究》1999 年第 4 期。

② 娄胜华、潘冠谨、林媛：《新秩序：澳门社会治理研究》，社会科学文献出版社 2009 年版，第 140 页。

③ 娄胜华：《澳门社会生态的变化与社团组织的发展》，参见余振、邝锦钧、余永逸编《双城记Ⅲ——港澳政治、经济及社会发展的回顾与前瞻》，澳门社会科学学会 2009 年版，第 544 页。

在政治功能表达方面，和香港不同的是，澳门是一个相当传统的、注重人际关系的中国人社会，而且传统社团的影响力很大。由社团支持的候选人，通过层层的人际关系和基层组织，对升斗市民产生很大的影响力。澳门选民则在一定程度上由于“其他人介绍”或认识某候选人而投某人一票。香港则是一个国际大都市，传统社团的影响力日渐式微，向往个人自由主义的中产阶级、专业人士成为社会的主流，选民的投票行为因此比较理性化。①

要注意到的是，澳门的政府和社会在交互行为过程中，充斥的是交流和妥协，而非监察和控制。如此，才形成澳门社会中政府在日常管理中对社团的借重，社团在日常行为中对政府的理解和批评。②由此，社团原有的“社会自治”功能进一步“功能内卷”，使社团的社会资本弱化并进而影响到了社团“利益代表”功能的维持。③

也就是说，在回归后，澳门特区政府作为“澳人治澳”的代表，政府与居民的关系变成了服务提供者与被服务者的关系，澳门居民可以通过不同渠道与政府建立更为直接的联系与沟通，社会成员的利益诉求和表达不一定要经过社团通道。社团仅仅是社会成员利益表达可以选择的渠道之一，而不再是唯一的，尽管社团仍然是澳门社会治理体制的重要组成部分。如果说回归前社会成员表达利益的途径是“社会成员→社团→政府”的话，那么回归后的途径就变为“社会成员→（社团）→政府”，社团是否成为民众选择与政府联系的中间性环节，取决于民众的选择偏好，而不是制度约束，由此，澳门居民的社团参与程度也较回归前显著降低。④

对于社团而言，虽然原来承担的提供公共物品和公共服务的功能仍然存在，但是其资源以政府输入为主，属于一种新型的政府购买服务的方式。长期以来，政府对民间社团（尤其是功能领域内的代表性社团）的赋

① 余振、刘伯龙、吴德荣：《澳门华人政治文化》，澳门基金会 1993 年版，第 100 页。
② 聂安祥：《社会交往行为与认同——澳门社会结构探析》，广东人民出版社 2009 年版，第 146 页。
③ 娄胜华、潘冠瑾、林媛：《新秩序：澳门社会治理研究》，社会科学文献出版社 2009 年版，第 187 页。
④ 娄胜华：《澳门社会生态的变化与社团组织的发展》，参见余振、邝锦钧、余永逸编《双城记Ⅲ——港澳政治、经济及社会发展的回顾与前瞻》，澳门社会科学学会 2009 年版，第 542 页。

权、物质性与非物质性资助成为社团赖以生存的物质条件和合法性基础，社团实际上对政府形成了某种程度的依赖。这种社团与政府的紧密型合作关系虽然令政府可以更加方便地施政，但是却削弱了澳门民间社会的独立性与自主性，令社团难以发挥现代社会所需要的功能。[①]正如聂安祥所言，澳门社团在发展的历史中，要求的是对政府的影响，以获得资源的合理分配，而缺乏韦伯所倡导的暴力倾向，因而澳门社团只能作为一种“弱政治社团”。[②]

澳门社团的社会资本虽然在回归后由于种种原因造成了一定的弱化，使社团的影响力日渐下滑，但社团的这种长期历史在很大程度上仍然促成了社会信任的生长，而澳门社会本身固有的社会结构[③]也为其社会资本的维持和增加提供了养料。为此，在解释澳门居民政治信任时，在直接评判居民政治信任时，社会资本因素起了非常重要的作用；而在具体评价政治系统时，社会资本又显示了相对较弱的影响。

第五节　政治信任两种测量的比较和解读

以上笔者分别对澳门居民政治信任的两种测量进行了回归模型的分析和讨论，研究结果显示，这两种测量在解释力和自变量上都有一定的相似性，也有一定的差异，那么，如何解读这两种测量方式的异同呢？

---

① 娄胜华：《澳门社会生态的变化与社团组织的发展》，见余振、邝锦钧、余永逸编《双城记Ⅲ——港澳政治、经济及社会发展的回顾与前瞻》，澳门社会科学学会2009年版，第545页。

② 聂安祥：《社会交往行为与认同——澳门社会结构探析》，广东人民出版社2009年版，第146页。

③ 正如郑宏泰等学者在论述澳门的社会资本时所谈到的那样，澳门的社会结构使其社会资本较香港更浓厚些。“从人口规模而言，只有50万左右人口的澳门，多少仍保留着浓烈人情味，日常的接触自然亦出现较多的‘相熟面孔’；房屋结构的并不太高，单位之间较少阻隔，而很多楼宇仍以‘走楼梯’方式上落，增加了左邻右里的交往寒暄；社区之间的相对稳定，不需经常搬迁，则有助彼此关系的稳定发展；至于生活步伐没有香港般急促，以及对资源的竞争没有香港般激烈等，相信亦是澳门人较容易或较愿意向家人以外的人寻求协助，亦较愿意向邻居施以援手的其中一些原因所在”。郑宏泰、黄绍伦、孔宝华：《港澳社会资本初探与比较》，载自余振、邝锦钧、余永逸编《双城记Ⅲ——港澳政治、经济及社会发展的回顾与前瞻》，澳门社会科学学会2009年版，第419页。

一 政治信任两种测量方式的比较

（一）政治信任两种测量方式的不同

问卷中对澳门居民政治信任的直接测量方式是较为直接的，笔者直接询问了居民对澳门特区立法会、特区政府、政府官员和一般公务员的信任程度；而间接测量是借鉴美国选举调查中对政治犬儒主义、政治信任较为经典的5个问题，并相应进行了适应澳门本土的变形。西方学者在分析政治信任时，经常将其分为以政体为基础的政治信任和以在位者为基础的政治信任[①]，并认为这两种政治信任有一定的不同。从这点来看，本书研究的政治信任的两种测量方式似乎也可以这样分类，即广义的政治信任和狭义的政治信任，前者是指对政治系统、政府官员、一般政府工作人员的信任（直接测量），而后者则是指具体对政府、政府官员的信任（间接测量）。研究结果显示，将两种测量方式做相关分析，Pearson相关系数高达0.5875，可见两者确实有较强的相关关系，但也有一定的差异。

从两者测量的内容来看，间接测量的内容更为丰富，将信任分成了三个维度，分别是特区政府的能力（包括政府能力、政府人员能力、政府官员分配赋税情况）、特区政府代表的利益（即动机）、特区政府官员的诚信程度。从这点来看，其实间接测量主要测量了澳门居民对特区政府、政府官员的信任程度，而并没有特指对特区立法会和一般公务员的信任程度。本书对政治信任两种测量方式由此也可以这样解读，即信任的客体有不同：政治信任的直接测量中，客体除了政府和政府官员，还包括特区立法会和一般公务员；政治信任的间接测量中，信任的客体指向是政府和政府官员。

由此来看，直接测量更多的是对政治系统信任的测量，而间接测量则是对特区政府这个具体的对象进行信任的测量。从一定意义上来说，澳门特区的政治系统中，重中之重是特区政府。1999年12月20日，澳门就开始了以“一国两制”、“澳人治澳”、高度自治为特征的新政治时代。根据

---

① Craig Stephen C. Richard G. Niemi, Glenn E. Silver, “ Political Efficacy and Trust: A Report on the NES Pilot Study Items” , *Political Behavior*, 1990,12(3),pp. 289-314.

基本法的规定，澳门是行政主导体制下的立法行政关系，与总统制下的立法行政关系和议会制下的立法行政关系都有着明显的差异。一方面，它不同于总统制下行政权与立法权相互独立、相互制约的模式，行政主导体制下的行政立法关系，设立了类似行政会这样的机制来确保行政权和立法权在分立之后需要统一和协调的一面；另一方面，它又不同于“议行合一”的议会制模式。与议会制“由选民选出议会，再由议会选出政府”的法理逻辑不同的是，行政主导下的行政和立法是两个分别独立运行的体系，不存在“两权合一”的问题。[①]这种行政主导制决定了澳门特区政府在澳门的重要地位。据此，间接测量是更为具体地对澳门特区政治系统的测量，而直接测量则是较为抽象地理解澳门居民对政治系统的一种信念和态度。

另外，从这两种测量方式的措辞来看，直接测量方式直指“信任”二字，直接询问居民对客体的“信任”程度；而间接测量方式则更为间接，通过询问政府和政府官员的具体表现，如税收使用情况、政府人员工作能力、政府代表的利益情况等，来间接测量居民对客体的“信任”程度。由此，不同方式的测量也使得其解释因素有一定的差异存在，从澳门居民对四种机构和人的信任的回归模型来看，也证实了上文所述，即澳门居民对政府和政府官员的信任度的第一解释因素仍然是政策满意度，而非社会信任。所以这两个因变量的不同，也就造成了不同解释变量影响力大小的不同。

从政治信任两种测量方式的结果比较来看，直接测量的政治信任显然显示了较高的信任度水平，而间接测量的政治信任显示的却是较低的信任度水平。这种差异或许也可以从“抽象支持”和“具体支持”角度来理解。在一项关于北京民众政治支持度的研究中，陈杰提出了两种类型的政治支持：政权支持和对某些改革政策的支持，或说“抽象支持”和“具体支持”。[②]概括地说，他发现，北京人显示出较高水平的政权支持，但政策支持却低于政权支

---

① 鄞益奋：《行政主导下的澳门立法行政关系》，《澳门月刊》2008 年第 11 期。

② Chen Jie，*Popular Political Support in Urban China*, Washington, D.C. and Stanford, Calif, Woodrow Wilson Center Press and Standford University Press, 2004.

持。[①]笔者对政治信任的这两种测量，即直接测量和间接测量的结果其实也符合这种解释，澳门居民对澳门政权在抽象支持或政权支持方面无疑是处于较高的水平，而在具体支持或者说政策支持方面却处于稍低的水平。

可以这样通俗地解释，你对一个人可能有一种潜意识的评价，例如这个人是好人、一般人还是坏人，对他做的一些事情也有具体的评价。你对他具体的行为可能评价一般或者稍差，但总体上来说，你认为他还不是个坏人。澳门居民对其政治系统的直接测量和间接测量也可以这样解读，澳门居民虽然对其政治系统的具体行为评价一般或稍差些，但总体上来说，从抽象、潜意识的角度来看，他们觉得这个政治系统还是不错的，还算是个“好人”，因此他们对其政治系统的直接表态、潜意识评价是较为正面的，而从具体行为角度出发的评价则稍差些。当然，仍要注意提醒的是，如果你对一个人的行为评价越来越差的话，那么这种评价也会影响到潜意识你对他的直接态度，即间接测量的结果也会潜意识逐渐改变直接测量的结果。如果澳门政治系统不能将这些行为的具体评价慢慢改变为正面的话，那么澳门居民对其残留的好感迟早会逐渐流失掉。

（二）政治信任两种测量方式解释变量的差异

1. 社会信任、政策满意度、政治透明度表现的差异

社会信任、政策满意度、政治透明度在政治信任的两种测量方式回归模型中表现了很鲜明的差异。社会信任在直接测量方式上是解释政治信任最有影响力的因素，其次是政策满意度和政治透明度。在具体对四种不同类型机构、人员政治信任分析的回归模型中，社会信任则是解释对立法会和一般公务员信任最有影响力的因素，在解释对政府和政府官员的信任模型中，社会信任的影响力则占据第二位，而政策满意度则成为最有影响力的因素。在更强调测量政府和政府官员信任的间接测量方式上，社会信任的影响力也迅速下降，排在了第六位。政策满意度和政治透明度则稳稳占据第一和第二的位置。

---

① Chen Jie, *Popular Political Support in Urban China*, Washington, D.C. and Stanford, Calif, Woodrow Wilson Center Press and Standford University Press, 2004.

通过以上对两种测量方式解释因素的具体解读，可以看出，社会信任是决定广义政治信任的一个重要维度，而对政府、政府官员的信任，则由更为具体的政策满意度和政治透明度，即政府绩效来决定。

2. 政治卷入表现的差异

政治卷入这些变量也在两种测量方式上表现了鲜明的差异。在澳门居民政治信任的直接测量方式上，除了社会信任、政策满意度、政治透明度这些变量外，还有一些变量也发挥了显著的影响，即内外部政治效能。在这些变量中，内部政治效能感越高，外部政治效能感越低，则政治信任感越高。而在澳门居民政治信任的间接测量方式上，即在主要测量政府、政府官员的信任模型中，只有外部政治效能变量还有一定的显著性，但是它和政治信任又是一种正相关关系，和直接测量正好相反。这种差异也有待进一步的探讨。

3. 人口特征表现的差异

人口特征包含多种内容。而在这两种测量方式中，它也表现了一定的差异。首先，人口特征在政治信任的直接测量方式中，起到的作用较弱，它只能解释政治信任（直接测量方式）的 3.47%；而在政治信任的间接测量方式中，人口特征的解释力则高达 11.81%，两者相差很大。

在直接测量方式中，性别（男性）显现出和政治信任很强的负相关关系。相对于女性来说，澳门的男性居民更倾向于不太信任政治系统。

而在间接测量方式上，性别也和政治信任有一定的负相关关系，但在纳入所有变量后就变得不再显著了。而对于年龄和工资来说，年龄 51 岁以上、工资 10000—15000 澳门元和工资 15000 澳门元以上这三个变量仍然保持显著的影响。年龄 51 岁以上居民相对于 18—25 岁的居民，更信任政府，而工资越高的这些居民，相对工资仅在 5000 澳门元以下的居民，反而更不信任政府。

二　政治信任两种测量方式的解读

（一）政治信任的流动

正如上文从政治信任直接测量和间接测量的比较来看，政治信任的间接测量结果可能会逐渐影响，甚至改变直接测量的结果，当然，这需要时间和实证研究的证实，但这种政治信任的流动也的确是存在的。因为政治信任作为一种政治态度，它本身是会不断变化的。

一般来说，政治信任可以有三种流动路径：第一种是从低层政府向高层政府的流动。李连江指出，尽管一些中国农民认为国家是整体的，但大多数农民都相信在中央政府和地方政府之间存在着根本的区别。在这些认为政府是有区别的人中，大多数人看来都更信任高层政府，而不是低层政府，并区分了中央政府的意愿和能力。他们相信中央政府的意愿是好的，但是却不相信它执行政策的能力。他们认为，中央政府仍有一些喘息的空间，因为对低层政府的不满意还没有立即引起对基本政治改革的需求；此外，对中央政府意愿的信任和能力的不信任也会使得农民不服从以中央为名义的地方官员。如果农民们争权的反抗路径失败了，那么对中央的整体印象可能就会变差，从而引起犬儒主义或是激进主义。[①]胡荣对农民上访与政府信任流失之间关系的研究也证实了这点。[②]

第二种是从政府当局向政体制度、政体规范、政治共同体的逐层流动。例如，盖森曾经将政治信任或者说政治犬儒主义的态度“目标”分为四类：政府当局（governmental authorities）、政体制度（regime institutions）、政体规范（regime norms）和政治共同体（the political community）。[③]这些是可以作为推广顺序的，即当政治不信任加剧时，犬儒主义的态度可以“外溢”至上一层的态度目标。因此，当社会内不满意的团体认为替代当时的政府人员是不可行的策略时，就会逐渐拒绝这个政体的制度。也有学者认为，政治信任从低到高可以分为四个层次，分别为民众对政治行为者的信任、对政策的信任、对政府的信任以及对政治制度的信任。低层次政治信任的积累和增加对更高层次政治信任的建立有重要影响。[④]

---

① Li, Lianjiang, “Political Trust in Rural China,” *Modern China*, 2004,30(2),pp. 228-258.

② 胡荣：《农民上访与政治信任的流失》，《社会学研究》2007 年第 3 期。

③ Gamson, William A.，*Power and Disconnect*, Homewood, IL: Dorsey, 1968，pp.50-58.

④ 陈尧：《社会转型期政治信任结构的变化》，《中国浦东干部学院学报》2009 年第 4 期。

第三种是从公共政策到政府当局的流动，或是从政府官员到政府当局的流动，或是从公共政策到政府官员再到政府当局的流动。因为人们首先对公共政策的感受最深，当公共政策激起了广泛的不满时，人们就会对在位的政府官员不满，认为其无能或是贪腐等原因造成了不好的政策，而当他们发现所有的政府官员都一样时，慢慢他们就会认为这是政府当局的问题。政治不信任因而也可以这样流动。[①]当然，这只是理论上的理想模型，现实生活中当然会有一定程度的混合。爱博等学者就提出以公民长期思考政治的方式来加以协调，即有这样两种公民长期思考政治的方式：一是基于议题，二是基于人。他们假设对政党或候选人政治议题的讨厌会导致对政府的不信任（如米勒所言），但只是对长期用议题方式来思考政治的人来说是这样的；对在位总统绩效不满意也会导致对政府的不信任（如西特林所言），但是也只是对长期以来从人的角度来思考政治的人来说是这样的。他们使用了全国选举研究 1972 年、1974 年和 1976 年追踪研究的数据和 1984 年的数据，发现这些数据都支持以上两个假设。[②]

政治信任的这三种流动路径提供了对政治信任的解读方式。据此，澳门特区的政治系统更须注意基层信任、政策信任和官员的信任，因为这些信任如果长期是处于负面评价的话，就会逐渐侵蚀居民对政治制度、政治合法性的信任，从而造成不可挽回的损失。而对政治信任直接测量和间接测量的结果，也从侧面说明了澳门居民当前虽然对政治系统还抱有较为正面的认可态度，但是从具体行为的评价上来说并不乐观，澳门特区政府据此应该警醒，并注意取得民众对基层的信任、政策的信任和官员的信任。

（二）不同测量方式对应的不同解释路径

正如上文所述，政治信任的两种测量方式看来有一定的差异，直接测

---

① 对政治信任结构的描述，参见刘昀献，2009；宋少鹏、麻宝斌，2008；对政治信任的测量，分为三个层次，即公共政策、政府官员、政府当局，参见 Byong Man Ahn and William W. Boyer，1986。

② Ralph Erber, Richard R. Lau, "Political Cynicism Revisited: An Information-Processing Reconciliation of Policy-Based and Incumbency-Based Interpretations of Changes in Trust in Government", *American Journal of Political Science*, 1990,34(1),pp.236-253.

量方式看来更倾向于社会化模型的解释，而间接测量方式则更倾向于政府绩效的解释。而从历来的研究文献来看，似乎不同的测量方式也决定了不同的因素在起作用。

采用类似直接测量方式的政治信任路径研究，似乎都更倾向于或是强调了社会化、文化理论、社会资本方面的解释。例如马得勇对亚洲八个国家和地区进行的政治信任研究，他指出，制度因素和文化因素都是政治信任原因的一部分，两者并不互相排斥，尤其在中国和日本，社会信任因素都发挥着一定的作用。他在文章中采用了类似本书直接测量方式的政治信任作为因变量，他发现，权威主义价值观作为文化的一个因素，对政治信任的形成起到了重要作用。[①]他指出，社会信任在一些社会发挥作用，但在另一些社会并不发挥作用，这也和前述的理论探讨相呼应，即社会信任需要一定的社会条件才会对政治信任发挥作用。由于本书只对澳门进行了政治信任个人层次上的路径研究，因而这也限制了本书对政治信任的解释能力。

而采用类似间接测量方式的政治信任路径研究，则都更强调政府绩效、政治领导满意度等政治方面的解释。例如达米科[②]等学者对美国政治信任下降的解释就更多地强调了公民对巨大政治事件的反应是预测政治信任下降的主要因素。由于他们使用了类似本书间接测量方式的政治信任作为因变量，因而，他们发现，早期在学校的政治社会化经验亦即成人后在社团组织的参与经验只能对公民是否信任政府有很弱的解释力，并认为政治信任的产生本身就是一个高度政治化的过程，因此社会资本的直接影响力是否存在是有疑问的。

还需要提到的是，对政治信任间接测量方式的路径解释，也经常将社会资本作为一个潜在的重要因素，作为对一段时间后政治信任预测的重要

---

① 马得勇：《政治信任及其起源——对亚洲 8 个国家和地区的比较研究》，《经济社会体制比较》2007 年第 5 期，第 79—86 页。

② Damico, Alfonso J. Conway, M. Margaret Sandra,& Damico, Bowman, " Patterns of Political Trust and Mistrust: Three Moments in the Lives of Democratic Citizens" , *Polity*, 2000,32(3),pp.377-400.

变量。卢克[①]对政治信任的测量就是使用了类似笔者对政治信任的间接测量方式。他发现，政治信任会随着政府绩效的改变而迅速增长，而且政府绩效改变的记忆会存留一段时间，以保证信任不只是“你为我最近做了些什么”。他在使用纵向数据分析美国政治信任下降的主要原因时，也随之特别指出，公民参与和人际信任（亦即社会资本）只能影响政治信任的长期均衡。因此，即使观测到社会资本有巨大增长，也不会对政治信任有立即的影响，但是政治信任在一段时间之后却会随之而增长。亦即，即使在政治信任的间接测量方式中，社会资本仍然会发挥一定的作用，不过这种作用是缓慢的、长期的。

笔者的研究也证实了上述路径的可能。尽管本书只是对澳门地区进行了政治信任的研究，但这种对政治信任两种测量方式的解读确是少有和新颖的，从理论梳理的侧面来看，政治信任的两种测量方式也的确容易反映不同的解释路径。但总体来说，政治信任形成中，政府制度、政府绩效因素无疑发挥着更重要的作用，而社会资本对政治信任直接测量方式的巨大解释力似乎可以由以下两个因素解释：第一，社会信任和政治信任（直接测量）在测量方面的用词，容易造成两者的紧密相关性。亦即，社会信任和政治信任都使用了“信任”作为问题的用词，可能会对政治信任造成一定的影响和被传染性（contaminated nature）。第二，社会信任作为社会资本的重要组成部分，的确也对政治信任发挥一定的直接效应和间接效应。正如上述路径分析所示，社会信任对政治信任的两种测量方式都有显著的作用，尽管其作用大小在两种方式上有一定差异。

① Keele Luke, “Social Capital and the Dynamics of Trust in Government”, *American Journal of Political Science*, 2007,51(2),pp.241-254.

第六章　政治信任对政治参与的影响

第一节 政治参与及分类

一 澳门居民的政治参与现状

（一）政治参与及其内涵

政治参与的定义林林总总，不一而足。已有的研究文献表明，对政治参与的概念的界定从狭义的投票到宽泛地将政治兴趣、政治讨论和辩论也视为政治参与。例如，维巴就在广义上界定了政治参与的概念，即政治参与是旨在影响政治体系的活动，包括投票、政党与选举工作、社区工作、接触政府工作人员、参加政治会议和抗议活动、沟通和交流。[①]韦奈认为："政治参与是任何自愿的行动，不论成功与否、有组织或没组织、短暂或持续、用认可或非被认可的方法去影响公共政策、公共行政的决定及中央或地方政治领袖的决定。"[②]

本书则囿于数据的限制，不研究选举投票这种传统形式上的政治参与，而是只要居民参与或表达过对澳门政策制定方面的意见，就将其认定是一种政治参与。

对政治参与的解释也包括社会、心理、历史、文化、制度等各方面因素。但目前看来主要是两种模型，一是爱伯[③]所称的选择模型，维巴和

---

① 王丽萍、方然：《参与还是不参与：中国公民政治参与的社会心理分析——基于一项调查的考察与分析》，《政治学研究》2010 年第 6 期。

② Weiner Myron, "Political Participation: Crisis of the Political Process", In Leonard Binder et al., (eds.), *Crisis and Sequences in Political Development*,Princeton, NJ: Princeton University Press，1971, p.164.

③ Erbe, W.，" Social Involvement and Political Activity: A Replication and Elaboration", *American Sociological Review*, 1964,24,pp.198-215.

聂[①]则描述为政治倾向，他们提出，有些人因为他们的性格和态度，更倾向于参与政治事件。在社会地位和政治参与之间的关系因此可以这样解释：高地位的人在政治产出方面有更大的利害关系；展示了更强的人际技巧、意识，更容易交流和互动；有更多的参与渠道。感知的政治效能是预测个人政治行动的间接变量。公民感觉他们对政治事件的影响力大小对这种行动非常重要。总而言之，选择模型提出，拥有包括高的社会经济地位和积极的政治态度的人，将会在政治上更为积极。当然，他们也会更积极参与其他类型的活动。二是间接解释模型，一般被称为“动员”，参与志愿组织刺激人们在政治上更为积极。[②]这个视角认为，不管先天的政治态度和个人性格如何，通过参与正式的社会组织获得的经验将增加个人的政治参与。即属于社团的个人不管社会经济地位和政治效能如何，都比非社团成员更倾向于政治上积极。比较社会经济地位和社团活动卷入这两个因素，罗格斯等学者发现，上述两个模型都可以被数据证实，但是动员模型占据较为重要的地位。[③]

（二）澳门居民的政治参与

“一个个人确确实实参与决策的社会——民主的社会——似乎是一个人们相信他们应当去参与的社会。它还似乎是一个他们认为自己能够参与并且知道如何从事的社会。”[④]因此作为民主社会的一个标志是居民对政治参与的高度认同。大多数澳门居民对居民进行政治参与的必要性给予了充分肯定，也认可了居民政治参与的重要意义。虽然有不到一半的居民对居民参与政策制定的结果表示失望，但无疑良好的开端已经奠定。作为民主社会的重要标志，居民对政治参与的高度认可显示澳门居民已拥有较为初级的民主意识，而这也是公民文化的一个重要发展阶段。

---

① Verba, Sidney N. H. Nic, *Participation in America: Political Democracy and Social Equality,* New York: Harper and Row,1972,pp.194-200.

② Olsen，M.E.，“Social Participation and Voting Turnout: A Multivariate Analysis”, *American Sociological Review*, 1972,37,pp.317-333.

③ Rogers, David L. Bultena, Gordon L. Barb, Ken H.，“Voluntary Association Membership and Political Participation: An Exploration of the Mobilization Hypothesis”,*The Sociological Quarterly*, 1975,16(3),pp.305-318.

④ ［美］加布里埃尔·A. 阿尔蒙德、西德尼·维巴：《公民文化——五个国家的政治态度和民主制》，东方出版社 2008 年版，第 168 页。

现实社会中，澳门居民政治参与的情况怎样呢？本书政治参与的定义相对而言较广，只要居民参与或表达过对澳门政策制定方面的意见，就将其认定是一种参与的表现，而不限于传统上，只将选举作为政治参与的一个重要指标。因此，就政治参与而言，笔者的测量和传统研究有所不同。

就居民实际参与政策制定的途径情况来看，仅有 28.75% 的居民表示完全没有参与或表达过对澳门政策制定方面的意见（n=793），而其他参与的方式由高到低分别是：参加社团、政治团体[①]（43.88%）、接触公职人员（25.85%）、参加社会运动（25.60%）、接触传媒（21.56%）、参与政府咨询活动（20.68%）、其他（主要是互联网上发表言论）（4.29%）。从以上数据可以看出，澳门居民对政策制定表达意见并不是很积极，主要是通过社团或政治团体来反映自己的意见，而接触传媒和参与政府咨询活动的比例都只占二成左右。至于较为激烈的社会运动（和平示威、游行、居民集会、请愿、开记者会、静坐、绝食、收集签名），也有二成半左右的人回答参加过此类社会运动（见图 6-1）。

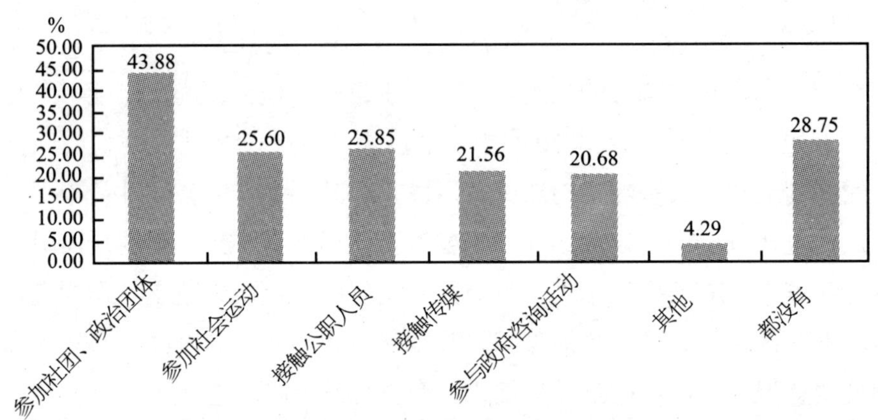

图 6-1　澳门居民政治参与的情况

① 这里需要注意的是，参与了社团，但不一定就会通过参与社团来表达或参与对政策制定方面的意见。数据显示，澳门居民参加社团组织的比例为 63.1%，但实际通过参与社团来表达或参与对政策制定方面的意见比例则为 43.88%。笔者通过对两个变量进行交互分类发现，两者是相关的，其中参加社团组织中的人有 59% 通过社团或政治团体参与或表达了对澳门政策方面的意见；但是，没有参加社团组织中的人也有 17% 通过社团或政治团体参与或表达了对澳门政策方面的意见。

和1991年余振等学者做的调查结果相比，澳门人的政治参与行为确实有大幅度的提升（见表6-1）。其中，参与政府咨询活动、接触公职人员、接触传媒的比例都大幅提升20%左右，而参与社会运动的比例也提升了12%左右，参加社团、政治团体表达政策意见的比例更是提升了38%左右。余振等学者也早在1993年就已指出，澳门华人已经不再是政治上的“看客”或对权威的崇拜者。很多澳门华人亲自参与政治，对公共事务有独立的看法。澳门华人，与他们在中国大陆、台湾地区同胞一样，正从一个传统的权威政治文化，过渡到一个现代的、带有中国特色的民主文化。[①]他们也提出，大部分澳门人已经认识到，政治参与不再是一小撮人的事情，而是大众市民应有的权利和义务。他们对政治参与的排斥感已经消除；相反，政治参与被大多数澳门人视为改善生活质素的途径。大部分澳门人甚至认为，向政府表达对公共事务的意见是市民的责任。绝大部分澳门华人也认为一个好市民有义务去参加选举投票。[②]而在今天的数据看来，澳门人显然很有当家做主、“澳人自治”的感觉，澳门人意识到了政治参与是大众市民应有的权利和应尽的义务，并且通过政治参与，可以改善生活。

表6-1　　1991年和2010年澳门人的政治参与行为　　单位：%

你有没有试过（1991年） 你有没有通过以下方式参与或表达过对澳门政策方面的意见（2010年）	有	没有	忘记了	样本量
向澳门政府部门投诉（1991年）	8.2	91.2	0.6	(659)
参与政府咨询活动（2010年）	20.68	79.32	—	(793)
找议员帮忙（1991年）	4.4	94.7	0.9	(660)
接触公职人员（2010年）	25.85	74.15	—	(793)
写信、致电去报纸、电台等传媒（1991年）	5.2	94.2	0.6	(660)
接触传媒（2010年）	21.56	78.44	—	(793)

① 余振、刘伯龙、吴德荣：《澳门华人政治文化》，澳门基金会1993年版，第145页。

② 同上书，第136—137页。

续表

你有没有试过（1991 年） 你有没有通过以下方式参与或表达过对澳门政策方面的意见（2010 年）	有	没有	忘记了	样本量
找社团帮忙（1991 年）	5.0	94.4	0.6	(660)
参加社团、政治团体（2010 年）	43.88	56.12	—	(793)
请愿、游行、示威、静坐等（1991 年）	13.5	85.7	0.8	(658)
参与社会运动（2010 年）	25.6	74.4	—	(793)

资料来源：1991 年数据来源于余振、刘伯龙、吴德荣《澳门华人政治文化》，澳门基金会 1993 年版，第 71 页。2010 年数据来源于笔者 2010 年发放的问卷调查的结果。"—"表示没有该项数据。

从现阶段调查结果也可以看出，居民参与的方式是多种多样的，所以将居民选择参与方式进行累加，结果显示，完全没有参与的居民为 27.74%，以 1 种方式表达过参与的居民占 33.54%，2 种方式的占 18.66%，3 种方式以上的则为 20.06%（见表 6-2）。2/3 以上的居民都以 1 种方式以上参与了政策制定，显示澳门居民总体上来说政治参与较为积极，对地方政治体系较为认可，愿意表达自己的政治意见。

表 6-2　　澳门居民对多种政治参与方式的选择情况　　单位：%

居民选择政治参与方式的多少	频数	百分比	累加百分比
无参与	220	27.74	27.74
1 种途径参与	266	33.54	61.29
2 种途径参与	148	18.66	79.95
3 种途径参与	103	12.99	92.94
4 种途径参与	29	3.66	96.6
5 种途径参与	24	3.03	99.62
6 种途径参与	3	0.38	100
合计	793	100	

笔者也询问了澳门居民在参与或表达澳门政策方面的意见时，可能选择的参与途径情况（见图 6-2）。不想参与或表达澳门政策方面的意见的澳门居民仅为 11.7%，其他居民都选择了各种参与途径来表达意见。其中，

澳门居民最愿意选择的参与途径仍然是参加社团、政治团体（40.8%），而其他几种形式的参与则相差不大，参与社会运动、接触公职人员、接触传媒和参与政府咨询活动的比例分别为18.4%、17.9%、18.8%、18.6%（其他的比例为2.8%，未在图中标明）。可见，居民对各种形式的参与意愿都还比较淡漠，只对通过社团和政治团体表达意见有一定兴趣，反映了澳门居民对社团的依赖和习惯。

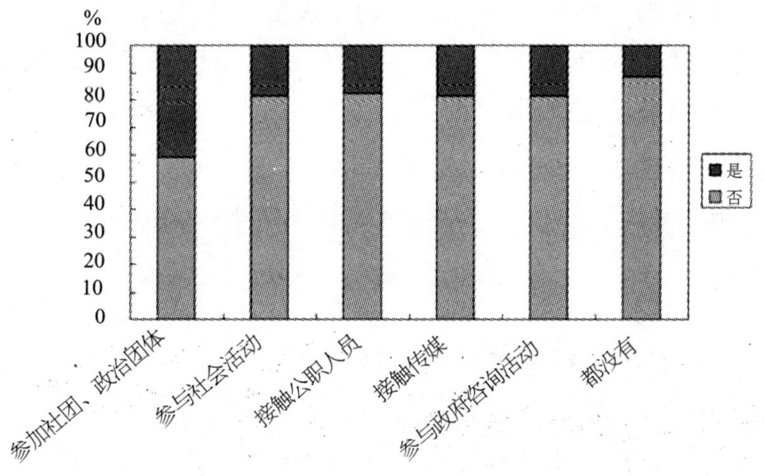

图6-2 澳门居民可能选择的参与途径

从以上两个问题可以看出，参与社团或政治团体仍是居民的第一选择①，居民习惯于依赖社团或政治团体表达自己的意见，这一方面有利于政府进

① 从澳门立法会选举也可看出社团或政治团体在澳门社会的重要作用，“参政”功能已经是澳门社团现阶段的一个必要功能了。澳门立法会选举制度规定，直接选举的议员是在澳门特别行政区独一选区内，按比例代表制，以多数候选人名单方式选出，每一选民只能对名单投出独一票。间接选举的议员是通过雇主利益、劳工利益、专业利益、慈善文化教育及体育利益四个选举组别，以代表相关社会利益为宗旨，且已按照《选民登记法》作出登记的社团及组织组成。澳门选举中的“社团效应”一直较大，直选议席的增加，也吸引了更多的社团或政治团体参与。澳门沿袭葡萄牙及欧洲大陆国家普遍采用的“比例代表制”，并采用“狄汉法”计算参选组别所实得的立法会议席。1991年之前的选举计算方法是：每个组别第一候选人获该组多得的全部票数，第二候选人获1/2票数，第三候选人获1/3，余以类推。1992年后改用新的“狄汉法”计算：第一及第二候选人所获票数与旧计算方法一样，第三候选人则只获得该组所得1/4票数，第四候选人获1/8，以此类推。新的计算方法不利于实力强大的参选社团，但有利于势力微弱的参选社团，鼓励了更多的社团参与直接选举。这种以社团为依托的参政方式有力地保证了政治参与的秩序，使得社团成为进入政治体制内的唯一通道，而不是鼓励多元化的个人参与。参见林媛《探讨澳门政治参与模式的调整》，《行政》2008年第82期。

行咨询，即要重视将社团或政治团体纳入咨询机制的范围中；但是另一方面的问题在于，居民在参与社团或政治团体时，其真实意见是否能通过社团领袖或社团负责人完全表达出来呢？利益表达机制由居民到社团或政治团体再到政府，经过了中间层次。因此，许多与民生相关的政策问题还应广开渠道，多倾听和吸纳居民的意见，政策制定时仅咨询社团组织是不够充分的，因为居民意见在社团中的表达机制不一定是畅通的。而居民其次选择的政治参与途径分别是接触公职人员、参与社会运动、接触传媒、参与政府咨询活动，这几类政治参与也是较为常见的政治参与途径。其中，通过接触公职人员、政府咨询活动、传媒来表达或参与对政策制定的意见，是较为正面和积极的途径；而参与社会运动则是较为激进的一种政治参与，它也是一种体制外的政治参与，凸显了社会矛盾的尖锐度。

二 政治参与途径的分析和分类

1. 政治参与途径之间的相互关系

政治参与，曾经被认为是非常狭隘的术语（一般主要是讨论投票），现在已经在全球范围内有了多种多样的活动形式。类似地，参与的原因也被扩展，包括社会心理、社会经济、人口统计、结构、历史和文化因素等。学者曾经将政治参与分为制度化和动员模式（institutionalized and mobilized modes），例如维巴就曾经提到“体制内活动”这个术语，但是这种用法经常意味着某些形式的政治参与（如游行示威）是反体制的，而事实上这种游行也可能是那些反对体制的人。所以在不同情境下同样的行动可能有不同的本质特征。例如，游行可能开始是动员参与的行为，但最后也可能演变为一种常规化、制度化的行为模式。在不同社会的同样行为或同一社会不同时间的同样行为，可能会有完全不同的含义。①

① Seligson, Mitchell A.,“Trust, Efficacy and Modes of Political Participation: A Study of Costa Rican Peasants”,*British Journal of Political Science*, 1980,10(1),pp. 75-98.

本书将参与社会活动作为一种消极参与的形式，而将其他接触公职人员、参与社团、政治团体、接触传媒、参与政府咨询活动等活动作为积极参与的形式。而且，很多学者经常将制度化参与和动员化参与作为互相排斥的两种模式，但实际上这两种形式的参与是否互相排斥呢？“动员”参与的人是否就不会通过体制内的参与来表达意见呢？

笔者对此进行了相关分析。研究结果显示（见表 6–3），参与社会运动和其他形式的参与在统计上是相关的，而且参与社会运动的人对其他形式的参与也非常积极。这从表 6–3 中可以看出，参与社会运动的人分别有 51.2%、46.8%、45.8% 和 28.6% 的人参加了社团、接触公职人员、接触传媒和参与政府咨询活动。而参与这些活动的人占该类参与的比例也并不低。例如，参与社会运动又参加社团的人占通过参加社团表达意见的人的比例为 29.9%，参与社会运动又接触公职人员的人占接触公职人员参与的人比例为 46.3%，而参与社会运动又接触传媒的人占接触传媒形式的人比例为 54.4%。总体来看，参与社会运动这种动员模式的参与或者说消极参与，并不和积极参与或制度化、体制内的参与模式相冲突。参与社会运动的人更倾向于使用多种方法去参与或表达自己的政策意见，而这其中，他们又最倾向于通过接触传媒[①] 和接触公职人员来表达意见。

表 6–3　参与社会运动和其他形式参与之间的相关关系

	参与社会运动[①]	样本数	Tau-b[②]	占该参与的比例[③]
参加社团	51.2%	104	0.087	29.9%
接触公职人员	46.8%	95	0.281	46.3%
接触传媒	45.8%	93	0.346	54.4%
参与政府咨询	28.6%	58	0.114	35.4%

注：①表示参加社会运动的人同时也参与其他活动的人占参与了社会运动的人的比例。

②表示两个定序变量之间的相关系数。

③表示参加社会运动的人同时也参与其他活动的人占参与该活动的人的比例。

① 接触传媒往往也是民众表达其不满意见的一种主要方式，它和消极参与有一定的相关关系，但是鉴于传媒往往被作为体制内的表达渠道，并一般可以为政治系统所容忍，所以笔者未将其列入消极参与的形式，但从它们之间的高度相关关系可以看出，参与社会运动的人也更倾向于通过传媒来表达不满意见。

而且这些参与途径之间的关系也越来越紧密。参加社团本来是澳门社会体制内参与的一个重要行动，但现在通过参加社团，参与社会运动的比例也日益提升。澳门的社团作为澳门社会的一种组织化力量，被民众期望成为担当监督与制衡政府的角色，但事实上严重依赖政府的社团很难真正有效地监督政府施政，由此导致民众（其中不乏社团成员）对社团的日益疏离。[①]特区政府成立后，社团数量的“井喷”式剧量增长与新生的边缘性社团的大量出现，不断冲击着原有的社团秩序。[②]一些新成立的社团丛生于原有的社团体制之外，如以劳工领域内的工会团体为例，在代表性社团——澳门工会联合总会发展属会的同时，一些独立于工联之外的新劳工社团纷纷成立。部分社团之间的政治立场分化，合作关系逐渐瓦解，竞争已经从资源竞争延伸到政治竞争。[③]例如在 2007 年“五一游行”组织者中的博彩建筑业联合自由公会、澳门职工民心协进会、澳门职工联盟、澳门清洁员职工会、澳门物业管理职工会，都是独立于工联之外的新兴劳工社团，同样的情况也出现于其他功能领域。[④]这些新兴社团有意和原有社团体制拉开关系，自甘处于游离状态。2007 年“五一游行”中，组织游行活动的新兴劳工团体甚至喊出了“反对保皇党”的口号，表达对代表性社团一味掩护政府立场的强烈不满。[⑤]而且政治变革同样导致不同功能领域社团回归其原有的利益本质，随着有影响力的社团领袖的谢世，原有不同功能领域社团之间的紧密型合作关系正在解构之中。[⑥]

2. 政治参与途径的分类

正因为认识到进行制度化参与和动员模式的参与很可能是同一个人，

---

① 娄胜华：《澳门社会生态的变化与社团组织的发展》，见余振、邝锦钧、余永逸编《双城记Ⅲ——港澳政治、经济及社会发展的回顾与前瞻》，澳门社会科学学会 2009 年版，第 545 页。

② 同上书，第 543 页。

③ 林媛：《探讨澳门政治参与模式的调整》，《行政》2008 年第 82 期。

④ 娄胜华：《澳门社会生态的变化与社团组织的发展》，见余振、邝锦钧、余永逸编《双城记Ⅲ——港澳政治、经济及社会发展的回顾与前瞻》，澳门社会科学学会 2009 年版，第 543 页。

⑤ 同上书，第 544 页。

⑥ 同上书，第 545 页。

马勒对政治参与的行动进行了分类（political action types），塞里格森则根据马勒的这种分类，对哥斯达黎加农民的政治参与进行了四种类型的分析，分别是：政治退缩型（withdrawal），即那些既不参与制度化的活动也不参与动员类活动的人；肯定参与型（confirmative participation），即那些参与了制度化的活动，但是没有参与动员类活动的人；实用动员活动型（pragmatic mobilized activism），即那些既参与制度化活动，又同时参与动员类活动的人；否定反对型（nonconformative opposition），即那些只参与了动员活动，而没有参与其他制度化活动的人。[①]中国学者则根据表达政治偏好与态度倾向行为强弱的差异将参与分为强政治参与（游行、静坐、示威，在请愿书上签名，通过媒体表达自己的观点）、弱政治参与（参加与政治有关的各种会议，向上级政府领导表达自己的观点，通过社会组织表达自己的观点，在互联网有关政治主题的论坛或者讨论组中发表自己的观点）和无政治参与三大类。[②]

笔者则借鉴塞里格森的这种理论，也对澳门居民的政治参与行动进行了分类，分别是：政治退缩型，即那些既没有体制内参与，也没有参与社会运动的人，这类人占被调查居民总数的27.74%；肯定参与型，即那些有体制内参与，但没有参与社会运动的人，这类人数量最多，占到46.66%；实用动员活动型，即那些既有体制内参与，又同时参加了社会运动的人，这类人属于实用主义者，他们只要觉得参与是有益并有帮助的，他们就会都去参加，而不在乎到底是什么形式的参与，这部分人也占所有参加社会运动人数的81.7%，并占被调查居民总数的20.93%；否定反对型，即那些只参与了社会运动，而没有进行体制内参与的人，这部分人是人数最少的，在被调查居民中有37个人，并占总数的4.67%。

同时，更简单地讲，政治参与也可以进行三分类：退缩型，即什么活动都不参与的人；激进型，参与了社会运动的人；正常参与型，即那些没

---

① Seligson, Mitchell A., “Trust, Efficacy and Modes of Political Participation: A Study of Costa Rican Peasants” ,*British Journal of Political Science*, 1980,10(1),pp. 75-98.

② 王丽萍、方然：《参与还是不参与：中国公民政治参与的社会心理分析——基于一项调查的考察与分析》，《政治学研究》2010年第6期。

有参加社会活动，但是进行了其他形式参与的人。和塞里格森的分类相比，这种分类没有将参加社会运动的人分成两类，即纯粹的否定反对型和实用动员活动型。但这种分类也能对参与社会运动的人进行单独分析。笔者在本书中按此方法进行了分类：无参与；消极参与，即选择“参与社会运动”的；积极参与，即没有选择“参与社会运动”和“都没有”的。

第二节　政治信任和政治参与的相关分析

一　政治信任和政治参与的相关关系

阿尔蒙德和维巴很早就认识到政治参与对政治合法性和民主社会的重要意义。他们指出：“由于各个方面都是平等的，参与政治的能力感就能加强系统的合法性，并促进政治的稳定。如果一个民主政治系统是一个普通公民参与政治决策的系统，那么一个民主政治的文化，就应该形成一套支持参与的信念、态度、规范、认识以及其他等。”[①] 他们指出，主观能力越强，则公众对政治系统的满意度也越强，即政治信任越强。但是他们并没有直接提出信任、效能和政治参与的关系。

盖森则是提出信任、效能对预测参与作用的第一位学者，他认为，效能越高，信任越低，越容易导致动员。[②] 许多学者继而对信任、效能和政治参与的关系开始研究。弗莱瑟就发现在选举和合作活动中，那些不信任的人参与得更少。[③] 霍金斯也只探讨了这种制度化的参与，并未能证实盖森的假设。[④] 瓦特则发现效能、信任和动员式的参与（公民不服从和示威）有负相关的关系，但是他没能探讨体制内的参与形式，而且他对效能的测量

① ［美］加布里埃尔·A.阿尔蒙德、西德尼·维巴：《公民文化——五个国家的政治态度和民主制》，东方出版社2008年版，第167页。

② Gamson, William A.，*Power and Disconnect*. Homewood, IL: Dorsey, 1968, p.48.

③ Fraser John, “The Mistrustful-Efficacious Hypothesis and Political Participation” ,*Journal of Politics*, 1970, pp.444-449.

④ Hawkins, Brett W. Vincent L. Marando , George A. Taylr, “Efficacy, Mistrust and Political Participation: Findings from Additional Data and Indicators” , *Journal of Politics*, 1971,pp.130-136.

也有一些问题，很多对效能的测量明显是信任的问题。[①]祖尔奇等学者虽然也探讨了盖森的假设，但是他们的问题也在于对效能和信任的测量较为模糊，而且他们的样本也只限于那些参与者，而没有包括非参与者。[②]佩奇也提出低信任和高效能预测了这种反叛行为，而高信任和高效能则预测了选举，中等形式的效能和信任则预测了公民权利积极主义（civil rights activism）。因此，这些定量研究中提出的问题都在于，学者是如何测量政治信任、政治效能和政治参与的。

佩奇对这种测量问题也非常敏感，他提出："很难创建一个没有被信任所传染的（contaminated）效能变量。因为不管一个人对政治如何感兴趣或是积极参与，如果他将政府视为基本上不回应的，他就不可能说他能影响政治事务。"[③]因此他用政治信息的变量来替代效能的测量，因为信息是行使政治影响力的必要而非充分的条件。塞里格森考虑了这些测量问题，他对政治信任、政治效能都使用了多变量及因子分析的方法，并探讨了两种动员式参与和五种体制内的参与。[④]他发现，政治信任的确对政治参与有较大影响。在哥斯达黎加，较低政治信任的农民的确会有更大可能卷入动员式的政治参与。而且政治效能也对预测制度化的参与有更强的影响力，但对动员式参与则没有什么影响。卡斯则发现，较低的政治信任会导致更为积极地参加非制度化的政治参与。[⑤]因此，当一些社团人员不信任政府并远离制度化的政治领域时，他们会寻求另外的政治参与渠道；而他们中的大多数人对政治行动仍然会保持比较冷淡、疏离的态度。因此，社团参与者的政治信任可能会有双重结果。

探究政治信任、政治效能对政治参与的影响将是下面的主要研究工作。正如上文所述，政治效能、政治信任的确可能会对政治参与产生一定

---

① Meredith W.Watts, "Trust and Commitment to the Political Process", *Social Science Quarterly*, 1973, pp.623-631.

② Zurcher, Jr. Louis A. J. Kenneth Monts, "Political Efficacy, Political Trust, and Anti-Pornography Crusading: A Research Note", *Sociology and Social Research*, 1972, 2, pp.11-19.

③ Paige. Jeffery M, " Political Orientation and Riot Participation" ,*American Sociological Review.*, 1971,36, p.814.

④ Seligson, Mitchell A., "Trust, Efficacy and Modes of Political Participation: A Study of Costa Rican Peasants" ,*British Journal of Political Science*, 1980,10(1),pp. 75-98.

⑤ Kaase, Max, " Interpersonal Trust, Political Trust, and Non-institutionalized Political Participation in Western Europe", *West European Politics*,1999,22(3),pp. 1-21.

的影响，但笔者更需要准确定义、测量政治信任、政治效能和政治参与。本节对这三个变量的充分测量和准确定义将有助于笔者把握对这三个变量之间关系的具体解释，解读政治信任、政治效能对政治参与从而对政治稳定发挥的具体影响力。

二 政治参与和政治信任的相关分析

表 6-4 显示了政治参与类型和政治信任（直接测量）之间的相关关系。数据结果显示，在政治参与三分类时，不同政治参与下政治信任的差异是较为显著的，显著度为 0.0388，即在 0.0388 水平下是显著的。政治信任和政治参与类型是有一定相关关系的。从表 6-4 中可以看出，正常参与的情况下，政治信任是最高水平，而激进型参与，即参与社会运动时，政治信任处于最低度水平，而退缩型参与的人的政治信任水平是处于两者之间的。在政治参与四分类的情况下，显著度为 0.0864，可以说不太显著。但具体来看不同政治参与类型下的政治信任，笔者仍然发现，否定反对型，即只参与社会运动而没有参加其他形式的政治参与的人，政治信任度是最低的，肯定参与型人的政治信任度则是最高水平，政治退缩型的政治信任度也是处于两者之间的，这些都和上面三分类的结论是类同的。而实用动员活动型的人，政治信任度则略低于政治退缩型，显示只参加社会运动的人，仍然比什么都不参与的人信任度要来得低。很多研究者也提出政治退缩型是和低度的政治信任更相关的，笔者的研究结论也是如此。

表 6-4　　不同政治参与下政治信任（直接测量）的差异分析

因素	因素水平	样本量	均值	标准差	F 值	显著度
政治参与分类一	退缩型	185	8.54	4.06	3.27	0.0388
	激进型	173	8.01	4.21		
	正常参与	313	9.03	4.27		

续表

因素	因素水平	样本量	均值	标准差	F 值	显著度
政治参与分类二	政治退缩型	179	8.57	4.10	2.20	0.0864
	肯定参与型	317	9.01	4.37		
	实用动员活动型	143	8.08	4.32		
	否定反对型	32	7.66	3.59		

据此为了进一步分析政治参与类型和政治信任之间的相关关系，笔者又根据政治信任的间接测量方式，进行了方差分析，并对上述两种分类都进行了分析（见表 6-5）。

首先，笔者通过方差分析，将政治参与的三分类与政治信任进行相关分析检验。研究结果显示，澳门居民对政治参与的看法和政治信任高度相关（显著度为 0.0000），政治参与和政治信任有一定的相关关系。具体而言，相比其他人，正常参与的澳门居民显然政治信任度更高；而相比其他正常参与或是无参与的人，激进参与政治的澳门居民，其政治信任度最低。退缩型的人，则政治信任度居于正常参与和激进参与之间，并倾向于正常参与的人的政治信任度，即政治信任度也较高。

其次，笔者将塞里格森的四分类和政治信任（间接测量）进行了方差分析。研究结果显示，澳门居民对政治参与的看法和政治信任高度相关（显著度为 0.0000），政治参与和政治信任有一定的相关关系。具体而言，否定反对型居民的政治信任度最低，而相对否定反对型来说，实用动员活动型的居民的政治信任度稍微高一些，但不是很多。政治退缩型的居民政治信任度反而是最高的，这点和上面的分类结果不同，肯定参与型居民的政治信任度则比政治退缩型居民稍低一些，但差别也不大。

那么，如果将控制变量也放入政治参与的模型，政治参与到底和政治信任之间的关系是怎样的呢？笔者在接下来的研究中进一步分析两者之间的关系。

表 6-5　不同政治参与下政治信任（间接测量）的差异分析

因素	因素水平	样本量	均值	标准差	F 值	显著度
政治参与分类一	退缩型	217	-3.79	7.66	20.00	0.0000
	激进型	192	-8.11	8.18		
	正常参与	344	-4.14	7.67		
政治参与分类二	政治退缩型	210	-3.70	7.68	13.95	0.0000
	肯定参与型	349	-4.14	7.65		
	实用动员活动型	160	-8.19	8.17		
	否定反对型	34	-8	8.24		

第三节 政治参与和政治信任、政治效能

一 政治参与强度对政治信任、政治效能的回归分析

上文中，笔者将政治参与的途径加总，得到政治参与的强度，即个人参与政治活动的频率多少。为了检验政治信任对政治参与强度的影响力，对政治参与强度进行了多元回归模型的处理，并加入人口特征和政治效能变量作为控制变量（见表 6-6）。模型分析结果显示，政治信任似乎对政治参与的强度并没有什么显著作用。但是这两种测量方式中，政治信任的间接测量方式的确比直接测量方式看来对政治参与更有解释力，这可能说明了强调政府绩效的政治信任对政治参与有更强的解释力，即政府绩效可能决定了政治参与的强度。因为一般来说，政府绩效较好的话，参与社会运动、接触媒体这些较为负面途径的人数就会大大减少。

在模型 1（针对政治信任的直接测量）中，人口特征和政治效能对政治参与的解释力为 15.78%，教育、月收入以及内外部政治效能变量都较为显著；在模型 2（针对政治信任的间接测量）中，模型解释力为 17.04%，教育、月收入和内外部政治效能变量也都较为显著。而笔者尝试将政治信任变量去除，发现，如果仅有人口特征和政治效能变量，则模型解释力高达 17.42%，看来政治信任变量不仅没有增强对政治参与强度的解释能力，反而从侧面降低了对政治参与强度的解释力。

就人口特征和政治效能的解释力相比而言，人口特征可以解释政治参与强度的 12.6%，而政治效能有 4.82% 的解释力。看来，正如上文所述，政治效能的确对政治参与有一定的影响。具体来看，内部政治效能感越强，政治参与的强度越强；但是外部政治效能感越强，政治参与的强度则越弱。

表面来看，这种内外部政治效能对政治参与强度的影响方向是相反的，似乎有些矛盾。但仔细梳理，又会发现，政治效能的确能以这种方式来发挥对政治参与强度的作用。

首先，内部政治效能，亦即阿尔蒙德和维巴所强调的主观能力，正如他们在公民文化的论述中所发现的那样，的确和政治参与有正相关关系。他们发现教育与那些倾向于使人感到主观上有能力的因素有密切的联系。在所有的国家中，个人获得的教育越多，就越可能认为自己有能力影响地方政府。[①] 并且，主观能力在社会中，对参加政治活动的程度和种类肯定有影响。主观能力强的公民也是积极的公民。[②] 而且，莱恩也发现，用比较一般性的说法来表述民主态度的社会心理基础，强调“自我力量”，或者个人效能的一般意识，为民主参与的基础。[③]

其次，外部政治效能，亦即居民对公民整体对政治系统的影响力的判定，和政治参与的强度存在负相关关系。居民如果对公民整体潜在政治影响力的判定较高的话，就会较少参与政治活动，这里用“搭便车”理论似乎更能解释。所谓“搭便车”现象是指某种事情产生了正外部性，所谓外部性是指主体的活动对他人和社会造成的影响。分为正外部性和负外部性。正外部性是某个行为个体的活动使他人或社会受益，而受益者无须花费代价，负外部性是某个行为个体的活动使他人或社会受损，而造成外部不经济的人却没有为此承担成本。因此，当个人认定公民整体参与对政治活动的影响力较强，也即认定其他人已经参与了，并获得了相应的成效，

① ［美］加布里埃尔·A．阿尔蒙德、西德尼·维巴：《公民文化——五个国家的政治态度和民主制》，东方出版社 2008 年版，第 191 页。

② 同上书，第 220 页。

③ 同上书，第 235 页。

他自身的参与必要性因此也就减弱了，所以随之而来的就是个人的外部政治效能感越强，则其自身参与的动力和行为也就越弱了。

表 6-6　　政治参与强度对政治信任（两种测量）、政治效能的回归分析

变量	模型 1		模型 2	
	针对政治信任的直接测量		针对政治信任的间接测量	
	系数	T 统计量	系数	T 统计量
人口特征				
性别（男性）	0.13	1.07	0.11	0.92
年龄				
26—35 岁	0.08	0.42	0.07	0.38
36—50 岁	-0.20	-1.19	-0.10	-0.52
51 岁以上	-0.20	-1.05	-0.10	-0.43
受教育年限（年）	0.08**	3.42	0.10**	4.27
工资				
5000—10000 澳门元	0.75**	3.84	0.70**	3.75
10000—15000 澳门元	0.68**	3.14	0.64**	3.08
15000 澳门元以上	1.07**	4.40	0.89**	3.73
外部政治效能	-0.20**	-3.04	-0.17**	-2.83
内部政治效能	0.23**	3.69	0.24**	4.10
政治信任得分	-0.00	-0.48	-0.01	-1.58
常数项	-0.20	-0.43	-0.50	-1.40
Adj R-squared	15.78%		17.04%	
F 检验量	9.21**		10.61**	
样本数	483		516	

注：（1）* 表示显著性 P<0.05，** 表示显著性 P<0.01。

（2）F 检验量表示模型整体显著性的统计检验值。

（3）Adj R-squared 为调整的确定系数，表示在考虑自变量数量条件下的模型解释能力，即包含一定数量自变量的模型可以解释因变量（政治参与途径）变化的比例。

（4）在各自变量中，性别的参照类为女性；年龄的参照类为 18—25 岁；工资的参照类为 5000 澳门元以下。

二　政治参与三分类对政治信任、政治效能的多分类线性模型分析

本书对政治参与活动以两种分类方法进行了分类。这里针对政治参与的三分类，即激进型、正常参与和退缩型参与，分别以两种政治信任的测

量方式为解释变量，并控制人口特征和政治效能因素，检验政治信任对不同类别政治参与的影响力大小。

在以政治信任直接测量方式为解释变量的模型中（见表 6-7），政治信任、政治效能、人口特征三个因素都较为显著。具体来说，在统计控制的前提下，研究结果显示，相比于正常参与的澳门居民，退缩型居民，即什么活动都不参与的人有如下特征，其政治信任感可能更低，内部政治效能也可能较为低下，受教育程度不高，而且，相比于工资为 5000 澳门元以下的居民来讲，工资在 5000 澳门元以上的居民进行政治参与的可能性也更低。相比于正常参与的澳门居民，激进型的居民，即参与了社会运动的居民，则可能有如下特征，其政治信任感更低，外部政治效能感也更低；而且工资为 5000—10000 澳门元的居民相比于工资在 5000 澳门元以下的居民参与社会运动的可能性更低。

表 6-7　　政治参与三分类对政治信任（直接测量）的多分类对数线性模型

	退缩型 / 正常参与		激进型 / 正常参与	
变量	系数	Z 统计量	系数	Z 统计量
人口特征				
性别（男性）	0.06	0.24	-0.02	-0.08
年龄				
26—35 岁	-0.19	-0.5	-0.02	-0.06
36—50 岁	-0.24	-0.58	-0.28	-0.74
51 岁以上	-0.23	-0.50	-0.89	-1.85
受教育年限（年）	-0.21**	-3.96	-0.05	-1.10
工资				
5000—10000 澳门元	-2.14**	-5.05	-1.21**	-2.60
10000—15000 澳门元	-1.94**	-4.21	-0.95	-1.93
15000 澳门元以上	-1.88**	-3.48	-0.07	-0.13
外部政治效能	0.26	1.82	-0.42**	-3.32
内部政治效能	-0.49**	-3.11	0.20	1.61
政治信任（测量一）	-0.07*	-2.03	-0.06*	-2.03

续表

	退缩型 / 正常参与		激进型 / 正常参与	
常数项	4.53**	4.85	1.66	1.82
Pseudo R^2	13.35%			
LR chi^2	136.87**			

注：（1）所有模型的有效样本量为 483。

（2）* 表示显著性 P<0.05，** 表示显著性 P<0.01。

（3）因变量为澳门居民政治参与的三个分类，由于因变量为三分类的变量，故模型包括两部分，其参照类都为“正常参与”的政治参与。

（4）在各自变量中，性别的参照类为女性；年龄的参照类为 18—25 岁；工资的参照类为 5000 澳门元以下。

（5）Pseudo R^2 近似表示模型对实际观测变量的拟合程度，但是它不同于多元线性回归模型中的 R Squared。

（6）LR chi^2 表示模型估计的似然卡方值。

在以政治信任间接测量方式为解释变量的模型中，总体来说也和上个模型的解释类同（见表 6-8）。唯一有差异的是，相对于正常参与的居民，退缩型的居民政治信任度并没有显著影响。

表 6-8　　政治参与三分类对政治信任（间接测量）的多分类对数线性模型

	退缩型 / 正常参与		激进型 / 正常参与	
变量	系数	Z 统计量	系数	Z 统计量
人口特征				
性别（男性）	0.08	0.34	0.01	0.04
年龄				
26—35 岁	-0.13	-0.33	0.05	0.13
36—50 岁	-0.40	-1.02	-0.14	-0.39
51 岁以上	-0.32	-0.71	-0.49	-1.06
受教育年限（年）	-0.23**	-4.58	-0.04	-0.77
工资				
5000—10000 澳门元	-2.00**	-5.00	-1.07**	-2.33
10000—15000 澳门元	-1.78**	-4.01	-0.70	-1.42
15000 澳门元以上	-1.65**	-3.14	-0.14	-0.26
外部政治效能	0.27	1.87	-0.41**	-3.23

续表

	退缩型 / 正常参与		激进型 / 正常参与	
内部政治效能	-0.57**	-3.74	0.16	1.41
政治信任（测量二）	-0.10	-1.20	-0.27**	-3.13
常数项	4.07**	5.02	0.36	0.44
Pseudo R^2	14.48%			
LR chi^2	159.86**			

注：（1）所有模型的有效样本量为516。

（2）* 表示显著性 P<0.05，** 表示显著性 P<0.01。

（3）因变量为澳门居民政治参与的三个分类，由于因变量为三分类的变量，故模型包括两部分，其参照类都为“正常参与”的政治参与。

（4）在各自变量中，性别的参照类为女性；年龄的参照类为18—25岁；工资的参照类为5000澳门元以下。

（5）Pseudo R^2 近似表示模型对实际观测变量的拟合程度，但是它不同于多元线性回归模型中的R Squared。

（6）LR chi^2 表示模型估计的似然卡方值。

因此，从上述两个模型中，可以判定的是，政治信任的确对激进型的参与有一定影响，即政治信任度越低，则参与社会运动的可能性越大，两者之间有一定的负相关关系。而在退缩型和正常参与的居民中，尽管模型也显示出退缩型居民的政治信任度可能比正常参与居民的更低，但是其影响有限，并不特别显著。

政治效能在这两个模型中也非常显著。首先，内部政治效能对于解释退缩型参与有一定解释力。即什么活动都不参与的居民，其内部政治效能感肯定是较正常参与居民的低。其次，外部政治效能对于解释激进型参与也有一定的解释力度。参与社会运动的居民相比于正常参与的居民，其外部效能感更低。亦即参与社会运动的居民感到居民整体对政治系统的影响力较弱，或许由此他们觉得正常参与已经无法引起政治系统的注意力，而一定要通过这种激进型的参与来表达其意见，才能引起政治系统的注意。所以外部政治效能也和这种激进型参与存在一定的负相关关系。

总体来看，可以有如下研究发现：（1）政治效能和政治信任对于政治参与的三个类别都有一定的解释力。但是，政治效能比政治信任的解释力度更强。（2）政治信任对激进型的参与影响力度更大。即政治信任度越低，则参与社会运动的可能性越大，两者之间有一定的负相关关系。（3）内部政治效能和外部政治效能对于不同类型的政治参与有不同的解释力。其中，内部政治效能更能解释退缩型参与，而外部政治效能更能解释激进型参与。

三　政治参与四分类对政治信任、政治效能的多分类线性模型分析

笔者借鉴塞里格森的这种理论，也对澳门居民的政治参与行动进行了四分类。本书也分别以两种政治信任的测量方式为解释变量，并控制人口特征和政治效能因素，检验政治信任对不同类别政治参与的影响力大小。

在针对政治信任直接测量的政治参与四分类的对数线性模型中（见表6-9），教育程度、月收入、政治效能和政治信任变量都较为显著。具体来说，在统计控制的条件下，相比于肯定参与型的居民而言，政治退缩型居民，即什么政治活动都没有参与或表达意见的居民，其可能有如下特征：内部政治效能更低，政治信任度更低，外部政治效能感则较高，教育程度较低的人，相比于工资在5000澳门元以下的居民，工资为5000澳门元以上的居民是政治退缩型的可能性更高。亦即，居民如果工资收入较高，教育程度较低，政治信任度更低，内部政治效能感较低，就会觉得自己影响政治系统的能力和信心都不足，而对其他居民影响政治系统的能力和信心认定较高的话，那么其相比于肯定参与型居民，更有可能成为政治退缩型的居民。即有较低政治信任度的人一般更倾向于远离政治领域，但是他们中的一些人可能也会转向其他的政治表达方式。

相比于肯定参与型的居民而言，实用动员活动型居民，即那些既有体制内参与，同时又参加了社会运动的人，有如下特征的可能性更高：外部效能感较低，相比于工资在5000澳门元以下的居民，工资为5000—15000澳门元之间的居民是实用动员活动型的可能性更高。

相比于肯定参与型的居民，否定反动型居民，即那些只选择参加社会运动的人，政治信任感较低，并且相比于工资在5000澳门元以下的居民，工资为5000—15000澳门元的居民是否定反动型的可能性更高。

表 6-9　　　　政治参与四分类对政治信任（直接测量）的多分类对数线性模型

	政治退缩型 / 肯定参与型		实用动员活动型 / 肯定参与型		否定反对型 / 肯定参与型	
变量	系数	Z 统计量	系数	Z 统计量	系数	Z 统计量
人口特征						
性别（男性）	0.07	0.29	0.08	0.31	-0.58	-1.03
年龄						
26—35 岁	-0.15	-0.39	0.21	0.56	-0.97	-1.29
36—50 岁	-0.16	-0.39	-0.10	-0.26	-1.04	-1.30
51 岁以上	-0.14	-0.31	-0.80	-1.60	-0.91	-0.98
受教育年限（年）	-0.21**	-3.98	-0.00	-0.58	-0.17	-1.60
工资						
5000—10000 澳门元	-2.16**	-5.06	-1.20*	-2.42	-1.74*	-2.14
10000—15000 澳门元	-2.03**	-4.35	-1.10*	-2.01	-1.07	-1.3
15000 澳门元以上	-2**	-3.64	-0.10	-0.25	-0.18	-0.19
外部政治效能	0.30*	2.07	-0.50**	-3.68	0.11	0.37
内部政治效能	-0.46**	-2.91	0.22	1.70	-0.09	-0.29
政治信任	-0.07*	-2.09	-0.00	-1.32	-0.20*	-2.43
常数项	4.56**	4.82	0.83	0.86	3.29	1.78
Pseudo R^2	13.69%					
LR chi^2	155.02**					

注：（1）所有模型的有效样本量为 483。

（2）* 表示显著性 $P<0.05$，** 表示显著性 $P<0.01$。

（3）因变量为澳门居民政治参与的四分类，由于因变量为四分类的变量，故模型包括三部分，其参照类都为肯定参与型的政治参与。

（4）在各自变量中，性别的参照类为女性；年龄的参照类为 18—25 岁；工作情况的参照类为无工作；工资的参照类为 5000 澳门元以下。

（5）Pseudo R^2 近似表示模型对实际观测变量的拟合程度，但是它不同于多元线性回归模型中的 R Squared。

（6）LR chi^2 表示模型估计的似然卡方值。

在针对政治信任间接测量的政治参与分类的对数线性模型中（见表 6-10），教育程度、月收入、政治效能和政治信任变量也都较为显著。其具体分析结果和模型也有很大类同。差异在于，相比于肯定参与型的居民，实用动员活动型居民的政治信任度也较低；在否定反对型居民的解释中，月收入变量（5000—10000 澳门元）也变得不再显著，只有政治信任发挥最重要的作用；在对政治退缩型的解释中，政治信任变量也变得不再显著。

表 6-10　　政治参与四分类对政治信任（间接测量）的多分类对数线性模型

	政治退缩型 / 肯定参与型		实用动员活动型 / 肯定参与型		否定反对型 / 肯定参与型	
变量	系数	Z 统计量	系数	Z 统计量	系数	Z 统计量
人口特征						
性别（男性）	0.10	0.41	0.05	0.22	-0.24	-0.45
年龄						
26—35 岁	-0.08	-0.20	0.25	0.68	-0.88	-1.17
36—50 岁	-0.33	-0.82	0.02	0.04	-0.90	-1.16
51 岁以上	-0.24	-0.53	-0.50	-1.01	-0.32	-0.37
受教育年限（年）	-0.23**	-4.60	-0.00	-0.27	-0.15	-1.51
工资						
5000—10000 澳门元	-2.02**	-5.00	-1.10*	-2.35	-1.30	-1.55
10000—15000 澳门元	-1.86**	-4.15	-0.80	-1.60	-0.71	-0.81
15000 澳门元以上	-1.75**	-3.29	-0.20	-0.42	-0.22	-0.22
外部政治效能	0.30*	2.06	-0.50**	-3.70	0.21	0.74
内部政治效能	-0.54**	-3.54	0.19	1.59	-0.20	-0.67
政治信任	-0.10	-1.20	-0.20*	-2.59	-0.49*	-2.45
常数项	4.06**	4.97	-0.20	-0.18	0.26	0.16
Pseudo R^2	14.54%					
LR chi^2	176.69**					

注：（1）所有模型的有效样本量为 516。

（2）* 表示显著性 P<0.05，** 表示显著性 P<0.01。

（3）因变量为澳门居民政治参与的四分类，由于因变量为四分类的变量，故模型包括三部分，其参照类都为肯定参与型的政治参与。

（4）在各自变量中，性别的参照类为女性；年龄的参照类为 18—25 岁；工作情况的参照类为无工作；工资的参照类为 5000 澳门元以下。

（5）Pseudo R^2 近似表示模型对实际观测变量的拟合程度，但是它不同于多元线性回归模型中的 R Squared。

（6）LR chi^2 表示模型估计的似然卡方值。

总体来看，可以有如下研究发现：(1) 政治信任和政治效能对政治参与的四个类别有一定影响，但总体来看，政治效能的解释力度比政治信任稍强一些。(2) 政治信任是解释否定反动型参与的重要因素。政治信任度越低，就越可能只参与社会运动。这和上文中对政治参与三分类的结论是一致的。(3) 外部政治效能感对实用动员型参与有很强的解释力。外部政治效能感越低，即居民个人如果对居民整体影响政治系统的能力和信心不足的话，就会努力采用各种方式来影响政治系统，包括体制内参与和动员式参与。(4) 内部政治效能感和外部政治效能感对政治退缩型参与有较强的解释力度。内部政治效能感越低，外部政治效能感越高，即居民认为个人影响政治活动的能力较差，而对其他居民影响政治活动的能力和信心较强的话，则居民更愿意采取“搭便车”的方式，其什么政治活动都不参与的可能性就越大。

第四节　政治参与各途径与政治信任、政治效能

一　政治参与途径对政治信任、政治效能的对数线性模型分析

由于政治参与途径各有不同，本书为更精确地度量政治参与各途径和解释变量之间的关系，并考虑因变量的特点，同时针对政治信任的两种测量方式，分别对五个政治参与的途径进行了对数线性模型的分析。

在针对政治信任直接测量方式的模型中 (见表 6–11)，研究结果显示，相比于未通过参加社团、政治团体进行政治参与的居民，通过参加社团、政治团体参与或表达对澳门政策方面意见的居民，教育水平、工资、内部政治效能、年龄 51 岁以上、政治信任这些变量高度显著。具体来说，在统计控制的前提下，教育水平越高，则选择参加社团、政治团体来进行政治参与的可能性越高；相对工资在 5000 澳门元以下的人，工资水平为 5000 澳门元以上的人选择参加社团、政治团体形式的可能性也越高；内部政治效能感越高的人，政治信任度越高的人，选择该参与途径的可能性越

高。通过比较 Z 统计量绝对值的大小，笔者发现，在以上这些高度显著的变量中，内部政治效能越高，则选择该途径的可能性最大；工资、教育和年龄（51 岁以上）的影响其次；而政治信任的影响相对最小。

在通过参与社会运动表达对澳门政策方面的意见的对数线性模型中，研究结果显示，只有外部政治效能和内部政治效能这两个变量是显著的，但它们和参与社会运动的相关方向并不一致。具体来说，在统计控制条件下，外部政治效能越低，内部政治效能越高，则通过参与社会运动途径进行政治参与的可能性越大，亦即如果居民认为个体参与作用越大，居民整体参与对政策制定作用越小，则该居民选择参与社会运动的可能性相应也会增大。通过比较这两个变量 Z 统计量绝对值的大小，笔者发现，外部政治效能对参与社会运动的影响最大；其次是内部政治效能。

在接触公职人员参与或表达对澳门政策方面的意见的对数线性模型中，研究结果显示，年龄（36—50 岁、51 岁以上）、工资（5000—10000 澳门元、10000—15000 澳门元和 15000 澳门元以上）、外部政治效能、内部政治效能以及政治信任这些变量都有显著作用。具体来说，在统计控制的条件下，相对于年龄在 18—25 岁的澳门居民来说，年龄在 36—50 岁及在 51 岁以上的居民接触公职人员的可能性会小很多；而相对于工资在 5000 澳门元以下的居民，工资在 5000 元以上的居民接触公职人员的可能性则会增大很多；另外，内部政治效能越强，外部政治效能越弱，政治信任越低的人，则其接触公职人员的可能性也会越大。通过比较 Z 统计量绝对值的大小，笔者发现，在以上这些高度显著的变量中，工资的影响相对来说最大，外部政治效能、年龄和政治信任的影响其次，而内部政治效能的影响最小。

在接触传媒参与或表达对澳门政策方面的意见的对数线性模型中，研究结果显示，外部政治效能、性别（男性）、工资（5000—10000 澳门元和 15000 澳门元以上）和教育这些变量都高度显著。具体来说，在统计控制的条件下，相对于澳门的女性而言，澳门的男性居民接触传媒的可能性更大；而教育程度越高，相比于工资为 5000 澳门元以下的居民，工资在 5000 澳门元以上的居民，接触传媒的可能性也越大；外部政治效能越低的居民，其接触传媒的可能性也更大。通过比较 Z 统计量绝对值的大小，笔者发现，外部政治效能对是否接触传媒的影响相对较大，性别、工资的影响次之，而教育的影响相对较小。

在通过参与政府咨询活动表达对澳门政策方面的意见的对数线性模型中，研究结果显示，只有教育和外部政治效能两个变量显著。具体来说，在统计控制的条件下，受教育水平越高，则参与政府咨询活动的可能性越大；外部政治效能越高，其参与政府咨询活动的可能性也增大。笔者通过对这两个变量Z统计量绝对值大小的比较发现，教育因素对是否会参与政府咨询活动的影响最大，而外部政治效能的影响相对较小。

表6-11　　政治参与途径对政治信任（直接测量）的Logit模型

	参加社团、政治团体		参与社会运动		接触公职人员		接触传媒		参与政府咨询活动	
变量	模型1		模型2		模型3		模型4		模型5	
	系数	Z统计量	系数	Z统计量	系数	Z统计量	系数	Z统计量	系数	Z统计量
人口特征										
性别（男性）	-0.20	-1.09	-0.05	-0.21	0.17	0.77	0.61*	2.48	0.19	0.83
年龄										
26—35岁	0.36	1.16	0.04	0.11	-0.54	-1.69	0.43	1.25	-0.20	-0.47
36—50岁	0.27	0.82	-0.27	-0.77	-0.82*	-2.38	-0.20	-0.46	-0.20	-0.55
51岁以上	0.87*	2.22	-0.86	-1.89	-1.05*	-2.45	-0.40	-0.76	-0.10	-0.18
受教育年限（年）	0.18**	4.03	0.02	0.35	0.05	1.11	0.10*	2.04	0.16**	3.24
工资										
5000—10000澳门元	1.60**	4.20	-0.23	-0.61	1.36**	3.04	1.01*	2.11	0.76	1.83
10000—15000澳门元	1.31**	3.21	-0.04	-0.10	1.42**	2.97	0.76	1.46	0.64	1.45
15000澳门元以上	1.18**	2.61	0.85	1.88	2.12**	4.11	1.17*	2.12	0.51	1.02
外部政治效能	0.11	1.01	-0.49**	-4.15	-0.37**	-3.19	-0.50**	-4.10	0.26*	2.15
内部政治效能	0.49**	4.28	0.29*	2.48	0.265*	2.25	-0.10	-0.58	0.20	1.68
政治信任（直接测量）	0.06*	2.19	-0.04	-1.42	-0.07*	-2.42	-0.00	-1.32	0.05	1.67

续表

	参加社团、政治团体		参与社会运动		接触公职人员		接触传媒		参与政府咨询活动	
截距	-4.50**	-5.65	-0.79	-0.99	-1.96*	-2.35	-3.50**	-3.87	-4.50**	-5.06
Pseudo R^2	12.74%		9.71%		11.2%		12.77%		6.20%	
Log likelihood	-292.00		-256.66		-260.55		-232.27		-247.57	
LR chi^2	85.23**		55.19		65.75**		68.00**		32.73**	

注：（1）所有模型的有效样本量为483。

（2）* 表示显著性 P<0.05，** 表示显著性 P<0.01。

（3）Pseudo R^2 近似表示模型对实际观测变量的拟合程度，但是它不同于多元线性回归模型中的 R Squared。

（4）LR chi^2 表示模型估计的似然卡方值。

（5）在各自变量中，性别的参照类为女性；年龄的参照类为18—25岁；工资的参照类为5000澳门元以下。

在针对政治信任间接测量方式的模型中（见表6-12），研究结果显示，以上的分析和政治信任直接测量方式的模型结果大部分类同。但也存在着一些差异：首先，政治信任对不同的政治参与路径的解释力不同。在直接测量方式上，政治信任对参与社团和接触公职人员都有一定的影响，但是这种影响相对来说较小，在各显著变量中都占据比较靠后的位置；在间接测量方式上，政治信任则仅对参与社会运动有显著的影响，对其他政治参与途径的影响则不太显著。其次，政治效能也在不同的政治参与方式上发挥不同的作用，但差异不大。在直接测量方式上，内部政治效能和参与社会运动有一定的正相关关系；在间接测量方式上，内部政治效能和参与政府咨询活动有一定的正相关关系。

表6-12　政治参与途径对政治信任（间接测量）的Logit模型

	参加社团、政治团体		参与社会运动		接触公职人员		接触传媒		参与政府咨询活动	
变量	模型1		模型2		模型3		模型4		模型5	
	系数	Z统计量	系数	Z统计量	系数	Z统计量	系数	Z统计量	系数	Z统计量
人口特征										
性别（男性）	-0.20	-1.23	-0.02	-0.10	0.238	1.09	0.49	2.06	0.12	0.52

续表

年龄										
26—35 岁	0.16	0.55	0.091	0.28	-0.43	-1.39	0.52	1.56	-0.20	-0.71
36—50 岁	0.27	0.86	-0.08	-0.24	-0.59	-1.79	-0.10	-0.21	-0.10	-0.27
51 岁以上	0.71	1.89	-0.45	-1.04	-0.84*	-2.04	-0.10	-0.17	-0.10	-0.20
受教育年限（年）	0.17**	4.06	0.04	0.95	0.09	1.95	0.11*	2.36	0.18**	3.69
工资										
5000—10000 澳门元	1.44**	3.94	-0.17	-0.44	1.27**	2.95	0.66	1.50	0.91*	2.25
10000-15000 澳门元	1.23**	3.12	0.13	0.32	1.35**	2.93	0.35	0.72	0.67	1.51
15000 澳门元以上	1.28**	2.88	0.669	1.46	1.69**	3.37	0.61	1.17	0.47	0.93
外部政治效能	0.15	1.41	-0.49**	-4.05	-0.37**	-3.23	-0.40**	-3.62	0.24*	2.02
内部政治效能	0.49**	4.62	0.29*	2.57	0.17	1.63	-0.00	-0.18	0.28*	2.55
政治信任（间接测量）	0.06	0.85	-0.24**	-2.92	-0.11	-1.42	-0.20	-1.89	0.07	0.94
截距	-3.70**	-5.40	-1.95**	-2.69	-3.17**	-4.20	-3.90**	-4.79	-4.30**	-5.29
Pseudo R^2	11.08%		12.20%		10.06%		11.89%		6.45%	
Log likelihood	-317.05		-269.08		-281.32		-249.70		-265.11	
LR chi^2	78.99**		74.76**		62.95**		67.36**		36.54**	

注：(1) 所有模型的有效样本量为 516。

(2) * 表示显著性 $P<0.05$，** 表示显著性 $P<0.01$。

(3) Pseudo R^2 近似表示模型对实际观测变量的拟合程度，但是它不同于多元线性回归模型中的 R Squared。

(4) LR chi^2 表示模型估计的似然卡方值。

(5) 在各自变量中，性别的参照类为女性；年龄的参照类为 18—25 岁；工资的参照类为 5000 澳门元以下。

二　讨论和结论

总体来说，在对各参与途径进行对数线性模型分析后，笔者对政治参与各种途径的影响因素有了更为直观、明了的认识和理解。上述研究假设基本可以得到证实，即这些因素确实和政治参与有一定相关关系，但是从上述模型分析也可以看出，这些因素对不同途径的政治参与的影响也大不相同。

首先，人口特征对政治参与确实有一定影响，但对居民具体选择哪种参与途径则影响大小不同。具体而言，性别（男）的作用较小，只对是否接触传媒有一定影响；受教育水平的作用则相对显著，它对是否会参与社团与政治团体、是否会接触传媒、是否会参与政府咨询活动有较大影响，受教育水平越高，则参与社团和政治团体、接触传媒以及参与政府咨询活动的可能性越大；年龄因素的影响相对也较小，只对是否接触公职人员有一定影响，年龄在36岁以上的居民，其接触公职人员的可能性更小；工资因素也对政治参与有一定影响，工资越高，则其参与社团、政治团体及接触公职人员的可能性就会越大。

其次，内部政治效能对不同的政治参与路径也有不同的影响。居民认为自己对政策参与的影响越强，即主观政治效能感越强，则通过参与社团与政治团体、参与社会运动、接触公职人员或参与政府咨询活动进行政治参与的可能性越大。但是内部政治效能在诸多因素中，对于解释参与社团与政治团体这种方式最为有效，而对其他方式的政治参与虽然有一定显著影响，但影响相对较小。

再次，外部政治效能对不同的政治参与路径也有不同的影响。外部政治效能，即居民对居民整体参与政策作用大小的评价越低，认为居民参与政策制定起不到什么作用的话，就会选择参与社会运动、接触公职人员、接触传媒这些较为激烈的政治参与方式；而外部政治效能越高的话，则选择参与政府咨询活动的可能性就会越高。外部政治效能对参与社会运动和接触传媒这两种参与方式的解释力度最强，而对接触公职人员和参与政府咨询活动的影响虽然显著，但相对来说，解释力更弱一些。

最后，政治信任的两种测量方式和不同的政治参与途径相关。在直接测量方式模型中，政治信任虽然对参与社团和接触公职人员都有显著影响，但影响都较弱，解释力较小；在间接测量方式上，政治信任则仅对参与社会运动有显著的影响，但其解释力也较为有限。

第七章　研究发现、讨论与建议

第一节 研究结论

本书的研究问题是：(1）澳门居民政治信任的现状如何？怎样更好地理解澳门居民的政治信任现状？（2）哪些因素影响了澳门居民的政治信任和政治不信任？（3）政治信任的两种测量方式有什么本质区别吗？怎样解释这两种不同的测量方式？（4）这种政治信任现状对澳门居民的政治参与有什么影响？

回应以上的研究问题，本书主要有如下研究结论。

一　对澳门居民政治信任现状的评价

如何评价澳门居民政治信任程度的高低呢？从对政治信任的这两种测量方式来看，直接测量结果显示出，居民对澳门特区立法会的信任程度总体来说更高（75.8%），而对政府组织（68.6%）、政府官员（64.5%）和一般公务员（69.7%）的信任程度差别不大，居民的政治信任程度总体来说处于较高的水平；而间接测量则显示出，信任指数最小值为 -20，最大值为 20，平均值为 -5.05，代表澳门居民的信任程度总体来说有些微不信任，但趋向“一般”信任。

要理解澳门居民政治信任的这种现状，即直接测量的高水平和间接测量的低水平，也需要从历史维度和横向比较维度来看。就澳门民众的历史记忆和比较心理而言，澳门人比香港人更不满政府，同时由于澳葡政府政治民主的起点低，虽然澳门特区政治发展并未完全满足澳门人的期望，但是澳门人比香港人更容易满意澳门特区政治发展的进程。和港英政府相比，澳葡政府在社会民生和经济发展方面的起点很低，促使更多澳门人将特区发展的重点和其自身关注的重心放在这两方面。回归后的澳门特区政府在社会民生和经济发展方面也的确迈出了很大的步伐，从而澳门人的政治信任度也会相应比回归前提高很多。

澳门居民对特区立法会的较信任程度最高（26.2%），对它的不太信任的程度也最低（18.6%）。这一方面是由于澳门特区立法会负有监督政府的职权；另一方面澳门民众也更认可立法会能够代表自己的民意。

澳门居民对特区政府的政治信任程度较高，有20.36%的被访者是较信任政府组织的，有48.25%是持“一般信任”的，25.81%是持“不太信任”和“完全不信任”的。可见，澳门居民对特区政府的政治态度算是较为认可的，但持“不信任”的被访者比例也在上升。这是由于居民对政府角色的期待，即澳门居民最为认可的政府角色是一个“听取民意、照顾市民利益”的政府，特区政府回归后在经济、社会民生等领域取得的巨大成就使市民对此有一定认同，澳门民众倾向于将澳门政府的表现等同于澳门的经济表现，同时从以上澳门居民对政府角色的期待和理解来看，澳门居民对特区政府中规中矩的评价是符合他们对澳门经济表现的评价的，七成左右的澳门居民对政府较为信任。

从不太信任的指标来看，政务官员也是澳门居民在四类中最不被信任的（29.78%），但也有21.85%的被访者持肯定态度（比较信任和非常信任），42.65%的被访者持一般态度。一方面，从澳门居民对特首的支持率来看，澳门居民对政务官员“非常信任的黄金时期”已经过去了，但保留在“一般信任”态度的居民仍占半数以上，持较为否定态度的澳门居民也不到二成半。另一方面，民意会受外部事件的影响和媒体的报道，“欧文龙案件”使澳门民众的政治信任度陡然下降，虽然2008年后有一定回升，但也让民众在心理方面留下了阴影。澳门居民对政治体制和政府官员的认知更为清晰，同时也有着“健康的不信任”态度。

澳门居民对特区一般公务员的态度也比较中性，有七成左右的被访者对一般公务员持认可态度。这主要是由于特区政府在回归后实施的一系列“服务型政府”改革措施。

另外，不管政治信任如何被精准地度量，它也只是政治存续期的一个因素，更为重要的是政治体制的“重量”。政治生存部分取决于有吸引力的第三方的存在或不存在。由此，澳门居民表面的政治信任态度尽管表现尚佳，但从间接测量结果来看，亦有一定的隐患存在：高达 34.1% 的被访澳门居民认为大部分政府人员并没有能力做好自己的工作；认为澳门特区政府人员不太信任甚至是完全不诚信的居民比例高达 50%；认为政府浪费很多赋税的居民比例高达 32.7%；接近五成的（46.1%，n=781）被访澳门居民认为澳门特区政府是代表少数集团的利益；而仅有 8.1% 的澳门居民认可澳门特区政府是代表普通民众的利益。以上这些回答都显示了澳门居民对政治体制一定程度上的不信任。

但从比较世界民众的政治满意度来看，澳门居民对利益集团的这种看法可以说并不奇怪，甚至可以说这个比例比之于其他国家的民众，已经是较低的比例了，并且从现实的政商关系来看，澳门民众、社会似乎也对这种利益集团的政治较为接受。

二 对政治信任影响因素的解读

政治信任是公民和政治系统之间互动的一种表现，是公民对政治系统的评价。政治信任的三种理论解释路径分别是绩效模型、社会化模型和终生学习模型。本书则试图从绩效模型和社会化模型的比较和综合出发，将政治信任设定为社会资本、政府绩效的函数，并对政治卷入和人口特征两个因素加以控制，从中得出政治信任的解释路径。

研究发现，社会资本、政府绩效和政治信任之间在一定条件下的确存在着相关关系。路径分析方法也从侧面证实，社会资本的确一方面发挥着对政治信任的直接效应，而另一方面又以政府绩效为中介变量，对政治信任发挥着间接效应。

首先，社会信任和社会资本、政治信任和政治资本之间的关系并不是简单的或是直接的，而是有条件变量在起作用。具体来说，政治环境、社会文化传统、历史因素、社会稳定、社会财富情况等都会对这种关系起到一定的作用。这些因素中如有任何一方面令人特别不满意，就会造成社会资本和政治信任相关关系的割裂，社会资本的作用就会大打折扣。进一步说，个人的社会信任和政治信任之间的相关关系更有可能是由社会和政治制度有效性所决定。而且社会资本和政治资本之间的关系也不必然是紧密或是对称的——高水平的社会信任可能和高水平的政治信任相关，但是并不必然是这样。

其次，政府绩效作为社会信任和政治信任之间的中介变量，起着非常重要的作用。政治信任作为反映人们对政治世界的信念与观点，是公民眼里政治系统绩效表现的"试金石"。人们对政治体制的评价在很大程度上决定了人们选择信任还是不信任。

再次，就解释澳门居民的政治信任而言，人口特征在政治信任的直接测量方式中，起到的作用较弱，它只能解释政治信任（直接测量）的 3.47%；而在政治信任的间接测量方式中，人口特征的解释力则高达 11.81%，两者相差很大。具体来说，性别（男性）都显现出和政治信任一定的负相关关系。相对于女性来说，澳门的男性居民更倾向于不太信任政治系统。在政治信任间接测量的影响因素中，年龄 51 岁以上、工资 10000—15000 澳门元和工资 15000 澳门元以上这三个变量仍然保持显著的影响。年龄 51 岁以上相对于 18—25 岁的居民，更信任政府，而工资较高的这些居民，相对工资仅在 5000 澳门元以下的居民，反而更不信任政府。

最后，政治卷入对于澳门居民的政治信任是有一定的影响的，但在纳入社会资本和政府绩效两组变量以后，它的作用就不太显著了。在澳门居民政治信任的直接测量方式上，内部政治效能感越高，外部政治效能感越低，则政治信任感越高。而在澳门居民政治信任的间接测量方式上，只有外部政治效能变量还有一定的显著性，但是它和政治信任又是一种正相关关系，和直接测量的结果正好相反。

三 对政治信任两种测量方式的评价

首先，政治信任的两种测量方式存在高度的相关性。将两种测量方式做相关分析，Pearson 相关系数高达 0.5875，可见两者确实有较强的相关关系。具体来说，在间接测量中，对澳门居民是否信任澳门特区政府的办事能力、决策能力的回答显示，回答一般信任及以上的居民占 65.1%

（n=784），和上面对政府组织信任的直接测量结果基本类似。并且，从间接测量的五个问题来看，对政府办事能力和决策能力的评价是和直接对政治系统信任的评价高度相关的，Pearson 系数高达 0.561（$P<0.01$）；其他四个问题也有显著的相关性，Pearson 系数分别为 0.319、0.265、0.378 和 0.522（$P<0.01$）。总体来看，对政府能力和对政府官员诚信程度的评价与直接测量政治信任程度更为相关，而政府浪费赋税情况和政府代表利益情况虽然也显著相关，但相关程度相对稍低。

其次，政治信任的两种测量方式看来也有一定的差异。一方面，直接测量是较为抽象地理解澳门居民对政治系统的一种信念和态度，间接测量则是更为具体地对澳门特区政治系统的测量。另一方面，从政治信任两种测量方式的多元回归模型来看，直接测量方式反映了社会信任的重要解释力，间接测量方式则突出了政府绩效的重要影响。而进一步对四种类型（机构和人）信任的回归模型来看，则证实了上文所述，即澳门居民对政府和政府官员的信任度的第一解释因素仍然是政策满意度，而非社会信任。社会信任是居民对难以具体了解并评价客体的一种推测，所以澳门居民对特区立法会和公务员的评价建基于此。

这两种测量方式的差异正如上文所述，直接测量代表了澳门居民对政治系统的潜意识的信任程度，是一种较高的水平。而间接测量代表了澳门居民对政治系统的一些具体评价，这种具体评价因为有具体的事情和感觉、经验作为依据，澳门居民在判断的时候可以绕过潜意识，更为理性地给出评价，而这种评价确是一般或者说有一点点低的评价。

由此，从以上两种测量的比较来看，虽然澳门居民对政治系统的具体评价并不很高，处于一般水平以下，但是澳门居民总体的政治信任程度不能说是低水平，而是处于一般水平以上。从伊斯顿对政治系统的三分类来看，澳门居民对政治共同体、政治制度是较为信任的，而且澳门居民对当局的总体能力也是较为信任的，但对当局的一些具体评价则较低，如当局代表的利益问题、当局的诚信问题和当局工作人员的能力问题等。这也可以从“澳门特区十年发展进步大型民意调查报告”中证实，澳门理工学院一国两制研究中心于 2009 年 6 月和 12 月分别进行了两次调研，结果显示，澳门居民对“一国两制”在澳门的实践评价极高：这两次评价中，认为“一国两制”成功和非常成功的比例分别高达81.84%和59.77%，认为“一国两制”一般的比例分别为15.60%和34.96%。数据证实澳门居民对中央当前在澳门实行的“一国两制”非常满意，显示澳门居民对政治共同体、对政治制度是非常信任的。

再次，政治信任的三种流动路径提供了对政治信任的解读方式。据此，澳门特区的政治系统更要注意基层信任、政策信任和官员的信任，因为这些信任如果长期处于负面评价的话，就会逐渐侵蚀居民对政治制度、政治合法性的信任，从而造成不可挽回的损失。而笔者对政治信任直接测量和间接测量的结果，也从侧面说明了澳门居民当前虽然对政治系统还抱有较为正面的认可态度，但是从具体行为的评价上来说并不乐观，澳门特区政府据此应该警醒，并注意取得民众对基层的信任、对政策的信任和对官员的信任。

最后，政治信任的两种测量方式看来更倾向于不同的解释模型，也即，对不同理论解释路径的支持看来更依赖人们测量对象所包含的内容。政治信任的直接测量方式对信任的强调，及社会资本在澳门的重要地位和作用，使其解释看来更倾向于社会化模型的解释；政治信任的间接测量强调了对特定对象的具体评价问题，所以看来更倾向于政府绩效模型的解释。

四 政治信任对政治参与的影响

基于以上对澳门居民政治参与和政治信任、政治效能关系的实证研究，笔者主要有以下发现：

第一，澳门居民选择政治参与的比例较高。2/3以上的居民都以一种以上方式参与了政策制定，显示澳门居民总体上来说政治参与热情较高，居民的公共责任感较强，民主意识浓厚。另外，有43.9%的澳门居民已经选择了参与社团、政治团体来进行政治参与，更有40.8%的澳门居民表达了更愿意选择参与社团、政治团体这种方式进行政治参与。总体而言，数据证实了澳门居民对参与社团、政治团体途径的偏好很强，显示澳门的确是一个社团生活非常发达的社会。

社团类型、社团政治、社团生活确实是澳门需要进一步研究的重要话题。在多元社会里，社团是否在政府决策中能够充当不同利益的多元和平等的代表作用？通过组织成员身份的动员是否以某种途径补偿了和社会阶级相联系的政治参与导致的初始差异？动员视角降低了政治阶级导向的本质的重要性，并指出社团组织以同样的效果去动员高地位和低地位的人们，因此增加了不同社会阶层的政治平等，所以社团因素对于平等的政治参与有很大影响，但限于数据有限，对社团因素的政治作用亟待进一步深入分析。①

第二，政治参与的确是一个范围较大的术语，并包含不同类型的参与。而且，"体制内"参与和"体制外"参与并不矛盾，居民有可能既进行"体制内"的参与，又进行"体制外"的参与。即居民参与社会运动的同时，也有很大可能去进行其他途径的政治参与，不同途径政治参与之间的关系相对是较为密切的。本书对澳门居民的政治参与行动进行了两种分类，一种是政治退缩型、肯定参与型、实用动员活动型和否定反对型；另一种是退缩型激进型和正常参与型。这两种分类都有助于深入了解澳门居民政治参与的类型，并可借此对参与社会运动这种激进型或动员式参与有更好的认识。

第三，从以上研究中可见，不同因素对政治参与强度、类型和各途径的解释力非常不同。就对政治参与强度的解释而言，政治信任几乎没有什么影响，而政治效能则对政治参与有一定的影响。具体来看，内部政治效能感越强，则政治参与的强度越强；但是外部政治效能感越强，政治参与的强度则越弱。

---

① 现有研究中，刘祖云就以澳门中华总商会、工会联合总会、街坊会联合总会三个社团为个案来研究澳门社团的政治功能，认为推选议员、政治动员、参与决策、利益表达是其政治功能的表现形式，并从静态和动态两个角度探讨了澳门社团政治功能的特点，认为社团政治功能的强弱与社团规模相关，社团政治功能的表现与社团界别相关，社团政治功能经历了从无到有、从弱到强的发展过程。参见刘祖云《澳门社团政治功能的个案研究》，见陈广汉、黎熙元主编《当代港澳研究》第2辑，中山大学出版社2010年版，第179—199页。

就政治参与的分类解释而言，两种分类的模型都验证了以下几点：（1）政治效能和政治信任对于政治参与的三个类别和四个类别都有一定的解释力。但是，政治效能似乎比政治信任的解释力更强。（2）政治信任对激进型或者说对否定反对型的参与影响力度更大。即政治信任度越低，则参与社会运动的可能性越大，两者之间有一定的负相关关系。（3）内部政治效能和外部政治效能对于不同类型的政治参与有不同的解释力。其中，内部政治效能更能解释政治退缩型参与，而外部政治效能更能解释激进型或者是实用动员型参与。

就政治参与途径的解释而言，内部政治效能和外部政治效能对不同的政治参与路径有不同的影响。具体来说，内部政治效能在诸多因素中，对于解释参与社团、政治团体这种方式最为有效，而对其他方式的政治参与虽然有一定显著影响，但影响相对较小。外部政治效能对参与社会运动和接触传媒这两种参与方式的解释力最强，而对接触公职人员和参与政府咨询活动的影响虽然显著，但相对来说，解释力更弱一些。

政治信任虽然和不同的政治参与途径有一定的相关关系，但是这种相关关系都比较微弱。这也从另一个侧面显示出，政治信任对任何一种政治参与途径的解释力都较差，而只有将政治信任预测政治参与类型时，其影响力才会上升。

第四，就政治信任的两种测量方式而言，虽然都显示了对政治参与有一定的解释力，但是政治信任的间接测量方式显然对预测政治参与更为有效。这和以往许多学者的研究也是一致的。即政治参与无疑是和政治评价更紧密地联系在一起的，因此以绩效化模型解释见长的间接测量方式显然与政治参与的相关性更强，而倾向于社会化、文化模型解释的直接测量方式与政治参与的相关性更弱一些。这也从另一个侧面证实了政治信任两种测量方式的不同。

第五，对政治效能的测量本身也受政治信任的影响，正如所述，不管一个人对政治如何感兴趣或是积极参与，如果他对政府完全不信任，他就不可能有任何内部政治效能或是外部政治效能。所以政治效能对政治参与的影响力也是政治信任影响力的延伸。

第二节 讨论与建议

一 对澳门社会资本的启示

在民主发展水平比较高、民主制度比较健全的情况下，社会资本能显著地促进政府治理绩效的提高，从而提升公民的政治信任。民主制度建设得越完善、越充分，社会资本对治理的正面促进作用就越大。而澳门显然是一个社会资本和政治绩效、政治信任联系较为密切的地区。

（一）澳门的社会资本状况

澳门作为一个社团非常发达的社会，至 2008 年 6 月底，澳门的社团密度约为 70 个 / 万人，就连一些号称公民社会较发达的国家也无法比拟。[①]社会领域中的澳门社团和政治领域中的政府关系极为密切，政府与民间社团的长期合作共治在形成澳门独特的社会法团主义治理体制的同时，也培养了以多元包容、和谐共存为内容的合作主义社会传统与思维习惯，使澳门拥有较为丰富的社会资本。澳门社团也在政治领域发挥着重要作用。

首先，澳门特殊的历史发展进程与社会生态培育造就了庞大的社团组织群体的存在，进而形成社团与政府合作，并参与政策制定、社会公共产品与公共服务的提供、社会管理等诸方面活动的传统。[②]社团和特区政府在文化教育、医疗卫生、社会服务、体育运动等公共管理与服务领域方面进行了广泛合作。同时，在公共政策制定方面，澳门特区政府通过设立众多咨询性机构，并注意吸收相应社会利益界别社团的参与，从而提高公共政策的有效性，减少盲目性。

其次，基于澳门社会政治生态的特殊性，长期以来，澳门的政治生活中“政党缺位”导致社团出现“拟政党化”功能。澳门社团活动领域广

---

① 娄胜华、潘冠瑾、林媛：《新秩序：澳门社会治理研究》，社会科学文献出版社 2009 年版，第 116 页。

② 娄胜华：《澳门社团法律制度分析：以政府与社团关系为中心》，《国家行政学院学报》2006 年第 6 期。

泛，功能繁重，甚至有“拟政府化”之说。[1]而且，相对于数量较少和影响几无的“政治社团”而言，一些功能性代表团体在澳门现实政治生活中显得十分活跃。参与社会政治事务理所当然成为澳门社团的重要功能之一，澳门的法律更是在事实上已为社团参与设置了制度性参与渠道，包括行政长官的产生和立法会的产生。澳门的《结社权规范》、《选民登记法》、《澳门特别行政区立法会选举法》等法律均有相关条款涉及于此，澳门政治日益踏入社团“泛政治化”之途。

很明显，澳门作为相对较为富裕发达的地区之一，幸运的是已经拥有较好的社会资本存量，人们的社会信任度显然很高，社会网络和社会参与活动也明显较其他地区更为频繁，在这种熟人社会中，澳门已然拥有了帕特南所说的社会资本，这对于有效政治体制的建构又是一个优势和前提条件，有助于高水平的政治信任产生。而且，就干扰社会信任的中介变量而言，澳门没有存在严重的政治分歧和政治腐败，有较好的社会历史文化传统，有相对富裕的经济条件，政治环境相对和平、稳定、有共识，这些中介变量对于澳门地区而言，反而起到了促进社会资本和政治信任的作用。可见，澳门的社会资本在微观层次上，对政治信任、民主价值理念、社会公益行为和政治参与产生了一定的积极影响；而在宏观层次上，社会资本也对政府治理和民主政体的良性运转产生一定的积极影响。[2]

基于以上背景，期待澳门的社会资本和政治系统之间会发生密切的联系似乎也是必然的。即社会资本和政治信任发生关系的条件变量在澳门是充足的，由此发现两者之间的重要联系也是必然的。

（二）警惕社会资本的负外部性

有学者指出，社会资本不仅具有正外部性，还具有负外部性，正外部性的社会资本由于社会资源共享而增值并促进了社会效率，负外部性的社会资本由于特定结构上的特定群体通过社会资本来剥夺其他受益者，使社会资本发生转移，因而在经济发展、政府治理中可能扮演着负面角色，因

① 娄胜华：《澳门社团法律制度分析：以政府与社团关系为中心》，《国家行政学院学报》2006年第6期。

② 卢春龙：《西方政治学视野中的社会资本理论》，《中共浙江省委党校学报》2010年第5期。

此，政府在培育、发展社会资本的同时，也需要注重对其的监管。

首先，就澳门居民的社会资本而言，虽然澳门的非政府组织繁多、社团密度高，公民社会似乎有所培育和发展，但不可否认的是，相当数量的大型社团是因应一定历史条件下某种特殊政治需求而成立的，其形态往往表现为社会庇护组织或意识形态化社团，在内部治理上往往也体现出“大家长主义”与协商治理的行为取向，而与非政府组织所要求的民主选举、决策、管理、监督的原则存在相当距离。[①]由此，向来被认为可以充当“民主精神与自主意识培训学校”的社团组织其实并未充分发挥作用。本书2010年的调查数据显示经常参加社团活动的市民只占35.8%，26%的居民很少或者从不参加社团活动（n=500）。

从这里也可以看出，社团组织在培育民主精神、社会信任中所发挥的作用有限。澳门公民社会如果要向国际化发展，必然需要进一步推动澳门社团的变革，促进其内部治理机制的发育，强化社团与民众联系的紧密度和主动性。社会资本形成良性互动，社会网络的紧密化进一步促进社会信任的生长和互惠性规范的形成，从而间接为政府治理奠定良好的社会基础。

其次，部分社团出现了“拟政党化”功能，导致澳门政治可能踏入社团“泛政治化”之途。这一方面虽有助于政党政治的发展，但本应位于社会领域的社团过度发展，甚至跨入政治领域，却不是一件好事。功能性社团也变成一种政治性的组织就更是一种悲哀了，因为根据集体行动的逻辑，各种社会组织采取集体行动都是为了争取重新分配财富，而不是为了增加总的产出。所以社会中的特殊利益组织或集团可能降低社会效率和总收入，并加剧政治生活中的公众分歧，由此，社会组织内部社会资本可能给公共治理绩效的改善带来障碍，结果也可能会是“强社会、弱经济；强社会、弱国家”。[②]社会资本的正面效应就会降低，而负的外部效应会增长，并导致国家、社会关系的混乱。

2010年，笔者在对澳门基金会的LL先生访谈时就了解到，澳门社团

---

① 娄胜华、潘冠瑾、林媛：《新秩序：澳门社会治理研究》，社会科学文献出版社2009年版，第115—118页。

② ［美］曼瑟尔·奥尔森：《集体行动的逻辑》，上海三联书店、上海人民出版社1995年版。

在接受政府资助时，其本身的自治、代表功能出现了一定的弱化，由此也导致人们甚至政府对社团代表功能的日益不信任。

> 在澳门，存在各行各业的大小社团大约有4000个，比如说同乡会。有些社团在社会的影响力很大，像一些公务员的社团、学院派的社团之类的。同时，他们在政府里可以分享到很多的利益，也就是说我们的钱也会流到他们那里。只要有机会，这些社团会向政府提出一些建议，但问题是，这些社团会基于利益关系，他们不会为有需要的人谋利。而我们的政府，每个月会给予他们千万元的补助。我们可以想象，如果一个社团有会员几千人或者一万人，而政府如果补助七千万元给这个社团，那么他们的每一个会员可以分到多少钱啊？这是一个很关键的问题，因为我们不希望这些社团的负责人得到了利益，却不为民众说话的情况出现。

这种社团代表功能的弱化在澳门社会如果继续下去，也必然导致民间社会信任的流失，并逐渐导致社会资本的弱化，因此有必要对澳门社团的体制和代表功能进行进一步的深入研究，并探讨其发展路径。

最后，需要明确的是，更为有效促进公民政治信任的方法显然是改进政府绩效，因为社会资本这种长期力量很难产生立即的政治结果。但社会资本存量确实是在短期内重建政治资本的重要因素。社会资本需要长期积累，较好的社会资本是一个有效的政治体制的先决条件，并有助于创建政治资本，但是高水平的社会资本并不必然或是一定导致一个国家在某个时期的高水平的政治资本。

二　对澳门政府绩效的启示

首先，当前澳门在政府绩效方面取得了较大进展。澳门特区成立后，博彩业的发展在带动经济急速发展的同时，也引发了一系列的社会问题，如贫富悬殊、赌博及房屋问题等。澳门特区政府针对这些社会问题，提出了可持续发展、提升市民生活素质、建构和谐社会及发展协商民主等战略目标，并推行了生活素质评估，形成了澳门社会政策的极大发展。尤其是在第二届任期，澳门特区政府推行了一系列社会政策改革措施，包括十五年免费教育；推出社区就业扶助计划，注重家庭与青少年服务的融合；建立社会援助标准；增加经济房屋的供给；提出多层社会保障制度的咨询文件及推动社会企业发展；等等。这些改革措施取得了巨大成效，反映贫富差距的基尼系数由最高的 0.45 回落至 0.37。①

总体而言，居民对教育政策的满意度最高，其次是社会保障、社会福利服务政策和医疗卫生政策，但是对就业政策、房屋政策和外劳政策的满意度最低，引起的民怨也最多，因此也是有待突破和亟待改善的。

其次，就澳门居民感受到的政治透明度而言，澳门居民整体来说对澳门政务公开的程度有一定满意，政治透明度处于中等水平。但是据《澳门月刊》最近对澳门特区政府的观察来看，很多收入过万的澳门居民争当弱势群体，最主要的原因是政府的施政政策不透明。该文提到，不久前政府拨款 700 万澳门元给澳门一家所谓的第二大媒体，为什么要拨款 700 万澳门元给该媒体？款项用在何处？恐怕无人知晓。此类不公平之事，显示出政府施政不透明的根本问题，很多民众也因此对特区构建阳光政府失去信心，这也可能是市民“五一游行”抗议的主因。②

澳门居民对政治世界的评价反映了澳门居民的政治信任状况。笔者认为，澳门长期以来较为稳定的政治生活和回归后良好的经济绩效为澳门居民提供了较为稳定和有保障的生活质量，形成了潜意识下对澳门政治系统较为满意的评价。但是，澳门政府仍需要注意提高政治透明度，并改进其引起民怨的房屋、就业和外劳政策，避免矛盾进一步激化。

最后，就政策满意度而言，它可以分为两个方面，一是人们对政府政策的期望，二是人们对政府政策的评价。就此而言，在期望方面，设定了很高的期望但是没有实现的政府组织可能比那些有较低期望但是成功实现它们的政府组织会得到更低水平的信任。而且，默默改进绩效而没有大张

① 高炳坤：《论澳门特区社会政策发展》，《行政》2009 年第 85 期。

② 《澳门争当弱势群体市民，希望加快构建阳光政府》，《澳门月报》，2011-04-07，http://www.macaumonthly.net/Article/201104/2011-04-07/20110407152210_141421.html，2011 年 4 月 10 日查询。

旗鼓宣传的政府组织实际上可能会有更健康的信任氛围。这对于政府来说可能也是一个非常有趣的困境。政府为了提高绩效和服务水平，通常会广泛宣传，并设定一个较高的期望。但是升高期望可能会使政府不一定能达到期望，从而绩效即使改善了，也会导致信任下降。①

登哈特在探讨政府究竟应该扮演什么角色才能刺激社区归属感的产生这一问题上指出，无论怎么说，政府能够在重获社会对政府的信任问题上扮演一个重要的角色。政府尤其要通过诚实正直的施政和关心民众的需求来重新获得其应有的地位。②因为政府的公信力包含交流、建立声誉和创造信任。政府要通过良好的表现建立其信誉，就必须对其坚持和实施的一套规则对公众做出可信承诺。而该承诺必须是以一个有成本的且可见的行动为基础，而且是主动地履行这一承诺，否则就是空谈。只有这样，才能在公众中建立起对政府的信心。③而施政报告正是澳门政府的承诺所在，但澳门很多民众对政府的施政报告不甚满意，主要也是因为他们认为施政报告提出了很多，但是真正落实的却非常有限。据上述《澳门月刊》观察文章提出，市民希望行政长官构建阳光政府等讲话能落到实处，同时更要教育相关政府部门认真履行职责。可见，市民对特区政府施政的执行力也持怀疑态度。特区政府更需要在施政报告上说到做到，否则就会失去更多民众对政府的信任。

三 对澳门政治参与的启示

在当代西方政治话语中，公民参与已成为政客和公民都看重的重要话题，西方社会业已出现了参与式民主的概念和实践。从政治参与对政治稳定的作用来看：公民政治参与带来的社会政治稳定度与政治参与的制度化程度成正比；政治参与带来的政治稳定程度与公民组织化程度和政治成熟度成正

① Herting, Stephen R., Hamon, Troy R., “Dynamics of Trust among Entities in a Mechanistic Simulation Model: with Research Implications for Pub.lic Organizations” , *Public Performance & Management Review*,2004, 28(1),pp.30-52.

② 邱建新：《信任文化的断裂——对崇川镇民间“标会”的研究》，社会科学文献出版社 2005 年版，第 336 页。

③ 同上书，第 338 页。

比；政治参与的渠道与路径同政治稳定成正比；政治参与内容和形式的不同对政治稳定有很大的影响。[①]过高的参与可能是紧张局势和政府功能严重失调的反应，也可能是下层阶级逐渐被带进选举过程（通过加强组织建设、改善教育制度和提高他们对政府行动对个人利益之关系的理解）。[②]因此，参与的强度本身无所谓好坏，重要的是，参与的程度和性质反映了不同阶层居民的共识和冲突。

（一）澳门当前的政治参与

从目前研究来看，2/3 以上的居民都以一种以上方式参与了政策制定，主要参与方式仍然是通过社团、政治团体间接表达意见。从政府的种种改革和绩效来看，澳门政府的确通过加强组织建设、改善教育制度和提高公民对政府行动对个人利益之关系的理解，加强了澳门居民的政治参与程度，并显现澳门政府试图通过扩大体制内参与途径，进一步凝聚澳门居民的政治共识。

从目前澳门居民对居民参与的看法来看，居民应该参与政治已经成为澳门社会的一种普遍共识，这也是澳门民主意识发育较好的一种标志。而公务员对公民具有潜在影响力的确认，进一步提升了澳门社会将来更好发展的可能。因为“决策者相信普通人能够参与——而他们肯定不会完全与那些为社会广泛结构的信念隔绝的——他们可能采取的行为，比在这种信念不存在的情况下所可能采取的行为，是大不相同的”。[③]当前，澳门特区政治系统亟须做的是进一步拓展体制内的政治参与，并争取让澳门居民在政治参与的过程中留下正面的经验，从而使其越参与越满意，而不能有越参与越不满意的体验，那样就会逐渐背离民主社会的初衷。

而就社会运动的参与来说，有观察者认为，澳门政治发展的轨道很明显受到各种外来的压力。从游行后政府施政的表现来看，政府对游行中的各个群体的要求有着不同程度的回应。表面看，社会运动和政府的抗争性

---

① 聂运麟：《政治现代化与政治稳定》，湖北人民出版社 2000 年版。

② ［美］西摩·马丁·李普赛特：《政治人——政治的社会基础》，上海人民出版社 1997 年版，第 193 页。

③ ［美］加布里埃尔·A.阿尔蒙德、西德尼·维巴：《公民文化——五个国家的政治态度和民主制》，东方出版社 2008 年版，第 225 页。

与对抗性开始逐渐减弱，但其负面效应却从直接冲击转变为间接削弱。部分民众是为了实现政治民主而参与游行，部分群体也学会了通过游行施加压力，而政府为了维持合法性而不得不应承。由于政府在外来压力的激压下进行的改革和采取的措施更多是一种应急的反应，缺乏全面考虑和系统发展的逻辑，因此并不一定对整个社会的良性发展有利。①

就政治参与和社团之间的关系而言，也分为两种情况。一是体制化的社团，相对来说，它们会选择既定的表达渠道与政府进行常规性沟通，即使迫于会员压力或民众压力需要组织社会运动时，它们也倾向于选择不至于过度刺激政府的方式（如递交请愿信），也不会有意瘫痪政府管治，因为它们本身就是管治体制的组成部分，维护社会按既定秩序运行本身就是它们的责任。二是回归后成立的新社团，越来越多的新社团开始独立进行活动，它们不愿意进入原有的社团结构，而宁愿选择体制外的生存方式。作为边缘性的体制外社团，它们和政府进行有效对话的沟通渠道却是不太畅通的，因为它们本身也更倾向于选择体制外的激烈表达方式进行诉求或博取社会管治，包括组织游行示威等社会运动。近年来发生在澳门的游行示威、集会静坐等抗争性社会运动，大多是由体制外的新兴社团策划组织的。2006 年、2007 年连续两年的“五一游行”，以致演变成暴力冲突事件，同样也是由劳工团体中独立于工联之外的新兴工会组织的。②

（二）政治参与和政治信任的关系

研究也发现，政治参与途径越多，居民就会对政策越不满意，两者的 Pearson 相关系数为 −0.246（显著度为 0.001），而这与阿尔蒙德和维巴的观察并不同，即他们认为，“参与决策的程度，影响参与者对系统感到满意的程度。参与越多越满意”。③这可能是他们并没有考虑到参与的性质，

---

① 潘冠瑾：《转型中的自主性——对回归后澳门特区政治发展的分析和展望（四）》，《澳门月刊》2008 年第 6 期。

② 娄胜华、潘冠瑾、林媛：《新秩序：澳门社会治理研究》，社会科学文献出版社 2009 年版，第 546 页。

③ ［美］加布里埃尔·A. 阿尔蒙德、西德尼·维巴：《公民文化——五个国家的政治态度和民主制》，东方出版社 2008 年版，第 225 页。

至少在本书中，由于参与社会运动、接触媒体和接触公职人员都是和低度信任、不愉快的体验相联系的，而且更多人是由于不满政府表现才去参与，所以纯粹地以程度、强度去假设政治满意度是不现实的。

研究也证实，政治参与的强度和政治信任并不相关。可能的原因是，当前的政治参与留下的更多的是不满的印象，体制内的参与过程可能并不愉快，或者是参与途径并不通畅，而体制外的参与如参加社会运动又加剧了不美好的印象。政治参与往往倾向于提高个人的社会期望值。尤其对于处在经济社会蓬勃发展的澳门来说，随着居民政治参与的逐步深入，越来越广泛的居民参与极大地提高了人们的“需求”欲望，而社会满足能力却并没有得到相应的迅速提高，形成了一定的差距，引起了普遍的社会挫折感和不满足感，这就更容易引发政治不稳定。可见，如何改进澳门居民政治参与的质量有待进一步商榷。

（三）未来澳门政治居民政治参与的方向

随着澳门社会经济的快速发展，15 年免费教育计划的全面实施，社团组织的不断壮大，社会文化活动的普及，澳门居民的教育层次和收入都将有较大提升，社会生活不断丰富，其政治兴趣和政治效能感都在逐步上升，政治影响力也逐渐显现，这种种因素都将极大地增加澳门居民政治参与的积极性，拓展澳门居民的政治参与途径。体制内的政治参与有助于居民和政治体系的融合，但是体制外的政治参与则显现出社会矛盾的尖锐和社会力量的分化，易将特区政府推到被质问的前台，不利于社会稳定和发展。

进一步拓宽体制内的政治参与途径，如通过多种方式加大居民咨询力度，政治领导和公职人员主动接触了解居民特别是弱势群体，通过传播媒介表达政治意见，将体制外的参与逐渐减弱并融合至体制内的政治参与，将有助于澳门社会未来平稳发展，提升澳门居民政治参与的质量。为此，重要的不是居民政治参与数量的多寡，而是政治参与质量的好坏，从而带来政策满意度和政治信任的提升。因为居民并不一定要去积极参与政治，民主政治中的公民所要寻求的是“相对立的矛盾的目标：他们必须是积极的，也是消极的；卷入的，也是不太卷入的；有影响的，也是服从的”。[①]这才是真正民主社会公民文化应有的含义。

从公民参与所可能带来的积极政治效应来看，这种体制内的政治参与可以在国家和社会之间稳妥地矫正政府与公民的意愿和选择之间的矛盾；是既约束政府又教育公民的一种方式；政治参与反映公民的意愿。当政府顺应民意，公民通过政治参与同国家保持一体感时，其政治体制是稳定的；体制内的政治参与也提高了政府的治理能力。政府依靠扩大政治参与，经过多次协调公民之间不同意愿并做出决断，由此提高统治力。[②]

而就动员式的或激进型的参与而言，它是扩散性支持缺少的表现，每一次政治失败或是失望都会导致对政治系统更为严重的疏离。而正如盖森所指出的，不信任导致更多的不信任，更多的不信任会逐渐累积，从而最终寻求释放。因此，很多学者也发现较低的扩散性支持程度是和参与政治暴力的愿望高度相关的。

第三节　研究的创新与局限

本书一方面以对澳门居民的实证调查为基础，辅以纵向历史维度和横向比较维度对澳门居民的政治信任现状进行了阐述，试图厘清政治信任的影响因素，并对政治信任的两种测量方式进行深入比较和分析，另一方面也探讨了政治信任和政治参与的相关关系，和国内外政治信任、政治参与的理论进行对话，研究具有较为重要的理论和实践意义。

一　研究创新

本书主要有如下研究创新：

第一，本书采用定量研究方法，政治信任的直接测量结果显示澳门居

① ［美］加布里埃尔·A.阿尔蒙德、西德尼·维巴：《公民文化——五个国家的政治态度和民主制》，东方出版社2008年版，第426页。

② ［日］蒲岛郁夫：《政治参与》，经济日报出版社1989年版。

民的政治信任度较高，但间接测量结果显示政治信任度处于些微不信任并趋于一般信任状态，即偏向否定的政治态度。本书从纵向的历史维度和横向的比较维度出发，探讨澳门回归前后的社会治理、民众心理，并与香港进行一定的比较，从而对澳门居民政治信任现状的两个不同结果进行了一定的解读。笔者也从政治信任的三种流动路径角度出发，提醒澳门特区的政治系统更要注意基层信任、政策信任和官员的信任，因为这些信任如果长期处于负面评价，就会逐渐侵蚀居民对政治制度、政治合法性的信任，从而造成不可挽回的损失。

第二，社会资本和政治信任之间存在着一定的相关关系，但这种关系并不是直接或简单的，而是有条件变量在起作用。具体来说，政治环境、社会文化传统、历史因素、社会稳定、社会财富情况等都会对这种关系起到一定的作用。这些因素中如果哪一方面特别令人不满意，就会造成社会资本和政治信任相关关系的割裂。路径分析方法也从侧面证实，社会资本的确一方面发挥着对政治信任的直接效应，而另一方面，又以政府绩效为中介变量，对政治信任发挥着间接效应。

第三，就政治信任的影响因素而言，本书发现，政府绩效对政治信任有较强的解释力。虽然社会资本有一定的影响和作用，但政治信任作为反映人们对政治世界的信念与观点，它更多是由人们对政治体制的评价而决定的。即政府绩效作为社会信任和政治信任之间的中介变量，起着非常重要的作用。

第四，政治信任的两种测量方式在应用方面需要更谨慎。不同的测量会导致不同的解释模型，对不同理论解释路径的支持更依赖人们所测量对象包含的内容。政治信任的直接测量方式更倾向于社会化模型的解释，而政治信任的间接测量更倾向于政府绩效模型的解释。

第五，政治效能和政治信任对于政治参与的不同类别都有一定的解释力。但是，政治效能似乎比政治信任的解释力度更强。政治信任对激进型或者说对否定反对型的参与影响力度更大。政治信任度越低，则参与社会运动的可能性越大，两者之间有一定的负相关关系。

二 研究局限

本书有如下研究局限。

第一，在应用社会资本和政府绩效因素解释政治信任时，囿于数据和研究时间的限制，没有采取比较研究方法，将澳门和香港、台湾地区进行进一步的比较，从而可以对城市或者地区居民政治信任的影响因素有深入了解和认识。这有待在下一步的研究中进行补充。

第二，本书对政治信任的直接测量和间接测量有不同的解读，并认为不同的测量方式可能对应着不同的理论解释路径和模型，但囿于数据和研究时间等限制，没有对这两种测量方式的不同进行国别或地区的比较，从而更为确定两种测量方式的不同解释路径，这有待在今后的研究中进行进一步的检验，为以后政治信任的实证研究奠定扎实的理论基础。

第三，在对政治参与的研究中，囿于数据限制，没有讨论传统的“选举”参与，而这是非常重要的一种参与方式，在以后的研究中，应予以纳入，以便对政治信任、政治参与的关系有更为透彻的了解。另外，亦应将公民对政治、政府活动参与的其他形式纳入，并视为常态的政治参与，进行深入的定量和定性分析。同时，由于不同途径的政治参与意义不同，也可在概念操作化时，进一步将政治参与的经验带入，将之分为“愉快的”、“不愉快的”经验等，从而深入探讨政治参与带来的影响，以为将来公民政治参与实践的种类和方向进一步奠定良好的理论基础。

参考文献

一　中文文献

（一）专著类

[1][美]尼克拉斯·卢曼：《信任：一个社会复杂性的简化机制》，上海人民出版社2005年版。

[2][美]弗朗西斯·福山：《信任：社会美德与创造经济繁荣》，海南出版社2001年版。

[3][法]阿兰·佩雷菲特：《信任社会：论发展之缘起》，商务印书馆2005年版。

[4][美]马克·E.沃伦：《民主与信任》，华夏出版社2004年版。

[5][德]哈贝马斯：《现代国家中的合法性问题》，社会科学文献出版社2002年版。

[6][美]阿尔蒙德：《比较政治学：体系、过程和政策》，上海译文出版社1987年版。

[7][美]西摩·马丁·李普赛特：《政治人——政治的社会基础》，上海人民出版社1997年版。

[8][美]戴维·伊斯顿：《政治生活的系统分析》，华夏出版社1989年版。

[9][波兰]彼得·什托姆普卡：《信任：一种社会学理论》，中华书局2005年版。

[10][美]埃里克·尤斯拉纳：《信任的道德基础》，中国社会科学出版社2006年版。

[11][美]塞缪尔·亨廷顿：《变化社会中的政治秩序》，三联书店1989年版。

[12][英]洛克：《政府论》(下卷)，商务印书馆1983年版。

[13][美]加布里埃尔·A.阿尔蒙德、西德尼·维巴：《公民文化——五个国家的政治态度和民主制》，东方出版社2008年版。

[14][美]彼德·布劳：《社会生活中的交换与权力》，华夏出版社1988年版。

[15][美]托马斯·雅诺斯基：《公民与文明社会：自由主义政体、传统政体和社会民主政体下的权利和义务框架》，辽宁教育出版社2000年版。

[16][英]罗伯特·帕特南：《使民主运转起来——现代意大利的公民传统》，江西人民出版社2001年版。

[17][德]马克斯·韦伯：《经济与社会》(上、下卷)，商务印书馆1997年版。

[18][英]帕特里克·敦利威：《民主、官僚制与公共选择——政治科学中的经济学阐释》，中国青年出版社2004年版。

[19][法]埃哈尔·菲埃德博格：《权力与规则——组织行动的动力》，上海人民出版社2005年版。

[20][美]曼纽尔·卡斯特：《认同的力量》，社会科学文献出版社2006年版。

[21][美]安东尼·唐斯：《官僚制内幕》，中国人民大学出版社2006年版。

[22][美]詹姆斯·Q.威尔逊：《美国官僚政治——政府机构的行为及其动因》，中国社会科学出版社1995年版。

[23][美]戴维·罗森布鲁姆、罗伯特·克拉夫丘克：《公共行政学：管理、政治和法律的途径》(第六版)，北京大学出版社2006年版。

[24][美]道格拉斯·诺斯：《经济史中的结构与变迁》，上海三联书店2003年版。

[25][美]道格拉斯·诺斯：《制度、制度变迁与经济绩效》，上海三联书店1994年版。

[26][美]斯蒂芬·戈德史密斯、威廉·D.埃格斯：《网络化治理——公共部门的新形态》，北京大学出版社2008年版。

[27] [美] 罗伯特・K. 殷:《案例研究设计与方法》，重庆大学出版社 2004 年版。

[28] [美] 艾尔・巴比:《社会研究方法》(第十版)，华夏出版社 2005 年版。

[29] [美] 曼瑟尔・奥尔森:《集体行动的逻辑》，上海三联书店、上海人民出版社 1995 年版。

[30] [美] 詹姆斯・马奇、马丁・舒尔茨、[中] 周雪光:《规则的动态演变——成文组织规则的变化》，上海人民出版社 2005 年版。

[31] [美] 马汀・奇达夫、[中] 蔡文彬:《社会网络与组织》，中国人民大学出版社 2007 年版。

[32] [日] 蒲岛郁夫:《政治参与》，经济日报出版社 1989 年版。

[33] [日] 山口定:《政治学理论——政治体制》，台北风云论坛出版社 1994 年版。

[34] [美] 唐文方:《中国民意与公民社会》，中山大学出版社 2008 年版。

[35] [德] 柯武刚、史漫飞:《制度经济学——社会秩序与公共政策》，商务印书馆 2002 年版。

[36] 陈向明:《质的研究方法与社会科学研究》，教育科学出版社 2000 年版。

[37] 郭志刚:《社会统计分析方法——SPSS 软件应用》，中国人民大学出版社 2006 年版。

[38] 胡荣:《社会资本与地方治理》，社会科学文献出版社 2009 年版。

[39] 黄平:《挑战博彩：澳门博彩业开放及其影响》，社会科学文献出版社 2008 年版。

[40] 黄绍伦、杨汝万、尹宝珊、郑宏泰编:《澳门社会实录——从指标研究看生活素质》，香港中文大学香港亚太研究所 2007 年版。

[41] 黄湛利:《港澳政府咨询委员会制度》，广东人民出版社 2009 年版。

[42] 李沛良:《社会研究的统计应用》，社会科学文献出版社 2002 年版。

[43] 里斯本技术大学、社会和政治高等学院、东方学院编:《澳门

特别行政区五周年》，广东人民出版社 2007 年版。

[44] 刘兆佳：《香港的政制改革与政治发展》，广角镜出版社 1988 年版。

[45] 娄胜华：《转型时期澳门社团研究——多元社会中法团主义体制解析》，广东人民出版社 2004 年版。

[46] 娄胜华、潘冠瑾、林媛：《新秩序：澳门社会治理研究》，社会科学文献出版社 2009 年版。

[47] 聂安祥：《社会交往行为与认同——澳门社会结构探析》，广东人民出版社 2009 年版。

[48] 聂运麟：《政治现代化与政治稳定》，湖北人民出版社 2000 年版。

[49] 潘冠谨：《澳门社团体制变迁——自治、代表与参政》，社会科学文献出版社 2010 年版。

[50] 邱建新：《信任文化的断裂——对崇川镇民间“标会”的研究》，社会科学文献出版社 2005 年版。

[51] 吴志良：《澳门政治制度史》，广东人民出版社 2010 年版。

[52] 吴志良：《一个没有悲情的城市》，澳门日报出版社 2006 年版。

[53] 吴志良、杨允中：《澳门 2000》，澳门基金会 2005 年版。

[54] 许纪霖编：《共和、社群与公民》，江苏人民出版社 2004 年版。

[55] 杨允中主编：《行政长官施政报告汇编（2000—2009）》，澳门理工学院一国两制研究中心 2009 年版。

[56] 张维迎：《信息、信任与法律》，三联书店 2003 年版。

[57] 郑也夫：《信任论》，中国广播电视出版社 2001 年版。

[58] 郑也夫、彭泗清等：《中国社会中的信任》，中国城市出版社 2003 年版。

[59] 余振、刘伯龙、吴德荣：《澳门华人政治文化》，澳门基金会 1993 年版。

（二）论文类

[1] 蔡立辉、颜海娜：《澳门公务员工作表现评核制度研究》，《学术研究》2007 年第 5 期，第 64—73 页。

[2] 曹沛霖:《社会转型中的政治信任与政治不信任——政治学分析视角》,《中国浦东干部学院学报》2009 年第 4 期，第 45—46 页。

[3] 陈良斌:《现代政治系统中的信任问题研究》，硕士学位论文，东南大学，2006 年。

[4] 陈陆辉:《政治信任的政治后果——以 2004 年立法委员选举为例》,《台湾民主季刊》2006 年第 2 期，第 39—61 页。

[5] 陈陆辉:《政治信任、施政表现与民众对台湾民主的展望》,《台湾政治学刊》2003 年第 2 期，第 149—188 页。

[6] 陈陆辉:《民众对中央和地方政府的政治信任对其县市长选举的影响》,《政治学报》2007 年第 43 期，第 43—70 页。

[7] 陈陆辉:《政治信任的政治后果——以 2004 年立法委员选举为例》,《台湾民主季刊》2006 年第 3 卷第 2 期，第 39—62 页。

[8] 陈陆辉:《政治信任感与台湾地区选民投票行为》,《选举研究》2002 年第 2 期，第 65—84 页。

[9] 陈健民、丘海雄:《社团、社会资本与政经发展》,《社会学研究》1999 年第 4 期，第 64—74 页。

[10] 陈明明:《为什么政治信任成为一个问题》,《中国浦东干部学院学报》2009 年第 4 期，第 55—56 页。

[11] 陈瑞莲:《澳门特区行政改革 : 特色与路向》,《中国行政管理》2004 年第 1 期，第 48—52 页。

[12] 陈瑞莲、林瑞光:《澳门回归十年公共行政的改革与展望》,《中山大学学报》2009 年第 5 期，第 158—164 页。

[13] 陈尧:《社会转型期政治信任结构的变化》,《中国浦东干部学院学报》2009 年第 4 期，第 67—69 页。

[14] 陈蔚然:《澳门医疗福利政策及与香港的比较》，载余振、邝锦钧、余永逸编《双城记Ⅲ——港澳政治、经济及社会发展的回顾与前瞻》，澳门社会科学学会 2009 年版，第 492—505 页。

[15] 程竹汝:《政治信任研究 : 三个基础性问题》,《中国浦东干部学院学报》2009 年第 4 期，第 51—53 页。

[16] 崔世安：《中华人民共和国澳门特别行政区政府二零一零年财政年度施政报告》。

[17] 董春宇：《政治信任与公民教育初探》,《内蒙古民族大学学报》2008 年第 5 期，第 65—66 页。

[18] 高炳坤：《论澳门特区社会政策发展》,《行政》2009 年第 85 期，第 537—548 页。

[19] 龚群：《政治信任：合法性与合规范性》,《中国浦东干部学院学报》2009 年第 4 期，第 23—28 页。

[20] 郝宇青：《政治制度设计理念与政治信任缺失》,《中国浦东干部学院学报》2009 年第 4 期，第 64—65 页。

[21] 胡荣：《农民上访与政治信任的流失》,《社会学研究》2007 年第 3 期，第 39—55 页。

[22] 黄慕也、张世贤：《政治媒介藉由政治效能、政治信任对投票行为影响分析——以 2005 年选举为例》,《台湾民主季刊》2008 年第 1 期，第 45—85 页。

[23] 黄湛利：《商界优势还是商人优势：港澳政商关系比较》，载自余振、邝锦钧、余永逸编《双城记Ⅲ——港澳政治、经济及社会发展的回顾与前瞻》，澳门社会科学学会 2009 年版，第 333—355 页。

[24] 李莉娜：《基本法研究的理论和实践：如何突破现有的思考模式》，载自余振、邝锦钧、余永逸编《双城记Ⅲ——港澳政治、经济及社会发展的回顾与前瞻》，澳门社会科学学会 2009 年版，第 3—16 页。

[25] 李莉娜：《法律既要保护私人权利又要维护国家安全：对澳门制定“维护国家安全法”的思考》，载自余振、邝锦钧、余永逸编《双城记Ⅲ——港澳政治、经济及社会发展的回顾与前瞻》，澳门社会科学学会 2009 年版，第 17—22 页。

[26] 李略：《澳门公务员工作表现评核制度简析》，载自余振、邝锦钧、余永逸编《双城记Ⅲ——港澳政治、经济及社会发展的回顾与前瞻》，澳门社会科学学会 2009 年版，第 229—239 页。

[27] 赖伟良：《港澳老年保障制度之比较》，载自余振、邝锦钧、余

永逸编《双城记Ⅲ——港澳政治、经济及社会发展的回顾与前瞻》，澳门社会科学学会 2009 年版，第 506—522 页。

[28] 刘昀献：《当代中国的政治信任及其培育》，《中国浦东干部学院学报》2009 年第 4 期，第 57—60 页。

[29] 刘孝云：《群体性事件中的政治信任问题分析》，《探索》2009 年第 5 期，第 76—80 页。

[30] 李蓉蓉：《政治效能感：内涵与价值》，《晋阳学刊》2010 年第 2 期，第 122—123 页。

[31] 林明基：《港澳公共行政改革比较研究》，载自余振、邝锦钧、余永逸编《双城记Ⅲ——港澳政治、经济及社会发展的回顾与前瞻》，澳门社会科学学会 2009 年版，第 109—125 页。

[32] 林媛：《探讨澳门政治参与模式的调整》，《行政》2008 年第 82 期，第 861—872 页。

[33] 娄胜华：《澳门社团法律制度分析：以政府与社团关系为中心》，《国家行政学院学报》2006 年第 6 期，第 83—86 页。

[34] 娄胜华：《澳门社会生态的变化与社团组织的发展》，载自余振、邝锦钧、余永逸编《双城记Ⅲ——港澳政治、经济及社会发展的回顾与前瞻》，澳门社会科学学会 2009 年版，第 536—548 页。

[35] 卢春龙：《西方政治学视野中的社会资本理论》，《中共浙江省委党校学报》2010 年第 5 期，第 41—48 页。

[36] 卢兆兴：《港澳两地回归后之政治发展比较》，载自余振、邝锦钧、余永逸编《双城记Ⅲ——港澳政治、经济及社会发展的回顾与前瞻》，澳门社会科学学会 2009 年版，第 65—70 页。

[37] 马得勇：《政治信任及其起源——对亚洲 8 个国家和地区的比较研究》，《经济社会体制比较》2007 年第 5 期，第 79—86 页。

[38] 马得勇、王正绪：《社会资本、民主发展与政府治理——对 69 个国家的比较研究》，《开放时代》2009 年第 3 期，第 70—83 页。

[39] 马九福：《中西政治信任比较与借鉴》，《江汉论坛》2007 年第 6 期，第 72—75 页。

[40] 梅祖蓉:《中国政治信任水平测度指标及现状》,《云南社会科学》2009 年第 2 期，第 5—9 页。

[41] 彭芸:《2001 年台湾选民的媒介行为与政治信任》,《选举研究》2002 年第 2 期，第 1—36 页。

[42] 齐卫平:《社会转型期中国政治信任的动态建构及其路径》,《中国浦东干部学院学报》2009 年第 4 期，第 48—49 页。

[43] 裘斌:《对当前农村基层政治信任构建滞后的思考》,《理论探讨》2007 年第 3 期，第 31—34 页。

[44] 邱国良:《政治信任与村级民主的路径——以 C 县和 T 县四十个村为例》,《理论与改革》2009 年第 1 期，第 25—27 页。

[45] 邱国良:《政治信任：乡村治理的社会基础——以仲村"5·31"事件为个案》,《社会主义研究》2009 年第 3 期，第 71—74 页。

[46] 潘冠瑾:《转型中的自主性——对回归后澳门特区政治发展的分析和展望（四）》,《澳门月刊》2008 年第 6 期，第 30—32 页。

[47] 皮奥特·斯托姆卡:《信任、不信任与民主制的悖论》,《经济社会体制比较》2007 年第 5 期，第 70—78 页。

[48] 宋惠昌:《政治透明度与政治信任度》,《中国浦东干部学院学报》2009 年第 4 期，第 4 页。

[49] 宋少鹏、麻宝斌:《论政治信任的结构》,《行政与法》2008 年第 8 期，第 25—27 页。

[50] 上官酒瑞、程竹汝:《政治信任研究兴起的学理基础与社会背景》,《江苏社会科学》2009 年第 1 期，第 126—132 页。

[51] 盛治仁:《台湾民众民主价值及政治信任感研究——政党轮替前后的比较》,《选举研究》2003 年第 1 期，第 115—169 页。

[52] 孙力:《三个维度解析的政治信任》,《中国浦东干部学院学报》2009 年第 4 期，第 60—62 页。

[53] 孙昕、徐志刚、陶然、苏福兵:《政治信任、社会资本和村民选举参与——基于全国代表性样本调查的实证分析》,《社会学研究》2007 年第 4 期，第 165—187 页。

[54] 谭志强:《香港与澳门新闻传媒事业的比较》，载自余振、邝锦钧、余永逸编《双城记Ⅲ——港澳政治、经济及社会发展的回顾与前瞻》，澳门社会科学学会 2009 年版，第 429—442 页。

[55] 唐有财、符平:《转型期社会信任的影响机制——市场化、个人资本与社会交往因素探讨》,《浙江社会科学》2008 年第 11 期，第 61—118 页。

[56] 王丽萍、方然:《参与还是不参与：中国公民政治参与的社会心理分析——基于一项调查的考察与分析》,《政治学研究》2010 年第 6 期，第 95—108 页。

[57] 王龙玉:《新农村人现代性政治意识的生长逻辑》，硕士学位论文，武汉理工大学，2008 年。

[58] 王靖兴、孙天龙:《台湾民众民主政治评价影响因素之分析》,《台湾民主季刊》2005 年第 3 期，第 55—79 页。

[59] 王向民:《"U" 形分布：当前中国政治信任的结构性分布》,《中国浦东干部学院学报》2009 年第 4 期，第 69—72 页。

[60] 王正祥:《传媒对大学生政治信任和社会信任的影响研究》,《青年研究》2009 年第 2 期，第 64—74 页。

[61] 王子蕲、江远山:《如何重塑政治信任—— "中国社会转型中的政治信任" 理论研讨会综述》,《探索与争鸣》2009 年第 7 期，第 79—80 页。

[62] 吴重礼、李世宏:《政治赋权、族群团体与政治参与——2001 年县市长选举客家族群的政治信任与投票参与》,《选举研究》2005 年第 1 期，第 69—115 页。

[63] 吴国昌:《回归后港澳特区政府行政与立法会的关系》，载自余振、邝锦钧、余永逸编《双城记Ⅲ——港澳政治、经济及社会发展的回顾与前瞻》，澳门社会科学学会 2009 年版，第 23—43 页。

[64] 吴亲恩:《台湾民众政治信任的差异：政治人物、政府与民主体制三个面向的观察》,《台湾政治学刊》2007 年第 1 期，第 147—200 页。

[65] 吴志华:《转型期提升政治信任的路径》,《中国浦东干部学院学报》2009 年第 4 期，第 53—55 页。

[66] 徐勇:《政治参与:政治信任的重建——源于乡村选举中“信任票”的一种分析范式》，载黄卫平、汪永成《当代中国政治研究报告》，社会科学文献出版社 2004 年版，第 202—209 页。

[67] 叶永棠:《回归后港澳房屋政策走向评析》，载自余振、邝锦钧、余永逸《双城记Ⅲ——港澳政治、经济及社会发展的回顾与前瞻》，澳门社会科学学会 2009 年版，第 302—332 页。

[68] 闫健:《居于社会与政治之间的信任——兼论当代中国的政治信任》,《南昌大学学报》(人文社会科学版) 2008 年第 1 期，第 26—31 页。

[69] 杨汝万:《房屋发展与生活环境》，载黄绍伦、杨汝万、尹宝珊、郑宏泰编《澳门社会实录：从指标研究看生活素质》，香港中文大学、香港亚太研究所 2007 年，第 99—110 页。

[70] 游清鑫:《2004 年台湾总统选举——政治信任的缺乏与未巩固的民主》,《台湾民主季刊》2004 年第 2 期，第 193—200 页。

[71] 于海娟:《我国政府公信力建设问题与对策探讨》，硕士学位论文，吉林大学，2006 年。

[72] 鄞益奋:《行政主导下的澳门立法行政关系》,《澳门月刊》2008 年第 11 期，第 18—19 页。

[73] 张广辉:《当前政治信任面临的困境及战略选择》,《中共郑州市委党校学报》2009 年第 6 期，第 8—11 页。

[74] 张广辉:《政治信任的逻辑起点及战略选择》,《理论导刊》2010 年第 1 期，第 52—54 页。

[75] 张平、李国青:《论政治效能感的作用机制及其培养》,《东北大学学报》2004 年第 1 期，第 55—57 页。

[76] 郑宏泰、黄绍伦、孔宝华:《港澳社会资本初探与比较》，载自余振、邝锦钧、余永逸编《双城记Ⅲ——港澳政治、经济及社会发展的回顾与前瞻》，澳门社会科学学会 2009 年版，第 399—428 页。

[77] 郑夙芬、陈陆辉、刘嘉薇:《选举事件与政治信任：以 2004 年总统选举为例》,《问题与研究》2008 年第 3 期，第 29—50 页。

[78] 周汝江、高钏翔:《话语的张力:政治信任流失——从“山寨文

化"说起》,《徐州师范大学学报》(哲学社会科学版)2009 年第 4 期,第 106—109 页。

[79] 周治伟:《政治信任研究——兼论当代政府公信力》,博士学位论文,中共中央党校,2007 年。

[80] 庄文忠:《台湾民众公民意识的变化:2008 年政权二次输替前后的比较分析》,《人文及社会科学集刊》2010 年第 2 期,第 201—246 页。

二 英文文献

[1] Aberbach, Joel D. and Walker, Jack L., "Political Trust and Racial Ideology", *The American Political Science Review*, 1970, 64(4), pp. 1199-1219.

[2] Abramson, Paul R., "Political Efficacy and Political Trust among Black Schoolchildren: Two Explanations", *The Journal of Politics*, 1972,34(4), pp. 1243-1275.

[3] Abramson, Paul R. and Finifter, Ada W., "On the Meaning of Political Trust: New Evidence from Items Introduced in 1978",*American Journal of Political Science*, 1981, 25(2),pp. 297-307.

[4] Acock, Alan. Clarke, Harold D. Stewart, Marianne C., "A New Model for Old Measures: A Covariance Structure Analysis of Political Efficacy", *The Journal of Politics*, 1985,47(4),pp.1062-1084.

[5] Agger, Robert E. Goldstein, Marshall N. and Pearl, Stanley A., " Political Cynicism: Measurement and Meaning",*Journal of Politics*, 1961,23,pp. 447-506.

[6] Ahn, Byong Man and Boyer, William W., " Political Efficacy and Trust in Rural South Korea", *The Journal of Developing Areas*, 1986,20(4),pp. 439-452.

[7] Ambler, John," Trust in Political and Nonpolitical Authorities in France", *Comparative Politics*, 1975,8(1),pp.31-58.

[8] Anderson, Christopher J. LoTempio, Andrew J., "Winning, Losing and Political Trust in America", *British Journal of Political Science*,

2002,32(2),pp.335-351.

[9] Bourdieu, Pierre, "The Forms of Capital," *Handbook of Theory and Research for the Sociology of Education*, 1986, 241, p.258.

[10] Bowler, Shaun and Karp, Jeffrey A., " Politicians, Scandals, and Trust in Government", *Political Behavior*, 2004,26(3),pp.271-287.

[11] Brehm, J. and Rahn, W., "Individual Level Evidence for the Causes and Consequences of Social Capital", *American Journal of Political Science*, 1997,41,pp.999-1023.

[12] Brewer, Paul R., "Public Trust in (Or Cynicism about) Other Nations across Time", *Political Behavior*, 2004,26(4),pp.317-341.

[13] Brooks, Clem and Cheng, Simon, " Declining Government Confidence and Policy Preferences in the U.S.: Devolution, Regime Effects, or Symbolic Change? ", *Social Forces*, 2001,79(4),pp.1343-1375.

[14] Buzan, Bert C., "Chicano Community Control, Political Cynicism and the Validity of Political Trust Measures", *The Western Political Quarterly*, 1980, 33(1),pp.108-120.

[15] Campbell, Angus, " The Passive Citizen", *Acta Sociologica*, 1962-1964,6-7,p.14.

[16] Cappella. Joseph N. and Jamieson. Kathleen Hall, "News Frames, Political Cynicism, and Media Cynicism", *The Media and Politics*, 1996, 546,pp.71-84.

[17] Chang, Eric C.C.and Chu, Yun-han, "Corruption and Trust: Exceptionalism in Asian Democracies?", *The Journal of Politics*, 2006,68(2),pp.259-271.

[18] Chanley, Virginia A.," Trust in Government in the Aftermath of 9/11: Determinants and Consequences", *Political Psychology, Special Issue: 9/11 and Its Aftermath: Perspectives from Political Psychology*, 2002,23(3),pp. 469-483.

[19] Chanley, Virginia A., Rudolph, Thomas J. & Rahn, Wendy M., "The Origins and Consequences of Public Trust in Government：A Time Series

Analysis" , *Public Opinion Quarterly*, 2000,64,pp. 239-256.

[20] Chen, Jie, *Popular Political Support in Urban China*, Washington, D.C. and Stanford, Calif, Woodrow Wilson Center Press and Standford University Press, 2004.

[21] Cleary, Matthew R. and Stokes, Susan C.,*Democracy and the Culture of Skepticism: Political Trust in Argentina and Mexico*, Russell Sage Foundation, 2006.

[22] Claibourn, Michele P. and Martin, Paul S., "Trusting and Joining? An Empirical Test of the Reciprocal Nature of Social Capital", *Political Behavior*, 2000,22(4),pp.267-291.

[23] Claibourn, Michele P. and Martin, Paul S., "The Third Face of Social Capital: How Membership in Voluntary Associations Improve Policy Accountability", *Political Research Quarterly*, 2007,60(2),pp.192-201.

[24] Citrin, Jack, "Comment: The Political Relevance of Trust in Government",*The American Political Science Review*, 1974,68(3),pp.973-988.

[25] Citrin, Jack & Green, Donald Philp, "Presidential Leadership and the Resurgence of Trust in Government", *British Journal of Political Science*, 1986,16,pp.431-453.

[26] Citrin, Jack & Luks, Samantha,*Political Trust Revisited: Déjàvu All Over Again*?, Paper Presented at the 1998 Hendricks Symposium on Public Dissatisfaction with Government, University of Nebraska, Lincoln, 1998.

[27] Citrin, Jack, McClosky, Herbert, Shanks, J. Merrill & Sniderman, Paul M., "Personal and Political Sources of Political Alienation", *British Journal of Political Science*, 1975,5(1),pp.1-31.

[28] Cole, Richard L.,"Toward as a Model of Political Trust: A Causal Analysis", *American Journal of Political Science*,1973,17(4),pp.809-817.

[29] Coleman, J.S.,"Social Capital and the Creation of Human Capital", *American Journal of Sociology*, 1988,94,pp. S95-S120.

[30] Conover, Pamela Johnson, and Donald D., "Searing,Democracy, Citizenship and the Study of Political Socialization",*In Democracy and*

Citizenship, ed. Ian Budge and David McKay, London: Sage,1994.

[31] Cook Timonthy E. and Gronke Paul, “The Skeptical American: Revisiting the Meaning of Trust in Government and Confidence in Institutions”,*The Journal of Politics*, 2005,67(3),pp.784-803.

[32] Craig, Stephen C., “The Malevolent Leaders: Popular Discontent in America”, *Boulder*, Co: West View, 1993.

[33] Craig, Stephen C., Richard G. Niemi & Glenn E. Silver, “ Political Efficacy and Trust: A Report on the NES Pilot Study Items”,*Political Behavior*, 1990,12(3),pp. 289-314.

[34] Damico, Alfonso J. & Conway, M. Margaret Sandra,& Damico, Bowman, “ Patterns of Political Trust and Mistrust: Three Moments in the Lives of Democratic Citizens”, *Polity*, 2000,32(3),pp.377-400.

[35] Davis, Charles L., “ Social Mistrust as a Determinant of Political Cynicism in a Transitional Society: An Empirical Examination”, *The Journal of Developing Areas*, 1976,11(1),pp.91-102.

[36] Erbe, W., “ Social Involvement and Political Activity: A Replication and Elaboration”, *American Sociological Review*, 1964,24,pp.198-215.

[37] Erber, Ralph and Lau, Richard R., “Political Cynicism Revisited: An Information-Processing Reconciliation of Policy-Based and Incumbency-Based Interpretations of Changes in Trust in Government”,*American Journal of Political Science*, 1990,34(1),pp.236-253.

[38] Finiter, Ada W., “Dimensions of Political Alienation”, *Amercian Political Science Review*, 1970,pp.389-410.

[39] Fish, Steven M., *Democracy from Scratch*, Princeton: Princeton University Press, 1995.

[40] Fraser, John, “The Mistrustful-Efficacious Hypothesis and Political Participation”,*Journal of Politics*, 1970,pp. 444-449.

[41] Gamson, William A., *Power and Disconnect*, Homewood, IL: Dorsey,

1968.

[42] Garment, Suzanne,*Scandal: The Crisis of Mistrust in American Politics*, New York: Random House, 1991.

[43] Glaeser, Edward L. Laibson, David I. Scheinkman, Jose A. Soutter, Christine L., "Measuring Trust", *The Quarterly Journal of Economics*,2000, 115(3),pp.811-846.

[44] Hawkins, Brett W. Vincent L. Marando and George A. Taylr, "Efficacy, Mistrust and Political Participation: Findings from Additional Data and Indicators", *Journal of Politics*, 1971,pp.1130-1136.

[45] Herting, Stephen R. and Hamon, Troy R., " Dynamics of Trust among Entities in a Mechanistic Simulation Model: with Research Implications for Public Organizations", *Public Performance & Management Review*,2004, 28(1),pp.30-52.

[46] Hess, Robert D. and Torney, Judith V., *The Development of Political Attitudes in Children*, Garden City, N.Y.: Doubleday,1968.

[47] Hetherington, Marc J., "The Effect of Political Trust on the Presidential Vote, 1968-1996", *The American Political Science Review*, 1999,93(2), pp.311-326.

[48] Hetherington, Marc J., " The Political Relevance of Political Trust", *The American Political Science Review*, 1998,92(4),pp.791-808.

[49] Hetherington, Marc J. and Globetti, Suzanne, "Political Trust and Racial Policy Preferences", *American Journal of Political Science*, 2002,46(2),pp.253-275.

[50] Hetherington,M.J. & Nugent,J.D., "Explaining Public Support for Devolution: The Role of Political Trust", In Hibbing,J.R. & Theiss-Morse,E. Eds, " *What Is It about Government That Americans Dislike*",New York: Cambridge University Press, 2001,pp.134-156.

[51] Howell, Susan E. and Fagan, Deborah, "Race and Trust in Government: Testing the Political Reality Model", *The Public Opinion*

Quarterly, 1998,52(3),pp.343-350.

[52] Huntington, Samuel P. and Joan M. Nelson,*No Easy Choice: Political Participation in Developing Countries,* Cambridge, Mass: Harvard University Press,1976.

[53] Iatridis, D.S., Social Policy: Institutional Context of Social Development and Human Services, *Pacific Grove*, Calif., Brooks/Cole Pub. Co.,1994.

[54] Kaase, Max, " Interpersonal Trust, Political Trust, and Non-institutionalized Political Participation in Western Europe", *West European Politics*,1999,22(3),pp. 1-21.

[55] Kabashima Ikuo, Marshall Jonathan, Uekami Takayoshi, Hyun Dae-Song, " Casual Cynics or Disillusioned Democrats? Political Alienation in Japan", *Political Psychology*, 2000,21(4),pp.779-804.

[56] Keele, Luke, "The Authorities Really Do Matter: Party Control and Trust in Government", *The Journal of Politics*, 2005,67(3),pp.873-886.

[57] Keele, Luke, "Social Capital and the Dynamics of Trust in Government", *American Journal of Political Science*, 2007,51(2),pp.241-254.

[58] Kim, Ji-Young, "Bowling Together Isn't a Cure-All: The Relationship between Social Capital and Political Trust in South Korea", *International Political Science Review*, 2005,26(2),pp.193-213.

[59] Lane, Robert E., *Political Life: Why and How People Get Involved in Politics*,New York: Free Press,1965.

[60] Lake, Ronald La Due and Huckfeldt, Robert, "Social Capital, Social Networks, and Political Participation",*Political Psychology, Special Issue: Psychological Approaches to Social Capital*,1998,19(3),pp.567-584.

[61] Lam, Jermain T.M. and Jane C.Y. Lee, *Research Report on the Political Culture of the Voters in Hong Kong Part* Ⅱ *: A Study of the Geographical Constituencies of the Legislative Council*, Department of Public and Social Administration, City Polytechnic of Hong Kong, 1992.

[62] Lau, Siu-kai and Kuan Hsin-chi,*The Ethos of the Hong Kong Chinese*, Hong Kong: The Chinese University Press, 1988.

[63] Lau, Siu-kai,*Society and Politics in Hong Kong*, Hong Kong: The Chinese University Press,1982.

[64] Lee, Aie-Rie and Glasure. Yong U., "Political Cynicism in South Korea: Economics or Values?", *Asian Affairs*, 2002,29(1),pp.43-58.

[65] Letki, Natalia, " Investigating the Roots of Civic Morality: Trust, Social Capital, and Institutional Performance", *Political Behavior*,2006, 28(4),pp.305-325.

[66] Levi, Margaret,Stoker, Laura, "Political Trust and Trustworthiness", *Annual Review Political Science*, 2000(3), pp. 475-507.

[67] Levi, Margaret, "Consent,Dissent and Patriotism", New York: Cambridge University Press,1997.

[68] Li, Lianjiang, "Political Trust in Rural China", *Modern China*, 2004,30(2),pp. 228-258.

[69] Litt, Edgar, "Political Cynicism and Political Futility",*Journal of Politics*, 1963,25,pp.312-323.

[70] Lock, Shmuel T. Shapiro, Robert Y. Jacobs, Lawrence R., "The Impact of Political Debate on Government Trust: Reminding the Public What the Federal Government Does",*Political Behavior*, 1999,21(3),pp.39-264.

[71] Lovell, David W., "Trust and the politics of post-communism",*Communist and Post-Communist Studies*, 2001,34,pp.27-38.

[72] Lyons, Schley R., "The Political Socialization of Ghetto Children: Efficacy and Cynicism",*Journal of Politics*, 1970,32,p.294.

[73] Malik, Yogendra K., " Trust, Efficacy, and Attitude toward Democracy: A Case Study from India",*Comparative Education Review*, 1979,23(3),pp.433-442.

[74] March, James and John Olsen, *Rediscovering Institutions: Organizational Factors in Political Life,* New York: Free Press,1989.

[75] McDill, Edward L. and Ridley, Jeanne Clare, "Status, Anomi, Political Alienation, and Political Participation",*American Journal of Sociology*, 1962,68, pp.205-217.

[76] Miller, Arthur H., " Political Issues and Trust in Government: 1964-1970",*The American Political Science Review*, 1974,68(3),pp.951-972.

[77] Miller, Arthur H.& Listhaug, Ola, " Political Parties and Confidence in Government: A Comparison of Norway, Sweden and the United States",*British Journal of Political Science*, 1990,20(3),pp.357-386.

[78] Mishler, William and Rose, Richard, " Trust, Distrust and Skepticism: Popular Evaluations of Civil and Political Institutions in Post-Communist Societies",*The Journal of Politics*,1997, 59(2),pp.418-451.

[79] Muller, Edward N., " A Test of a Partial Theory of Potential for Political Violence",*American Political Science Review*, 1972,66,pp.928-959.

[80] Newton, Kenneth, " Trust, Social Capital, Civil Society, and Democracy",*International Political Science Review*, 2001,22(2),pp.201-214.

[81] Norris,P. (eds.), *Critical Citizens: Global Support for Democratic Government*, Oxford University Press, 1999.

[82] Nye, J.S.Jr., Zelikow, P.D.& King, D.C, "Why People Don't Trust Government",Cambridge,MA: Harvard University Press,1997.

[83] Olsen, M.E., "Social Participation and Voting Turnout: A Multivariate Analysis", *American Sociological Review*, 1972,37,pp.317-333.

[84] Paige, Jeffery M., " Political Orientation and Riot Participation",*American Sociological Review*, 1971,36,pp.810-820.

[85] Pew Research Center, *Deconstructing Trust: How Americans View Government*,Washington, D.C.: Pew Research Center of the People and the Press,1998.

[86] Rodgers, Jr. Harrell R., "Toward Explanation of the Political Efficacy and Political Cynicism of Black Adolescents: An Exploratory Study",*American Journal of Political Science*, 1974,18(2),pp.257-282.

[87] Rogers, David L. Bultena, Gordon L. Barb, Ken H., "Voluntary Association Membership and Political Participation: An Exploration of the Mobilization Hypothesis",*The Sociological Quarterly*, 1975,16(3),pp.305-318.

[88] Rose, Richard & McAllister, Ian, *The Loyalties of Voters: A Lifetime Learning Model*, London: Sage, 1990.

[89] Rudolph, Thomas J. and Evans, Jillian, "Political Trust, Ideology, and Public Support for Government Spending",*American Journal of Political Science*, 2005,49(3),pp. 660-671.

[90] Seligson, Mitchell A, "Trust, Efficacy and Modes of Political Participation: A Study of Costa Rican Peasants",*British Journal of Political Science*, 1980,10(1),pp.75-98.

[91] Secor, Anna J. and O'Loughlin, John, " Social and Political Trust in Istanbul and Moscow: A Comparative Analysis of Individual and Neighbourhood Effects",*Transactions of the Institute of British Geographers, New Series*, 2005,30(1),pp.66-82.

[92] Shaw, Greg M. and Reinhart, Stephanie L, "Devolution and Confidence in Government",*The Public Opinion Quarterly*, 2001,65(3),pp.369-388.

[93] Shlapentokh, Vladimir, "Trust in public institutions in Russia: The Lowest in the World",*Communist and Post-Communist Studies*, 2006,39,pp.153-174.

[94] Shi, Tianjian, "Cultural Values and Political Trust: A Comparison of the People's Republic of China and Taiwan",*Comparative Politics*,2001, 33(4),pp.401-419.

[95] Stokes, Donald E., "Popular Evaluations of Government: An Empirical Assessment", in Harlan Cleveland and Harold D. Lasswell (eds.), *Ethics and Bigness: Scientific, Academic, Religious, Political and Military*, New York: Harper, 1962, pp.61-73.

[96] Tucker, Andrew, "The Role of Reflexive Trust in Modernizing Public Administrations", *Public Performance & Management Review*, 2004,28(1),pp.53-74.

[97] Verba, Sidney and N. H. Nie, *Participation in America: Political Democracy and Social Equality*, New York: Harper and Row,1972.

[98] Watts, Meredith W. Efficacy, "Trust and Commitment to the Political Process",*Social Science Quarterly*, 1973,pp. 623-631.

[99] Weiner, Myron,"Political Participation: Crisis of the Political Process", In Leonard Binder (eds.), *Crisis and Sequences in Political Development*,Princeton, NJ: Princeton University Press,1971.

[100] World Bank, *World Development Report,* London: Oxford University Press, 1991.

[101] Yang, Kaifeng,"Public Administrators' Trust in Citizens: A Missing Link in Citizen Involvement Efforts", *Public Administration Review*, 2005,65(3),pp.273-285.

[102] Zurcher, Jr. Louis A. and J. Kenneth Monts, "Political Efficacy, Political Trust, and Anti-Pornography Crusading: A Research Note", *Sociology and Social Research*, 1972, pp.211-219.

[103] Udaya R. Wagle,"Political Participation and Civic Engagement in Kathmandu: An Empirical Analysis with Structural Equations", *International Political Science Review*, Vol. 27, No. 3(July, 2006), pp.301-322.

附　录

附录1　调查问卷

尊敬的女士（先生）：

您好！我们正在从事一项关于澳门特区的调查研究。为全面了解澳门社会各界对这一问题的意见和看法，广泛收集研究的信息，我们组织了随机抽样调查，衷心希望得到您的帮助与支持。本次调查问卷不记名，调查结果只用于全部资料的综合分析，因此，不会给您及您的家庭带来任何麻烦，请客观真实地填写。谢谢合作！

1. 您有没有参加澳门的社团组织？

A. 有　　B. 没有（跳答至 2 题）

如果您参加了社团组织，请您回答以下问题。

1a. 您参加了多少个社团组织？

A.1—2 个　　B.3—4 个　　C.5—6 个　　D.7 个以上

1b. 您是否经常参加社团的活动？

A. 经常　　B. 有时　　C. 很少　　D. 从不

2. 您是否经常参加一些社会或文化活动？比如志愿活动、小区组织的活动、政府组织的文化活动等公共活动。

A. 经常　　B. 有时　　C. 很少　　D. 从不

3. 您是否经常和亲戚朋友聚会呢？

A. 经常　　B. 有时　　C. 很少　　D. 从不

4. 您和亲戚朋友聚会谈论的话题是否经常是政治、时事呢？
A. 经常　B. 有时　C. 很少　D. 从不

5. 您平时关注政策性新闻吗？
A. 经常关注　B. 有时关注　C. 很少关注　D. 从不关注

6. 您认为下列哪些人员会参与到政策制定的过程？（多选题）
A. 立法会议员　B. 政府官员　C. 社团组织
D . 市民　E. 各类政策研究组织

7. 您了解居民参与政策制定的相关制度吗？
A. 完全了解　B . 大部分了解　C. 有一定了解　D. 了解一点
E. 不了解

8. 您觉得获取您需要的政策信息是否方便？
A. 非常方便　B. 比较方便　C. 一般方便　D. 比较不方便
E. 非常不方便

9. 您认为现在澳门政务是公开的吗？
A. 完全公开　B. 部分公开　C. 公开一点　D. 完全不公开
E. 不清楚

10. 您觉得居民有必要参与政策制定吗？
A. 有必要　B. 无所谓　C. 没必要　D. 不清楚

11. 您认为，普通居民参与澳门特区政策制定的渠道是否充分？
A. 非常充分　B. 比较充分　C. 一般充分　D. 比较不充分
E. 非常不充分　F. 视情况而定，不一定　G. 不清楚

12. 您觉得居民参与对政策的制定工作有作用吗？

A . 有很大作用　　B. 有一些作用　　C. 没有太大作用

D . 完全没有作用　　E. 不清楚

13. 您觉得居民参与是否改善了政策制定的公开程度？

A. 很大程度的改善　　B. 一定程度的改善　　C. 改善很微小

D. 完全没有得到改善　　E. 不清楚

14. 您觉得居民参与是否改善了政策制定的公平程度？

A. 很大程度的改善　　B. 一定程度的改善　　C. 改善很微小

D. 完全没有得到改善　　E. 不清楚

15. 您有没有通过以下方式参与或表达过对澳门政策方面的意见？（多选题）

A. 参加社团、政治团体

B. 参与社会运动（和平示威、游行、居民集会、请愿、开记者会、静坐、绝食、收集签名）

C. 接触公职人员（议员、政府官员、咨询中心、市民服务中心人员等）

D. 接触传媒（写信或打电话给媒体表达意见、反映情况等）

E. 参与政府咨询活动[①]　　F . 其他（请注明）　　G . 都没有

16. 承上题，如果您要参与或表达对澳门政策方面的意见，您一般最可能选择哪种途径？

A. 参加社团、政治团体

B. 参与社会运动（和平示威、游行、居民集会、请愿、开记者会、静坐、绝食、收集签名）

① 电邮、邮寄、传真或亲递意见、建议；参加政府举办的咨询文件引介会、解释会、工作坊、座谈会、简报会、市民论坛、咨询会等。

C. 接触公职人员(议员、政府官员、咨询中心、市民服务中心人员等)

D. 接触传媒(写信或打电话给媒体表达意见、反映情况等)

E. 参与政府咨询活动[①]

F. 其他(请注明)

G. 都没有

17. 假如您亲身参与政府政策制定过程中，您觉得会得到什么样的反馈?

A. 得到高度重视　B. 得到一定重视　C. 只是流程，不很重视

D. 非常不重视　E. 其他(请注明)

18. 澳门的政府官员、议员等政治领导有没有拜访过、打过电话或以其他方式联系过您?

A. 经常　B. 有时　C. 很少　D. 从不

19. 您认为澳门媒体起到监督政府、公共论坛的作用?

A. 非常同意　B. 比较同意　C. 一般同意　D. 比较不同意

E. 非常不同意　F. 不清楚

20. 您对澳门特区政府现在制定的一些社会政策满意程度如何？请给以下的一些政策进行评价：

A. 非常满意　B. 比较满意　C. 一般满意　D. 比较不满意

E. 非常不满意　F. 不清楚

社会保障政策　(　)

医疗卫生政策　(　)

教育政策　(　)

① 电邮、邮寄、传真或亲递意见、建议；参加政府举办的咨询文件引介会、解释会、工作坊、座谈会、简报会、市民论坛、咨询会等。

住房政策　　　　　（　）
就业政策　　　　　（　）
社会福利服务政策　（　）
外劳政策　　　　　（　）

21. 您认为澳门政府的政策制定机制需要改进吗？

A. 完全需要　B. 部分需要　C. 一点需要　D. 不需要　E. 不清楚

22. 您认为澳门政府主要在哪些方面需要改进政策制定机制呢？

A. 政策制定过程更加透明、公开

B. 政策制定过程更多吸收民意、提升居民参与意识

C. 政策制定过程更多吸纳专家意见

D. 政策制定过程可以受到媒体、居民所监督

E. 政策制定主体应该为重大决策承担责任

F. 其他（请注明）

23. 承上题，您认为澳门政府在政策制定机制上最需要改进以下哪一方面呢？

A. 政策制定过程更加透明、公开

B. 政策制定过程更多吸收民意、提升居民参与意识

C. 政策制定过程更多吸纳专家意见

D. 政策制定过程可以受到媒体、居民所监督

E. 政策制定主体应该为重大决策承担责任

F. 其他（请注明）

24. 一般来说，您认为澳门的大多数人是可以信任的吗？（也就是说，您在和别人打交道时不用太小心）

A. 非常信任　B. 比较信任　C. 一般信任　D. 比较不信任

E. 完全不信任　F. 不清楚

25. 以下是一些组织、制度、人员，请您就对每一个组织、制度或人员的信任程度予以评价？

A. 非常信任　B. 比较信任　C. 一般信任　D. 比较不信任

E. 完全不信任　F. 不清楚

澳门特区立法会　（　）

澳门特区政府组织　（　）

澳门特区行政长官、司长、局长等政务官员　（　）

澳门特区一般公务员　（　）

26. 您是否信任澳门特区政府的办事能力、决策能力？

A. 非常信任　B. 比较信任　C. 一般信任　D. 比较不信任

E. 完全不信任　F. 不清楚

27. 您认为，澳门特区政府是代表少数集团的利益，还是代表普通民众的利益？

A. 代表普通民众的利益　B. 代表少数集团的利益

C. 视情况而定，都有　D. 不清楚

28. 您认为，澳门特区政府官员是否浪费了民众的赋税？

A. 浪费很多　B. 有一些浪费　C. 较少浪费　D. 没有浪费　E. 不清楚

29. 您认为，大部分澳门特区政府人员是否都有能力做好自己的工作？

A. 大部分政府人员有能力做好自己的工作

B. 大部分政府人员没有能力做好自己的工作

C. 其他，视情况而定

D. 不清楚

30. 您认为，大部分澳门特区政府官员的诚信程度怎么样？

A . 很有诚信　　B . 较有诚信　　C. 不太诚信　　D. 完全不诚信

E. 不知道、不确定

个人资料：

您的性别：A. 男　　B. 女

婚姻状况：A. 未婚　　B. 已婚　　C. 离异　　D. 丧偶

您的年龄：A.18—25 岁　B.26—35 岁　C.36—50 岁

D.51—65 岁　E.65 岁以上

您的学历：A. 小学　B. 初中　C. 高中　D. 高等课程　E. 学士

F. 硕士　G. 博士　H. 其他

您的职业：________________

您的职务 / 职称 / 职级等：____________

您的月收入[①]为：

A. 5000 澳门元以下　　B. 5000—10000 澳门元

C. 10000—15000 澳门元　　D. 15000—20000 澳门元

E. 20000—30000 澳门元　　F. 30000—50000 澳门元

G. 50000 澳门元以上

① 收入的定义并非工作薪金，无业人士，如家庭主妇的收入可以是其丈夫每月给予的家用；退休人士的收入可以是退休金和其子女给予的生活费。

附录2 模型中变量的描述统计量

附表　　模型中变量的描述统计量

	样本量	均值	标准差	最小值	最大值
政治信任直接测量	675	8.65	4.27	0	24
对澳门特区立法会的信任表态	731	2.35	1.34	0	6
对澳门特区政府组织的信任表态	728	2.12	1.31	0	6
对澳门特区政务官员的信任表态	725	2.07	1.42	0	6
对澳门特区一般公务员的信任表态	709	2.07	1.20	0	6
政治信任的间接测量	757	-5.05	7.99	-20	20
信任政府办事能力	784	-0.55	1.88	-4	4
政府代表利益情况	779	-1.92	2.08	-4	4
政府浪费赋税情况	781	-1.51	2.53	-4	4
政府官员工作能力情况	785	-0.50	2.95	-4	4
政府官员诚信程度	786	-0.52	2.11	-4	4
总的社会政策满意度	652	11.79	6.97	0	36
社会保障政策满意度	754	2.37	1.62	0	6
医疗卫生政策满意度	746	2.01	1.57	0	6
教育政策满意度	742	2.76	1.48	0	6
住房政策满意度	736	0.82	1.11	0	6
就业政策满意度	726	1.16	1.13	0	6
社会福利服务政策满意度	723	2.05	1.51	0	6
外劳政策满意度	698	0.78	1.02	0	6
政务公开评价	717	1.29	0.84	0	4
社团参与	788	0.63	0.48	0	1
参与社团数量	497	1.87	1.60	1	7
参与社团程度	499	2.41	1.29	0	4
参与社会文化活动	800	1.64	1.21	0	4
亲戚朋友聚会	798	2.29	1.16	0	4
社会信任	773	2.44	1.27	0	6
政治讨论	797	1.51	0.97	0	4
政治关注	796	2.32	1.24	0	4
内部政治效能	762	-2.13e-10	1	-2.24	1.89
外部政治效能	762	2.31e-09	1	-2.01	4.14

后　记

真没想到，能在求学的路上走这么远……本书是我 2007—2011 年在中山大学政治与公共事务管理学院攻读政治学理论专业博士学位的最终成果。能顺利完成博士学业，顺利毕业，可以说是我这辈子人生的一个小小巅峰了！

博士学位论文的完成来之不易，这个过程充满了痛苦、犹豫、徘徊、自轻，总是期待别人的肯定、认可，最后才发现，不管别人是怎样看待自己的，自己只有无悔的努力、认真的付出、执着的前行，才能得到正确的对待。

在论文写作过程中，每个人都有恩师的指导与帮助、有亲情与友情的支持，我在这里更是要发自内心地感谢、再感谢！没有他们，这一过程绝不可能这么顺利度过。

衷心感谢教我做学问、做人、做事的所有老师。感谢我的导师何高潮教授，他的智慧和从容让我看到学者的风范，他渊博的知识、敏锐的学术洞察力以及非凡的思维能力，令我钦佩不已，他帮我厘定研究的题目，为我能深入研究提供了无私的指导和信心的支持；感谢夏书章教授，他对学问的执着追求、一丝不苟的精神一直鼓舞着我们这些学生，在我论文写作中更是给了我不少关爱和支持；感谢陈瑞莲教授，她的睿智和风度以及做人的豁达、大气一直让我深深佩服，她为我的论文写作提供了最为重要的研究契机，给予了我各方面的大力帮助，没有她各方面的鼓励与支持，我的论文不可能这么快就写出来；感谢马骏教授、肖滨教授、郭巍青教授、郭正林教授、郭忠华教授、张紧跟教授及其他我来不及一一列出名字的所有老师，他们给我的论文提出了宝贵的修改意见；感谢林穗老师、龙明伟老师一路以来给我的支持和鼓励。

感谢澳门方面提供的各种支持和帮助。在澳门期间，澳门的各位前辈、老师、行政人员等都为我的研究提供了无私的帮助。感谢澳门行政暨公职局前局长朱伟干先生、澳门基金会李崇芬委员、澳门行政暨公职局研究中心前主任林瑞光先生，他们为我收集资料、进行访谈提供了难能可贵的机遇和支持；感谢接受访谈的各位澳门同胞，他们的回答使我受益匪浅。

衷心感谢一直站在我旁边、鼓励我、支持我的各位朋友、同学。感谢王璐，我的挚友、我女儿的干妈，给我创造良好的条件让我得以安心写作，给我鼓励，使我欢颜；感谢梁宏，我的挚友加方法论上的导师，教会我定量研究方法，在我失去信心和犹豫徘徊的时候为我鼓劲；感谢张荣，挚友加精神上的支持者、生活上的伙伴，在我写作的痛苦过程中给予我欢笑和鼓励；感谢我的同学、好友颜海娜、李颖、鄞益奋、聂永浩等，帮我搜集资料，为我加油，无条件地支持我。

感谢永远关心我、爱护我的家人。我的先生江茂盛，让我果断地放下不可能完成的工作，投入到博士论文的写作中，是我生活上的后盾和我精神上的支持者；我的公公婆婆更是帮我做了很多家里的事情，使我可以全身心投入；我的爸爸妈妈、我的姐妹为我加油，给我抚慰；我的宝贝女儿江易樵更是在不断长大中见证这一过程。有一天，仅仅六岁的她在我的宿舍打扫卫生，拿着拖把认真干活的样子非常有趣，我不禁狠狠地表扬了她一下，“你可真乖啊，”而她的回答让我颇有感触，“总乖没意思，总不乖也没意思，就像你，有时候想上班，有时候又不想上班，有时候想写论文，有时候又不想写论文，所以你想做的时候就做，不想做的时候就好好休息吧……”

毫无疑问，至少在博士论文的完成过程中，我并不是完全痛苦的，甚至是小小的享受。在一年半的写作时间里，我每天给自己制定一个小小的目标，比如上午完成两篇英文文献的阅读和摘要笔记；或者是将数据处理出来后，做好几个表格；或是读几本书同时做好笔记。星期一到星期五的上午我会全神贯注干上三个多小时，那种工作后的满足感很强烈，中午去找朋友美美吃上一顿，去菜市场买点可口的水果享用后，再好好睡上甜美的一觉，起来后再干两个小时。周末绝不加班而是去玩。呵呵，读书的同时也充分享受人生的乐趣、家庭的欢乐！

最后，本书得以顺利出版，要感谢广州大学公共管理学科发展基金资助项目及中央财政支持地方高校发展创新团队“国家中心城市发展与管理”资助项目的支持，感谢广州大学公共管理学院院长陈潭教授的鼓励和支持，感谢广州大学公共管理学院丁魁礼老师、王霞老师等的倾情帮助，感谢中国社会科学出版社编辑武云老师、侯苗苗老师的认真负责。

熊美娟

2015 年 10 月 30 日　广州